Bernhard Schreyer · Manfred Schwarzmeier

Grundkurs Politikwissenschaft:
Studium der politischen Systeme

AF151347

Bernhard Schreyer
Manfred Schwarzmeier

Grundkurs Politikwissenschaft: Studium der politischen Systeme

Eine studienorientierte Einführung

2., durchgesehene Auflage

SPRINGER FACHMEDIEN WIESBADEN GMBH

VS VERLAG FÜR SOZIALWISSENSCHAFTEN

VS Verlag für Sozialwissenschaften
Entstanden mit Beginn des Jahres 2004 aus den beiden Häusern
Leske+Budrich und Westdeutscher Verlag.
Die breite Basis für sozialwissenschaftliches Publizieren

Bibliografische Information Der Deutschen Bibliothek
Die Deutsche Bibliothek verzeichnet diese Publikation in der Deutschen Nationalbibliografie;
detaillierte bibliografische Daten sind im Internet über <http://dnb.ddb.de> abrufbar.

1. Auflage Dezember 2000
   Nachdruck Januar 2002
2., durchgesehene Auflage Juli 2005

Umschlaggestaltung: KünkelLopka Medienentwicklung, Heidelberg

Gedruckt auf säurefreiem und chlorfrei gebleichtem Papier

ISBN 978-3-531-33481-3   ISBN 978-3-531-90335-4 (eBook)
DOI 10.1007/978-3-531-90335-4

Inhalt

Dank

Noch eine Einführung? Vorwort zur zweiten Auflage

Die Politikwissenschaft umfasst drei große Teilbereiche: Politische Theorie, Internationale Politik und Politische Systeme. Das vorliegende Buch ist eine Einführung in letzteres Teilgebiet, welches sich mit politischen Ordnungen und Gemeinwesen in Vergangenheit und Gegenwart befasst. Insbesondere setzen wir uns mit modernen demokratischen Systemen auseinander. Allerdings wollen wir auch theoretische und praktische Gegenentwürfe vorstellen, weil wir der Ansicht sind, dass man ohne Kenntnisse des gegensätzlichen Systems nicht in der Lage ist, das Besondere und den Wert einer freiheitlichen demokratischen Ordnung zu verstehen.

Das Buch richtet sich vor allem an Studienanfänger, die sich mit der Politikwissenschaft beschäftigen, sei es im Magister-, Diplom- oder Lehramtsstudium. Darüber hinaus kann es auch in anderen Bereichen der politischen Erwachsenenbildung sinnvoll eingesetzt werden.

Der Grundkurs vermittelt einen ersten Eindruck von der Funktionslogik politischer Systeme. Unsere Intention kann jedoch im Rahmen dieser Einführung nicht darin bestehen, eine erschöpfende Darstellung der behandelten Themenbereiche zu liefern. Vielmehr geht es uns darum, dem Studienanfänger einen Leitfaden für den ersten Studienabschnitt an die Hand zu geben, der ihm die grundlegenden Fragestellungen der Analyse politischer Systeme vorstellt. Die Auswahl der Definitionen und Funktionenkataloge erfolgte entlang des systemtheoretischen Ansatzes und erhebt deshalb nicht den Anspruch auf allgemeine Gültigkeit. Darüber hinaus kann das Buch auch zur systematischen Wiederholung politikwissenschaftlicher Grundbegriffe bzw. Grundkenntnisse und zur Vorbereitung auf Prüfungen genutzt werden.

Unsere Absicht ist es, einen studienorientierten Ansatz zu verfolgen, der sich u. a. im systematischen Aufbau, der grafischen Aufbereitung und in umfangreichen Informationshinweisen ausdrückt. Die vielen positiven Reaktionen zeigen, dass wir mit diesem Konzept den richtigen Weg eingeschlagen haben.

Zahlreiche Anregungen und Verbesserungsvorschläge haben uns bewogen, das Werk durchzusehen und einige Fehler zu beseitigen. So hoffen wir, dass diesem Buch auch im Programm des neuen VS Verlag für Sozialwissenschaften ein fester Platz beschieden sein wird.

Maxhütte-Haidhof, Vilshofen im August 2004   Bernhard Schreyer
                                                    Manfred Schwarzmeier

0. Benutzerhinweise

Die wissenschaftstheoretische Grundlage unserer Betrachtungen ist die politikwissenschaftliche Systemtheorie. Mit deren Hilfe wird im ersten Kapitel das Modell eines politischen Systems entworfen, dessen Strukturprinzipien, Elemente (Akteure) und Zusammenhänge wir in den folgenden Kapiteln näher behandeln. Neben der Beschreibung der Bestandteile wird dabei auch auf die Entwicklungsprozesse eingegangen.

Die Darstellung orientiert sich hauptsächlich am politischen System der Bundesrepublik Deutschland. Wenngleich ein konsequent komparatives Vorgehen aus Platzgründen nicht möglich ist, werden Vergleiche mit anderen politischen Systemen dort angestellt, wo sie der Verdeutlichung der jeweiligen politikwissenschaftlichen Problematik dienen.

Die Binnengliederung der einzelnen Abschnitte orientiert sich – soweit möglich – an folgendem einheitlichen Muster, was den systematischen Vergleich zwischen den einzelnen Teilen erleichtert:

• Definition der zentralen Begriffe,
• Funktionen der Strukturprinzipien und der Akteure,
• Variablen zu deren Typologisierung,
• Ausgewählte Problemfelder,
• Entwicklungstendenzen,
• Stellung im politischen System (Grafik).

Jeder Abschnitt schließt mit grundlegenden Informationshinweisen zur jeweiligen Thematik. Hier wird, größtenteils kurz kommentiert, Literatur in Form von

• Monografien, Sammelbänden, Aufsätzen etc. (⌗),
• einschlägigen Fachzeitschriften (📖),
• sowie websites, link-Sammlungen, Suchmaschinen etc. (🖥)

vorgestellt und empfohlen.

Eine kurze Zusammenstellung an Einführungen und Überblicksdarstellungen zu politischen Systemen verschiedener Länder findet sich im Ausblick. Literatur und Materialien, die bei der Bundeszentrale bzw. den Landeszentralen für politische Bildung kostenlos zu beziehen sind, wurden durchgängig mit dem Sonderzeichen ⟶PolBil markiert. Allerdings kann es zuweilen vorkommen, dass einige Publikationen vergriffen sind. Die Anschrift der Bundeszentrale lautet: Bundeszentrale für politische Bildung, Postfach 2325, 53013 Bonn. Unter der www-Adresse http://www.bpb.de finden sich auch links zu allen Landeszentralen. Im 7. Kapitel haben wir Kontrollfragen zu allen behandelten Bereichen zusammengestellt. Sie dienen der systematischen Wiederholung und dem Selbststudium. Verweise auf Randnummern im Text erleichtern das Auffinden von Lösungshinweisen im Text.

Ein Glossar, welches die wichtigsten Begriffe prägnant erläutert sowie Personen- und Sachwortregister ermöglichen einen schnellen Zugriff auf Informationen. Die visuelle Aufbereitung einzelner Themenbereiche in Form von Grafiken und Tabellen erlaubt einen raschen Überblick.

Die im ganzen Buch einheitliche Zitierweise besteht in der Nennung des Autors, dem Erscheinungsjahr des Werkes sowie der Seitenzahl. Die vollständigen bibliografischen Angaben können dem Literaturverzeichnis entnommen werden.

Trotz großer Sorgfalt bei der Erstellung des Manuskripts sind Fehler nie ganz auszuschließen. Für diesbezügliche Hinweise und Anregungen sind wir sehr dankbar.

Bernhard Schreyer, M. A.
Lappischweg 17
93142 Maxhütte-Haidhof
bernhard.schreyer@unibw-muenchen.de

Dr. Manfred Schwarzmeier
Schlehberg 4 A
94474 Vilshofen
MSchwarzmeier@web.de

1. Zentrale Begriffe und theoretische Grundlagen zur Analyse politischer Systeme

1.1 Politik, Wissenschaft, Politikwissenschaft

1 „Ein garstig Lied! Pfui! Ein politisch Lied." Dieses schon sprichwörtlich gewordene Zitat aus *Faust I* gibt eine bis heute weit verbreitete Stimmung wieder. Politik hat demgemäß etwas Anrüchiges an sich. Es ist ein Geschäft, mit dem man sich besser nicht die Finger schmutzig macht, und die Politiker werden als eine vom Alltagsleben der Bürger weit entfernte Kaste wahrgenommen. Politisches Engagement ist für viele eine Form von Zeitverschwendung. Man sollte dabei jedoch nicht übersehen, dass Goethe diese Worte dem Zecher Brandner in den Mund legte, einer Person also, die weder zur damaligen Zeit noch heute als Vorbild für eine kritisch-konstruktive Auseinandersetzung mit der Politik dienen kann.[1] Eine wissenschaftliche Beschäftigung mit dem Bereich des Politischen kann auf einer solchen Grundlage nicht aufbauen. Sie muss sich dem Phänomen Politik vorurteilsfrei nähern, lässt sich doch nicht leugnen, dass politische Entscheidungen weit reichende Auswirkungen auf unser Leben und dessen Gestaltung haben. Deshalb kann man als Ausgangsüberlegung festhalten: Das politische System ist ein notwendiger Teilbereich der Gesellschaft, das eine spezifische Aufgabe zu erfüllen hat und über eine eigene Funktionslogik verfügt.

1.1.1 Drei Politikbegriffe

2 Die Einsicht in die Notwendigkeit des Politischen für jede gesellschaftliche Ordnung führt jedoch keineswegs dazu, dass man sich in der Alltagssprache bzw. im wissenschaftlichen Diskurs darüber einig wäre, wie der Begriff *Politik* zu definieren sei.[2] Je nach Zeit, Ort, Stand der Wissenschaften und geschichtlicher Erfahrung wurde und wird Politik aus unterschiedlichen Perspektiven betrachtet und be-

---

[1] Vgl. hierzu Arens (1982): 215
[2] Vgl. hierzu Rohe (1986): 350

stimmt. Drei mögliche Vorstellungen von Politik sollen dies verdeutlichen:[3]

Der normativ-ontologische Politikbegriff

In der griechisch-antiken Philosophie, insbesondere in den Werken Platons und Aristoteles', betrachtet man den Menschen als ein soziales Wesen (zoon politikon), das nur in einer *guten* politischen Ordnung seine in ihm angelegten Fähigkeiten zur Entfaltung bringen kann, die ihm wiederum ein gutes, tugendhaftes Leben ermöglichen. Das politische Handeln muss daher auf die Herstellung und Aufrechterhaltung eines dafür geeigneten politischen Systems ausgerichtet sein. Politik orientiert sich an bestimmten Werten, daher ist dieser Politikbegriff als *normativ* zu bezeichnen. Diese Werte sind jedoch nicht beliebig vom Menschen zu setzen, sondern sie bilden die Grundlage der Wirklichkeit bzw. des Seins. Das *Gute* als höchster Wert ist dem Sein als Struktur gleichsam eingeschrieben. Mit dem Begriff Ontologie bezeichnet man in der Philosophie die Lehre vom Sein. *Ontologisch* im Zusammenhang mit diesem Politikbegriff bedeutet, dass Politik das Gute zu erkennen und umzusetzen vermag.

Der Politikwissenschaftler Dolf Sternberger greift diesen Begriff im 20. Jahrhundert wieder auf:

> „... der wahre Begriff von Politik ist der Begriff der guten Politik. (...) Das politisch Gute kann nur dasjenige sein, welches den Menschen möglich und welches den Menschen zuträglich ist. (...) Daß in solchen Bemerkungen eine gewisse philosophische Voraussetzung gemacht wird, kann ich nicht ableugnen. Es wird eine Anthropologie vorausgesetzt, eine Einsicht in die ‚Conditio humana', in die Lage und Beschaffenheit der Menschen überhaupt."[4]

Sternberger bezeichnet diese politiktheoretische Tradition im Anschluss an Aristoteles als *politologische* Wurzel der Politik.[5]

Im normativ-ontologischen Sinn ist Politik das Erkennen und das Umsetzen von überzeitlichen und wahren Werten, wobei das Gute als Seinsstruktur der Wirklichkeit zugrunde liegt.

Der realistische Politikbegriff

Schon in der Zeit Platons und Aristoteles' wurde die normative Ausrichtung des Politischen in Frage gestellt. Spätestens mit den Schriften

---

[3] Vgl. hierzu Berg-Schlosser / Stammen (1995[6]): 22 ff
[4] Sternberger (1978): 440
[5] Vgl. hierzu Sternberger (1978): 87 ff

des Renaissancephilosophen Niccolò Machiavelli wird Politik mit dem Begriff *Macht* in Verbindung gebracht. Politik wird nun als Technik des Erwerbs und der Erhaltung von Macht verstanden. Das Menschenbild, das diesem Verständnis zugrunde liegt, sieht im Menschen ein egoistisches, nur auf seinen Vorteil bedachtes Wesen. Thomas Hobbes' berühmte Bezeichnung des „Menschen als des Menschen Wolf" (homo homini lupus) bringt diese Auffassung auf den Punkt. Weil sich dieses Verständnis von Politik an den jeweils realen politischen Verhältnissen, also am Sein und nicht am Sollen, orientiert, wird es als *realistisch* bezeichnet. Auch für den Soziologen Max Weber stellt Macht das Zentrum seiner Vorstellung von Politik dar, wobei allerdings Macht explizit als Mittel zum Zweck gebraucht werden kann:

> „'Politik' würde für uns also heißen: Streben nach Machtanteil oder nach Beeinflussung der Machtverteilung, sei es zwischen Staaten, sei es innerhalb eines Staates zwischen den Menschengruppen, die er umschließt. (...) Wer Politik treibt, erstrebt Macht: Macht entweder als Mittel im Dienst anderer Ziele (idealer oder egoistischer), – oder Macht ,um ihrer selbst willen': um das Prestigegefühl, das sie gibt, zu genießen."[6]

8   Sternberger spricht bei diesem Politikbegriff in Hinblick auf Machiavelli von der *dämonologischen* Wurzel der Politik.[7]

9   Im realistischen Politikbegriff ist Politik das Streben nach, das Erreichen und die Erhaltung von Macht.

Der historisch-dialektische Politikbegriff

10   Im Marxismus wird Politik im Rahmen einer umfassenden Ideologie analysiert, die die *historische* Entwicklung der Menschheit als *dialektischen* Prozess interpretiert, in dem sich verschiedene Gesellschaftsformen mit ihren jeweiligen Klassengegensätzen ablösen, um letztendlich unvermeidlich eine klassenlose Gesellschaft hervorzubringen (historischer Determinismus). Der einzelne Mensch wird dabei ganz durch die Produktionsverhältnisse bestimmt. Das ökonomische Sein bestimmt das politische Bewusstsein. Die Politik ist „der Kampf zwischen den Klassen" (Lenin).

> „... Politik ist eine historische Erscheinung; sie entsteht mit dem Privateigentum an Produktionsmitteln, mit den Klassen und dem Staat (...). In der Politik finden somit die grundlegenden Klasseninteressen ihren Ausdruck. Die Politik ist durch die je-

---

[6] Weber (1988): 506 f
[7] Vgl. hierzu Sternberger (1978): 159 ff

weiligen ökonomischen Verhältnisse determiniert. (...) Mit dem Verschwinden der Klassen, mit dem Absterben des Staates wird auch die Politik aus dem Leben der Gesellschaft verschwinden...‟[8]

Sternberger erkennt eine dritte Wurzel der Politik, die er in Bezug auf Augustinus' Werk *Vom Gottesstaat* (De civitate Dei) als *eschatologisch* bezeichnet.[9] Politik in diesem Sinne steuert auf einen letzten Konflikt zu, jenseits dessen keine Konflikte mehr auszutragen sind. Die Politik hebt sich selbst auf. Dies trifft auch auf den historisch-dialektischen Politikbegriff zu.[10]

Politik ist im historisch-dialektischen Verständnis der von den Produktionsverhältnissen abhängige Kampf zwischen den Klassen, der mit der Verwirklichung der kommunistischen Gesellschaft sein Ende findet.

Mit dem Zusammenbruch der kommunistischen Regime[11] in Mittel- und Osteuropa ist auch diese strenge Anlehnung des Politikbegriffs an die marxistisch-leninistische Theorie weitgehend aus dem politikwissenschaftlichen Diskurs verschwunden. Jedoch gab und gibt es theoretische Auffassungen, die Politik zwar als Ausdruck der sozioökonomischen Gegebenheiten begreifen, ohne jedoch die Geschichtsphilosophie des Marxismus anzuerkennen. Dies gilt z. B. für die *Kritische Theorie* der Frankfurter Schule. Politik bleibt auf diese Weise eine „abgeleitete Größe.‟[12]

Allen drei skizzierten Politikbegriffen ist gemeinsam, dass sie einen Aspekt des Politischen verabsolutieren. Politik kann sich um eine gute Ordnung bemühen, sie kann aber auch dazu dienen, bestimmte Machtverhältnisse zu stabilisieren, die nicht dem normativen Verständnis entsprechen. Auch ist Politik nicht nur eine Ableitung der Wirtschaftsstruktur in einer Gesellschaft. Man kann die Produktionsverhältnisse genauso gut aus den politischen Gegebenheiten ableiten.

Ein weiterer Kritikpunkt erwächst aus der Forderung nach der Operationalisierung dieser Begriffe. Darunter ist die Umsetzung von theoretischen Konzepten in analytische Kategorien zu verstehen, z. B. in klare und nachvollziehbare Definitionen. Was ist eigentlich genau

---

[8] Böhme u. a. (Autorenkollektiv) (1988a): 754
[9] Vgl. hierzu Sternberger (1978): 309 ff
[10] Vgl. hierzu Rohe (1986): 349 f
[11] Der Begriff Regime wird im Folgenden in einem neutralen Sinne als Synonym für Herrschaftsordnung verwandt.
[12] Berg-Schlosser / Stammen (1995⁶): 29

unter einer guten Ordnung zu verstehen? Auf diese Frage gibt es viele Antworten, die sich durchaus widersprechen können. Auch der Begriff Macht kann mit unterschiedlichen Inhalten gefüllt werden.

1.1.2   Politik: ein empirisch-analytischer Begriff

16   Die sozialwissenschaftliche Systemtheorie, die ab den fünfziger Jahren zuerst in den USA entwickelt wurde, versucht die Schwächen der vorherigen Begriffe zu vermeiden. Sie nähert sich dem Begriff des Politischen von der Frage aus an, welche Funktion Politik in einer Gesellschaft wahrnimmt. Das politische System wird als Untersystem (Subsystem) des gesamten gesellschaftlichen Systems verstanden, das sich arbeitsteilig organisiert. Im Mittelpunkt steht bei diesem Politikbegriff die Analyse der Politik und nicht deren Beeinflussung. *Empirisch* (erfahrungswissenschaftlich) umschreibt dabei die Vorgehensweise, die sich auf wahrnehmbare und messbare Fakten stützt. Der Politik wird die Aufgabe zugewiesen, die Regeln des Zusammenlebens innerhalb der Gesellschaft und zwischen verschiedenen Gesellschaften aufzustellen und umzusetzen. Diese Regeln können aus unterschiedlichen Motivationen heraus begründet werden, sei es aus dem Wunsch heraus, eine gute Ordnung zu etablieren, eine Machtposition zu erobern, die ökonomischen Verhältnisse zu stabilisieren usw.

17   Werner J. Patzelt beschreibt diese Funktion folgendermaßen:

> „Politik ist jenes menschliche Handeln, das auf die Herstellung allgemeiner Verbindlichkeit, v. a. von allgemein verbindlichen Regelungen und Entscheidungen, in und zwischen Gruppen von Menschen abzielt."[13]

18   Politik wird im systemtheoretischen Zusammenhang funktional definiert. Dabei wird der Mensch als ein Wesen betrachtet, das wert- und interessenorientiert handelt. Das Individuum kann entweder egoistisch oder altruistisch agieren. Seine politischen Handlungen beziehen sich aber immer auf die Handlungen anderer Menschen,[14] politisches Handeln ist somit soziales Handeln. Die Problematik dieser Definition besteht jedoch darin, das sie sehr weit gefasst ist. Auch eine Hausgemeinschaft stellt eine Gruppe von Menschen dar. Verbindliche Regelungen, die sie untereinander treffen (z. B. wer wann das Treppenhaus zu reinigen hat), lassen diese Handlungen jedoch sicherlich nicht zu

---

[13] Patzelt (1993²): 14
[14] Vgl. hierzu Patzelt (1993²): 15 ff

politischen Akten werden. Dennoch erscheint die obige Definition am geeignetsten, die Komplexität des Politischen abzubilden.

Tabelle 1.1.1: Politikbegriffe im Vergleich

Politik-begriff	Menschenbild	Zentrales Merkmal	„Wurzel" (nach Dolf Sternberger)	Vertreter
normativ-ontologisch	Mensch als zum Guten fähiges Wesen	gute Ordnung	Politologik	• Platon • Aristoteles
realistisch	Mensch als egoistisches Wesen	Macht	Dämono-logik	• Niccolò Machiavelli • Thomas Hobbes
historisch-dialektisch	Mensch als von den ökonomischen Verhältnissen abhängiges Wesen	Klassen-konflikt	Eschatologik	• Karl Marx • Wladimir I. Lenin
empirisch-analytisch	menschliches Handeln ist wert- und interessenorientiert	allgemeine Verbindlichkeit		• David Easton • Gabriel A. Almond
Eigene Darstellung				

1.1.3 Die Kategorien und Dimensionen des Politischen

Kategorien des Politischen: Das MINK-Schema[15]

Auch der empirisch-analytische Politikbegriff muss operationalisiert werden. Zu diesem Zweck können wichtige Kategorien des Politischen aufgezeigt werden. Im MINK-Schema (*M*acht, *I*deologie, *N*ormen und *K*ommunikation) werden vier Grundkategorien der Politik, die sich in allen politischen Handlungen aufweisen lassen, betrachtet und aufeinander bezogen.

Macht

Macht ist ein vielfältiges Phänomen. Für eine erste Annäherung soll die Bestimmung von Macht durch Max Weber genügen. Wie bereits verdeutlicht, stellt für ihn Macht das zentrale Merkmal des Politischen dar. Er definiert sie als

---

[15] Vgl. hierzu Patzelt (1993²): 32 ff, Patzelt bezeichnet dabei die Elemente des MINK-Schemas als Dimensionen der Politik.

„jede Chance, innerhalb einer sozialen Beziehung den eigenen Willen auch gegen Widerstreben durchzusetzen, gleichviel worauf diese Chance beruht."[16]

22   Macht zeigt sich aber nicht nur im Durchsetzen von Entscheidungen. Auch wer Entscheidungen verhindern kann, verfügt über Macht.[17] Ein drittes Gesicht der Macht offenbart sich in der Möglichkeit Themen und Vorstellungsinhalte zu besetzen.

Ideologie

23   Der Begriff *Ideologie* weist zwei Bedeutungen auf. Zum einen bedeutet er in einem neutralen Sinn *Weltbild*. So gesehen verfügt jeder, der sich ein Bild von der Welt macht, über eine Ideologie. Im allgemeinen deutschen Sprachgebrauch tritt dieser Vorstellung eine negative Auffassung gegenüber, die Ideologie mit Verblendung oder *falschem* Bewusstsein gleichsetzt. Im Rahmen des MINK-Schemas bleibt der Ideologiebegriff dem letzteren, engeren Begriffsinhalt verhaftet. Ideologie in diesem Zusammenhang verweist auf die grundsätzlich bestehende Differenz zwischen der realen Beschaffenheit der Wirklichkeit (Operationswirklichkeit) und ihrer subjektiven Wahrnehmung (Perzeptionswirklichkeit). Da der Mensch auf diese Weise nie ganz objektiv die Welt betrachten kann, ist sein (politisches) Handeln mehr oder weniger ideologisch, also von seiner Perzeptionswirklichkeit geprägt. Die Folgen dieser ideologisch beschränkten Wahrnehmung sind jedoch real, ganz gleich wie unkorrekt die Perzeption die Wirklichkeit erfasst. Dieser Zusammenhang wird nach dem Soziologen William Thomas auch *Thomas-Theorem* genannt.

Norm

24   Jede politische Handlung wird von *Normen* geleitet. Normen sind alle Regeln von der Verfassung bis zur informellen Abmachung, die das menschliche Zusammenleben regulieren. Sie dienen jedoch auch als Interpretationshilfe, indem ihre Einhaltung bestimmte Verhaltensweisen vorschreibt.

Kommunikation

25   Jegliches soziales Handeln vollzieht sich mittels *Kommunikation*, also dem Austausch von Informationen und Sinndeutungen zwischen Kommunikator und Rezipient.

---

[16] Weber (1984[6]): 89
[17] Vgl. hierzu exemplarisch Bachrach / Baratz (1963)

Diese vier Kategorien lassen sich nicht unabhängig voneinander 26
analysieren. Sie bedingen sich vielmehr gegenseitig. Am Beispiel der
Reformvorhaben der Regierung Schröder lässt sich dies kurz illustrie-
ren. Die Bundesregierung verfügt zwar über die Macht, im Bundestag
die dafür nötigen Gesetze zu beschließen, muss jedoch im Bundesrat
aufgrund der Verfassung (Norm) mit der Union kooperieren, der so
ihrerseits politische Macht zukommt. Dabei lassen sich die beiden
Parteien von ihren Vorstellungen und Programmen leiten, die ihnen
dafür das ideologische Rüstzeug liefern. Um die Wähler von ihrer
Politik zu überzeugen, müssen sie ihre politischen Ziele plausibel und
verständlich darstellen (Kommunikation). Im Herbst 1999 gelang dies
der SPD nicht, so dass die Landtagswahlen im Saarland sowie in Thü-
ringen von der CDU gewonnen wurden, die ihre Machtposition im
Bundesrat dadurch verstärken konnte. Dies wiederum hatte Auswirkungen auf die Reformvorhaben, da die Bundesregierung von ihren
ursprünglichen Plänen Abstriche machen musste.

Dimensionen der Politik

Eine andere Möglichkeit, den empirisch-analytischen Politikbegriff zu 27
operationalisieren, eröffnet die Unterscheidung in *polity, policy* und

Tabelle 1.1.2: Dimensionen der Politik 28

Dimensionen	Erscheinungsformen	Merkmale	Bezeichnung
Form	• Verfassung • Normen • Institutionen	• Organisation • Verfahrensregeln • *Ordnung*	polity
Inhalt	• Aufgaben und Ziele • politische Pro- gramme	• Problemlösung • Aufgabenerfüllung • Wert- und Zielorientie- rung • *Gestaltung*	policy
Prozess	• Interessen • Konflikte • Kampf	• Macht • Konsens • *Durchsetzung*	politics
Böhret / Jann / Kronenwett (1988[3]): 7			

politics. Im englischen Sprachraum werden damit die Verfassungsordnung (polity), die Willensbildungs- und Entscheidungsprozesse (poli-

tics), sowie die Politikfelder (policy) bezeichnet.[18] In der deutschen Politikwissenschaft wurde diese Unterteilung erweitert und verfeinert.

29   Die Auftrennung von Politik in Form, Inhalt und Prozess ist ebenfalls analytischer Natur. In der politischen Praxis lassen sich die Dimensionen des Politischen kaum trennen. Dies sei noch einmal am Beispiel des Sparpakets demonstriert. Die Regierung musste wegen der Verfahrensregeln, die die Verfassung vorschreibt (polity) inhaltliche Korrekturen (policy) vornehmen, die durch das Aufspalten des Paketes in zustimmungs- und nicht zustimmungspflichtige Gesetzesentwürfe zum Ausdruck kamen (politics).

30   Beide Möglichkeiten der Operationalisierung (MINK / Begriffstrias) des empirisch-analytischen Politikbegriffs ergeben zusammen genommen ein Analyseraster, das bei der Anwendung auf konkrete politische Ereignisse eine fast vollständige Durchdringung ermöglicht.

31   *Grafik 1.1.1: Kategorien und Dimensionen der Politik*

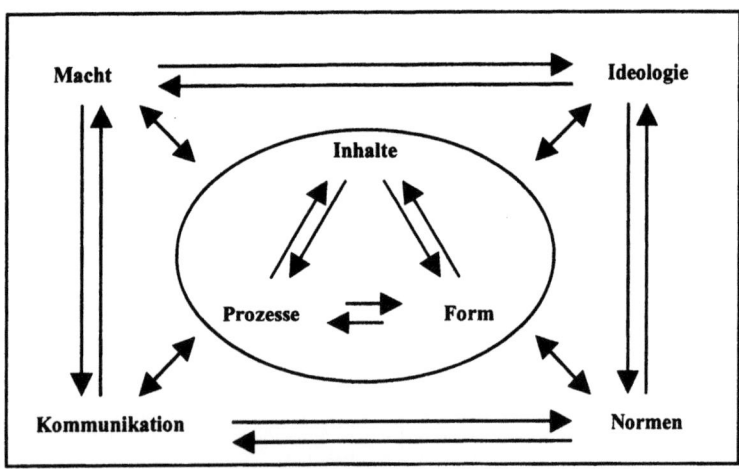

Eigene Darstellung auf der Grundlage von Patzelt (1993[2]): 33

1.1.4   Wissenschaft

32   Auch der Begriff *Wissenschaft* ist nicht unumstritten. Je nach erkenntnis- und wissenschaftstheoretischem Standpunkt lassen sich unterschiedliche Definitionen formulieren. Der empirisch-analytische Poli-

---

[18] Vgl. hierzu Berg-Schlosser / Stammen (1995[6]): 33

tikbegriff steht in der Tradition von Karl Poppers Wissenschaftsverständnis,[19] das nur solche Aussagen als wissenschaftlich gelten lässt, die durch empirische Beobachtung widerlegt (falsifiziert) werden können.

Definition

Aus dieser Perspektive kann Wissenschaft daher definiert werden als 33

> „jenes menschliche Handeln, das auf die Herstellung solcher Aussagen abzielt, die jenen Aussagen an empirischem und logischem Wahrheitsgehalt überlegen sind, welche schon mittels der Fähigkeiten des gesunden Menschenverstandes (,Common sense-Kompetenzen') formuliert werden können."[20]

Die Forderungen nach empirischem Wahrheitsgehalt, d. h. nach Übereinstimmung mit der Wirklichkeit und nach logischem Wahrheitsgehalt, d. h. nach logisch stringentem Aufbau einer wissenschaftlichen Aussage, mögen auf den ersten Blick sehr banal klingen. Sie wurden und werden jedoch v. a. im geistes- und sozialwissenschaftlichen Bereich nicht selten ignoriert, es sei an dieser Stelle nur an den orthodoxen Marxismus erinnert. 34

Eine Verknüpfung von Aussagen (Aussagengefüge) bezeichnet man als *Theorie*. Verknüpft man empirische Aussagen miteinander, so erhält man eine empirische Theorie, bei normativen Aussagen dementsprechend eine normative Theorie.[21] 35

Regeln und Methoden der Wissenschaft

Regeln der Wissenschaft 36

Um den Ansprüchen der Definition gerecht zu werden, muss sich die Produktion von wissenschaftlichen Aussagen an bestimmten Regeln orientieren:[22]

- *Perspektivität kontrollieren und revidieren*: Obwohl man Wirklichkeit immer nur subjektiv wahrnehmen kann, sollte man sich darum bemühen, diese Verzerrung so gering wie möglich zu halten und zu versuchen, auch andere Betrachtungsweisen in seine Überlegungen zu integrieren (Multiperspektivität).
- *Selektivität der Informationsgrundlagen reduzieren*: Der Informationsprozess, der der Aussagenproduktion vorangeht, sollte so umfangreich wie möglich gestaltet werden. Dabei müssen auch diejenigen Informationen berücksichtigt werden, die dem bisherigen Wissen widersprechen (Theorienpluralismus).

---

[19] Vgl. hierzu generell Popper (1994[10])
[20] Patzelt (1993[2]): 49
[21] Vgl. hierzu Patzelt (1993[2]): 329 f
[22] Vgl. hierzu Patzelt (1993[2]): 56 ff

- *Intersubjektive Überprüfbarkeit herstellen*: Durch die Verwendung einer klaren und verständlichen Sprache sowie einer nachvollziehbaren Argumentation sollten die Aussagen für andere überprüfbar sein.
- *Nichtübernahme zweifelhafter Aussagen und Korrektur falscher Aussagen*: Dies ist insbesondere dann wichtig, wenn es gilt eigene, lieb gewonnene Ansichten zu revidieren.

Methoden der Wissenschaft

37　　Obwohl für alle Wissenschaftsbereiche die genannten Regeln gelten, lassen sich doch ganz unterschiedliche wissenschaftliche Methoden aufzeigen. Die Aufteilung in geistes- und naturwissenschaftliche Methoden geht auf die Philosophie des Neukantianismus im ausgehenden 19. Jahrhundert zurück.[23]

38

Tabelle 1.1.3: Methoden der Wissenschaft

idiographische (das Eigentliche beschreibende) Methoden	nomothetische (Gesetze aufstellende) Methoden
Geisteswissenschaften	Naturwissenschaften
Ziel: einen einmaligen Sachverhalt unter Verzicht auf vollständige Abstraktion darzustellen	Ziel: abstrakte und generelle Gesetze des Zusammenhangs bestimmter Sachverhalte erklären und vorhersagen
individualisierend	generalisierend
• Hermeneutik (Textdeutung und Interpretation) • Phänomenologie (Betrachtung eines Gegenstandes nur aus sich heraus, ohne Berücksichtigung historischer oder sozialer Hintergründe)	• axiomatische Methoden (deduktive Ableitung von einem nicht mehr zu hinterfragenden Satz) • empirisch-analytische Methoden (Statistik, Fallstudie, komparative / vergleichende Methode)
Eigene Darstellung auf der Grundlage von Berg-Schlosser / Stammen (1995[6]): 107 ff	

39　　Ein modernes Verständnis sozialwissenschaftlicher Forschung lässt diese Einteilung nicht mehr gelten. So bedient sich die Politikwissenschaft selbstverständlich auch der empirisch-analytischen Methoden, wie dies zum Beispiel bei der Meinungs- und Wahlforschung der Fall ist, ohne jedoch ihr geisteswissenschaftliches Erbe zu vernachlässigen.

---

[23] Vgl. hierzu Berg-Schlosser / Stammen (1995[6]): 107 ff

1.1.5 Die wissenschaftliche Auseinandersetzung mit Politik

Der Begriff Politikwissenschaft

Aus den Definitionen von Politik und Wissenschaft ergibt sich, dass $\quad$ 40
Politikwissenschaft die Wissenschaft ist, deren Gegenstandsbereich
die Politik darstellt.

Daneben existieren noch andere Begriffe für diese Disziplin, wie z. $\quad$ 41
B. „politische Wissenschaft(en)" oder „wissenschaftliche Politik".
Beide Bezeichnungen verkennen jedoch die prinzipielle Autonomie
der Bereiche Politik und Politikwissenschaft. Weder soll durch das
Fach die Politik verwissenschaftlicht werden, noch soll Wissenschaft
politisiert werden. Der Begriff „Politologie" stellt einen Neologismus
dar, der – wenn schon benutzt – eigentlich korrekt „Politikologie"
heißen müsste. Der Begriff Politikwissenschaft ist daher die unmiss-
verständlichste und klarste Bezeichnung für diese Disziplin.[24]

Theorieansätze: Drei-,Schulen'-Lehre

Basierend auf den unterschiedlichen Politikbegriffen lassen sich drei[25] $\quad$ 42
verschiedene Theorieansätze (,*Schulen*') unterscheiden:[26]

Die normativ-ontologische ‚Schule'

Wissenschaft hat hierbei die Aufgabe, normativ auf die Gesellschaft $\quad$ 43
einzuwirken. Der Politikwissenschaftler Eric Voegelin beschreibt den
daraus für die Politikwissenschaft resultierenden Anspruch:

> „Eine Wissenschaft vom rationalen Handeln des Menschen in Gesellschaft wird
> dadurch möglich, daß alle untergeordneten und teilhaften Zwecksetzungen des
> Handelns bezogen werden auf einen höchsten Zweck, auf ein *summum bonum*, d. h.
> auf die Ordnung der Existenz durch Orientierung am ‚unsichtbaren Maß' göttlichen
> Seins. Die Voraussetzung des Unternehmens, das über bloße Meinungen (*doxai*) zur
> Wissenschaft (*episteme*) von der Ordnung vordringen will, ist eine durchgearbeitete
> Ontologie, die alle Seinsbereiche, vor allem den welt-jenseitigen, göttlichen, als re-
> al anerkennt und nicht versucht, die höherstufigen Seinsbereiche durch Kausaler-
> klärungen auf niederstufige zu ‚reduzieren'."[27]

---

[24] Berg-Schlosser / Stammen (1995[6]): 1 f
[25] Eine realistische Schule bezogen auf den realistischen Politikbegriff existiert v. a. im
   Teilgebiet Internationale Politik.
[26] Vgl. hierzu Naßmacher (1998[3]): 462 ff
[27] Voegelin (1991[4]): 16 (Hervorhebung im Original)

Die historisch-dialektische ‚Schule'

44   „Die Herabstufung der Seinsbereiche durch Kausalerklärungen" ist gerade das Anliegen dieser Schule, in der alles menschliche Handeln auf die Produktionsverhältnisse zurückzuführen ist. Diese Einsicht verbindet sie mit dem Vorhaben, die Aufhebung jeglicher politischer und gesellschaftlicher Herrschaft zu erreichen.

45   *Tabelle 1.1.4: Theorieansätze (‚Schulen') der Politikwissenschaft*

wissen-schafts-theor. Positionen	normativ-ontologische ‚Schule'	empirisch-analytische ‚Schule'	historisch-dialektische ‚Schule'
Prämissen	• Existenz einer normativen Wahrheit • Wissenschaft befördert das Wahre und Gute	• Wirklichkeit nur durch Erfahrung und Beobachtung erfassbar • keine absolute Wahrheit	• Politik als Bestandteil des dialektisch ablaufenden Geschichtsprozesses
Werte-bezug	• zentrale Bedeutung von Werten • Existenz von konstanten und überzeitlichen Werten	• Werte als Gegenstand von Wissenschaft • Werte als Voraussetzung von Wissenschaft in Form des erkenntnisleitenden Interesses und der Auswahl des Forschungsgegenstandes	• Einschluss von Werten in die wissenschaftliche Analyse • Werte als Ausdruck historisch-materieller Interessen
Praxis-bezug	• Normen als Handlungsanweisungen für die politische Welt	• Bereitstellung von wissenschaftlichen Fakten • Werturteilsfreiheit	• Beeinflussung der politischen Wirklichkeit durch die Wissenschaft (dialektisches Prinzip)
Methodik	• Hermeneutik • Phänomenologie • ideengeschichtliche Betrachtung	• empirisch • deduktiv (Schluss vom Allgemeinen auf das Besondere) • induktiv (Schluss vom Besonderen auf das Allgemeine) • Falsifikationismus	• Hermeneutik (v. a. von Klassikern des Marxismus und Sozialismus) • auf dieser Basis deduktiv
einige Vertreter	• Eric Voegelin • Dolf Sternberger • Wilhelm Hennis	• Jürgen W. Falter • Elisabeth Noelle-Neumann	• Jürgen Habermas • Wolfgang Abendroth

Eigene Darstellung

Die empirisch-analytische ‚Schule'

Der wissenschaftliche Anspruch der empirisch-analytischen ‚Schule'   46
ist in erster Linie kein gesellschaftlicher. Zuerst muss mittels erfah-
rungswissenschaftlicher Methoden die politische Realität, wie sie ist,
analysiert werden. Erst auf der so gewonnenen Grundlage kann über
gesellschaftliche Veränderungen nachgedacht werden.

Um die Forderung nach Multiperspektivität und Theorienpluralis-   47
mus zu erfüllen, sollte man sich nicht nur auf eine dieser ‚Schulen'
beziehen. Ein Politikwissenschaftler ist Teil des gesellschaftlichen
Systems, das auf ihn einwirkt, das er aber auch selbst beeinflusst. Ihm
fällt daher auch eine normative, gestaltende Funktion zu. Um diese zu
erfüllen, muss er jedoch die Werte, auf die er sich dabei bezieht, nicht
ontologisch ableiten. Ebenso braucht er bei der Berücksichtigung der
Auswirkungen des wirtschaftlichen Systems auf die Politik nicht auf
die Geschichtsphilosophie des Marxismus-Leninismus zurückzugrei-
fen.

Grundlinien der Entwicklung des Faches in Deutschland

Zu Beginn ihrer Entstehung im antiken Griechenland verstand sich die   48
Politikwissenschaft als *Krisenwissenschaft*. Platon und Aristoteles
wollten mit ihren Schriften dem Niedergang des athenischen Stadt-
staates durch Reformen entgegenwirken. Doch nicht nur die Veränderung der politischen Strukturen war und ist ein Anliegen der Politikwissenschaft. Sie stellte sich im gleichen Maße zur Stabilisierung
bestehender politischer Ordnungen zur Verfügung. Beide Traditionsli-
nien finden sich in der deutschen Politikwissenschaft wieder.[28]

In Deutschland wurde Politikwissenschaft an den Universitäten bis   49
zum Beginn des 20. Jahrhunderts als Staatswissenschaften gelehrt und
war auf verschiedene Fächer verteilt (u. a. Rechtswissenschaft, Philosophie, Nationalökonomie). Ein eigenständiges Fach entwickelte sich
erst in den zwanziger Jahren. Doch die Deutsche Hochschule für Politik, 1920 in Berlin gegründet,[29] konnte sich nicht dauerhaft etablieren.
Erst nach dem Zweiten Weltkrieg kommt es zu einer Neugründung
des Faches an den Universitäten unter dem Selbstverständnis als *De-
mokratiewissenschaft*, die die junge Demokratie wissenschaftlich
abstützen sollte. Eine besondere Rolle fiel dabei jenen Wissenschaft-

---

[28] Vgl. hierzu Berg-Schlosser / Stammen (1995[6]): 14 ff
[29] Vgl. hierzu Patzelt (1993[2]): 261

lern zu, die aus dem Exil nach Deutschland zurückkehrten, so z. B. Ernst Fraenkel oder Eric Voegelin. Nach 1968 trat ein Verständnis der Disziplin als *Oppositionswissenschaft* hinzu, das sich auf marxistischer bzw. neomarxistischer Basis gegen die ‚bürgerlich-kapitalistischen' Strukturen der Bundesrepublik wendete. Gegenwärtig hat sich auch in Deutschland eine verstärkt empirische Sichtweise durchgesetzt. Die deutsche Politikwissenschaft hat in der Nachkriegszeit folglich alle ‚Schulen' besucht.

1.1.6   Informationshinweise zur Einführung

* Berg-Schlosser / Stammen (1995[6]): Einführung in die Politikwissenschaft. *(anspruchsvolle und sehr informative Einführung, insbesondere auch für fortgeschrittene Studenten geeignet)*
* Patzelt (1993[2]): Einführung in die Politikwissenschaft. *(Einführung mit Schwerpunkt auf einer empirisch-analytischen Auffassung von Politikwissenschaft)*
* Nohlen (Hrsg.) (1996): Wörterbuch Staat und Politik. ➡[PolBil] *(nützliches Nachschlagewerk nicht nur für Studienanfänger)*
* Naßmacher (1998[3]): Politikwissenschaft. *(umfassendes und sehr übersichtlich gestaltetes Einführungswerk)*

• Aus Politik und Zeitgeschichte (APuZ)	• British Journal of Political Science
• Archiv der Gegenwart	• Politische Vierteljahresschrift (PVS)
• American Journal of Political Science	• Zeitschrift für Politik (ZfP)
• American Political Science Review	• Leviathan

* Informationen zur politischen Bildung ➡[PolBil] *(kostenlos über die Bundeszentrale für politische Bildung zu beziehen)*

* http://www.uni-tuebingen.de/uni/spi/urlpool.htm *(sehr umfangreiche, aktuelle site mit vielen, thematisch sortierten links; u. a. Gesetzestexte, Berufsverbände etc.)*
* http://www.psr.keele.ac.uk/ *(benutzerfreundliche, englischsprachige site zu Politischer Theorie, Länderstudien, Internationaler Politik und Politischer Systeme)*
* http://www.uni-regensburg.de/Fakultaeten/phil_Fak_III/Politikwissenschaft/Hofmann/links.htm#poli3 *(viele links zum Thema Politische Philosophie und Theorie)*
* http://www.bibliothek.uni-regensburg.de/ezeit/ezb.phtml *(umfangreiche, thematisch geordnete link-Sammlung zu Fachzeitschriften)*
* http://www.politikwissenschaft.de *(Internetplattform: Politikwissenschaftliche Institute mit Internetangebotsbewertung; Expertenverzeichnis nach politikwissenschaftlichen Teildisziplinen mit homepage und e-mail; PoliNet: Verzeichnis politikwissenschaftlicher websites)*
* http://www.polibrain.de *(kostenpflichtige Suchplattform für internetbasierte Literaturrecherche und Informationsvermittlung)*
* http://sun1.rrzu.uni-hannover.de/nhrkbehr/ipw_/-o.html *(Zusammenstellung und Bewertung von websites politikwissenschaftlicher Lehrstühle in Deutschland)*

1.2 Herrschaft, Macht und Legitimität

Unter dem Begriff Politik ist die Herstellung allgemeiner Verbindlichkeit zu verstehen. Jedoch stellt sich im Anschluss an diese Bestimmung des Politischen die Frage, wie und wodurch allgemeine Verbindlichkeit durch das politische System hergestellt werden kann. Eine erste Annäherung an diese Frage soll im folgenden Abschnitt durch die Erläuterung der Begriffe *Herrschaft*, *Macht* und *Legitimität* geschehen.   50

1.2.1 Herrschaft

Außer in anarchistischen (herrschaftslosen) Theorien oder etwa in der Vorstellung des „herrschaftsfreien Diskurses" bei Jürgen Habermas, ist ein politisches System ohne Herrschaft nicht denk-, geschweige denn realisierbar. Solche Ordnungen verbleiben im Stadium des utopischen Entwurfs. Das wirkt sich auch auf den Stellenwert aus, den die wissenschaftliche Betrachtung dem Begriff Herrschaft zuschreibt: 51

> „Herrschaft ist nach allgemeiner Übereinstimmung eine Grundkategorie der Gesellschaftstheorie, ein Zentralbegriff der Politischen Soziologie und ein, wenn nicht *der* Hauptgegenstand der Wissenschaft von der Politik.[30]

Das Problem der Entstehung und des Untergangs politischer Herrschaft wurde und wird deshalb seit jeher in der Politikwissenschaft thematisiert.   52

Definition und Funktion

Bei der Definition des Begriffs greift die Literatur überwiegend auf die Begriffsbestimmung von Max Weber zurück, für den Herrschaft einen allgemeinen, d. h. nicht nur auf das Politische reduzierten sozialen Gegenstand darstellt: 53

> „*Herrschaft* soll heißen die Chance, für einen Befehl bestimmten Inhalts bei angebbaren Personen Gehorsam zu finden.[31]

Durch Herrschaft entsteht dabei eine asymmetrische soziale Beziehung, die „an das aktuelle Vorhandensein *eines* erfolgreich *anderen* Befehlenden (...) geknüpft"[32] wird. Herrschaft setzt immer die Existenz eines Herrschers und eines Beherrschten voraus, wobei die Herr-   54

---

[30] Leggewie (1995): 180 (Hervorhebung im Original)
[31] Weber (1984⁶): 89 (Hervorhebung im Original)
[32] Weber (1984⁶): 89 (Hervorhebung im Original)

schaftsbeziehung entweder vertikal entlang einer hierarchischen Ordnung verlaufen kann, oder in einer „horizontale[n] Relation unter Gleichen."[33]

55   Herrschaft ist nicht nur ein zentraler politikwissenschaftlicher Terminus, er erfüllt auch eine entscheidende Funktion, nämlich eine politische Ordnung überhaupt erst zu konstituieren, indem Herrschaft durch „Regelmäßigkeit und Erfolg"[34] den institutionellen Rahmen bzw. die Struktur für Politik bereitstellt.

Typen von Herrschaft

Die klassische Formenlehre

56   Schon die politische Theorie der Antike beschreibt und analysiert verschiedene politische Herrschaftsformen.[35] Das Unterscheidungskriterium zwischen den verschiedenen Ordnungen stellt die Zahl der Herrscher dar. Die *guten* Verfassungen sind dabei im normativ-ontologischen Sinne dem Gemeinwohl verpflichtet. Doch war man sich aufgrund der praktischen Erfahrung bewusst, dass es in der politischen Praxis Regime gab, die nicht dem Ideal der guten Ordnung entsprachen. Bei den *entarteten* Verfassungen stand der Vorteil für die jeweils Herrschenden im Vordergrund. Dies galt auch für die Ochlokratie als Entartungsform der Demokratie, bei der jeder auf seinen eigenen Vorteil bedacht war.

57

Tabelle 1.2.1: Die klassischen Herrschaftsformen

gute Verfassungen	entartete Verfassungen
Monarchie (Herrschaft eines Einzelnen)	Tyrannis
Aristokratie (Herrschaft der Besten / des Adels)	Oligarchie
Demokratie (Herrschaft des Volkes / aller)	Ochlokratie (Pöbelherrschaft)
Eigene Darstellung auf der Basis von Nippel (1993): 27 ff	

---

[33] Leggewie (1995): 180
[34] Leggewie (1995): 180
[35] Vgl. hierzu Nippel (1993): 27 ff. Dabei werden diese Begriffe unterschiedlich gebraucht. Aristoteles beschrieb z. B. die Demokratie als entartetes Gegenstück zur guten Verfassung der Politie.

Max Webers Typen der legitimen Herrschaft

Max Webers Herrschaftstypologie ist eingebunden in eine umfassende   58
Diagnose seiner Zeit. Diese sah er vor allem durch eine Entwicklung
gekennzeichnet: den alle Lebensbereiche umfassenden Prozess der
Rationalisierung, dessen wichtigstes Merkmal die Bürokratisierung
darstellt. Dadurch würden auf überkommenen Strukturen fußende
traditionelle Gesellschaften verändert und transformiert. Weber stellt
daher drei idealtypische Herrschaftsformen gegenüber, die diese Entwicklung repräsentieren. Er bewertet diese Typen jedoch nicht anhand
normativer Kriterien.[36]

- *Traditionale Herrschaft*: Sie beruht auf dem Glauben an die Unumstößlichkeit immer   59
  schon geltender Traditionen.
- *Legale (rationale) Herrschaft*: Diese Herrschaftsform bildet den Rationalisierungs-   60
  prozess ab und basiert auf dem Glauben an die Legalität gesatzter Ordnungen.
- *Charismatische Herrschaft*: Hier stützt sich Herrschaft auf die Hingabe an eine als   61
  vorbildlich bzw. heilig verehrte Führerpersönlichkeit.

Der bürokratische Apparat der legalen Herrschaft, so befürchtete We-   62
ber, wird im Laufe der Zeit immer selbständiger. Dieser Entwicklung
muss durch charismatische Überformung und verstärkter parlamentarischer Kontrolle der Bürokratie entgegengewirkt werden.[37]

1.2.2 Macht

Macht ist für viele ein Unwort, sie ist per se etwas Negatives. Dolf   63
Sternberger bezeichnet den machtzentrierten realistischen Politikbegriff als dämonologische Wurzel des Politischen und auch der
Kronzeuge, den er dafür benennt, Machiavelli, steht für das Schlechte,
ja man könnte sogar sagen das Böse in der Politik. Dem Begriff Macht
scheint fast eine metaphysische Kraft innezuwohnen, die den Menschen, der sie besitzt oder auch nur anstrebt, zum Unmenschlichen hin
verändert: „Power tends to corrupt and absolute power corrupts abso-
lutely."[38] Dabei kann ohne Macht keine politische Herrschaft ausgeübt
werden.

---

[36] Vgl. hierzu Weber (1980⁵): 122 ff, vgl. ebenso Fenske (1993): 701 ff
[37] Vgl. hierzu Leggewie (1995): 184
[38] Lord Acton zit. nach Weiß (1995): 311

Definition und Funktion

64   Den wissenschaftlichen Gebrauch des Begriffes Macht prägte wiederum maßgeblich Max Weber. Wie oben gezeigt, bedeutet für ihn

> „*Macht* (...) jede Chance, innerhalb einer sozialen Beziehung den eigenen Willen auch gegen Widerstreben durchzusetzen, gleichviel worauf diese Chance beruht.[39]

65   Auch hier ist die soziale Beziehung eine asymmetrische Relation zwischen demjenigen, der seine Macht einsetzt und demjenigen, der sich dieser Macht fügen muss. Der Politikwissenschaftler Karl W. Deutsch passte Webers Machtbegriff in seine Systemtheorie ein. Dabei stellt für ihn Macht eine Beziehung zwischen dem System und seiner Umwelt dar:

> „Als *Macht* verstehen wir dann das Ausmaß, in dem eine Person oder Organisation nachhaltig und erfolgreich ihrem Charakter oder Wesen gemäß handeln kann. (...) Macht besteht darin, daß man nicht nachgeben muß, sondern die Umwelt oder eine andere Person zum Nachgeben zwingen kann. Macht in diesem engeren Sinne bedeutet Priorität der Leistung (output) gegenüber der Empfänglichkeit (intake), bedeutet die Möglichkeit, zu reden anstatt zuzuhören. Macht hat in gewissem Sinne derjenige, der es sich leisten kann, nichts lernen zu müssen."[40]

66   Ist mit Herrschaft die Herstellung einer politischen Ordnung verbunden, dient Macht zur Durchsetzung von Herrschaft, wenn Interessengegensätze zu Konflikten führen, die nicht im Konsens mit allen Beteiligten bewältigt werden können. Dies ist auch und gerade in demokratischen Systemen der Fall, da dort die Vielfalt von Interessen als legitim aufgefasst wird.

Formen der Macht

67   • *Durchsetzungsmacht*: Das ist die elementarste Form von Macht. Sie zeigt sich zum Beispiel, wenn eine Regierung ihre parlamentarische Mehrheit einsetzt, ein Gesetz zu verabschieden. Dabei wird sie sich regelmäßig gegen die Opposition durchsetzen. Die Chance hierfür basiert auf dem Mandat, das sie bei der Wahl erhalten hat.

68   • *Verhinderungsmacht*: Als zweites Gesicht der Macht wird die Möglichkeit bezeichnet, einen Sachverhalt nicht zu entscheiden bzw. eine Entscheidung zu blockieren.[41] Dazu hat beispielsweise im politischen System der Bundesrepublik bei Zustimmungsgesetzen der Bundesrat die Macht.

69   • *Thematisierungsmacht*: Diese Form der Macht wird sichtbar, „wo es gelingt, schon *die Begriffe und Symbole des Nachdenkens und Streitens über anstehende Entschei-*

---

[39] Weber (1984[6]): 89 (Hervorhebung im Original)
[40] Deutsch (1973[3]): 171 (Hervorhebung im Original)
[41] Vgl. hierzu grundlegend Bachrach / Baratz (1963)

dungen zu prägen und zu besetzen.[42] So gelang es den Unionsparteien 1999 in der Auseinandersetzung mit der Regierung um die Koppelung des Rentenzuwachses an die Inflationsrate diese pauschal als „Rentenkürzung" zu bezeichnen, wodurch ihre Wahlchancen stiegen und damit die Einflussmöglichkeiten, ihre eigenen Vorstellungen zu verwirklichen.

1.2.3 Legitimität

Schon an einigen Stellen war von Legitimität bzw. legitimer Ordnung die Rede.

70

> „Der Begriff Legitimität ist ein universaler Begriff. Jedwede Regierung, woher auch immer ihre Gewalt rühren mag, führt eine Überzeugung ihrer Rechtmäßigkeit mit sich, oder strebt doch danach, sich zu rechtfertigen."[43]

Diesem Begriff kommt also ebenfalls in einem politischen System eine wichtige Aufgabe zu. Er bildet die logische Vervollkommnung der Begriffstrias *Herrschaft-Macht-Legitimität.*

71

Definition und Funktion

Das erste Kriterium für die Legitimität eines politischen Systems besteht darin, dass seine Vereinbarungen bei den Mitgliedern Geltung beanspruchen können:

72

> „Handeln, insbesondere soziales Handeln und wiederum insbesondere eine soziale Beziehung, können von seiten der Beteiligten an der *Vorstellung* vom Bestehen einen *legitimen Ordnung* orientiert werden. Die Chance, daß dies *tatsächlich* geschieht, soll ‚Geltung' der betreffenden Ordnung heißen."[44]

Die Geltung einer politischen Ordnung basiert zusätzlich auf ihrer anerkannten Rechtmäßigkeit:

73

> „Legitimität bedeutet (...), daß das bestehende Regime als rechtmäßig erscheint, aber darüber hinaus, daß sich die Rechtsordnung, auf die es sich stützt, auf Wertsetzungen gründet, die – wenn man nicht naturrechtlichen Anschauungen folgen will – jedenfalls epochal anerkannten Wertvorstellungen entspricht."[45]

Verbindet man nun die Kriterien für Legitimität, also Geltung und Rechtmäßigkeit, kann Legitimität definiert werden als Anerkennung einer politischen Ordnung als rechtens.

74

---

[42] Patzelt (1993²) 34 (Hervorhebung im Original)
[43] Sternberger (1986): 20
[44] Weber (1984⁶): 54 (Hervorhebung im Original)
[45] Scheuner (1981): 9

75   Die Anerkennung eines politischen Systems durch seine Mitglieder sorgt für dessen Stabilität,[46] da nur auf diese Weise die „Chance, für einen Befehl bestimmten Inhalts bei angebbaren Personen Gehorsam zu finden" dauerhaft gegeben ist. Herrschaft, Macht und Legitimität müssen permanent zusammenwirken, um einem politischen Gemeinwesen Beständigkeit zu verleihen.

76   *Tabelle 1.2.2: Herrschaft, Macht und Legitimität im Überblick*

Begriff	Definition	Funktion	Formen	Zentrales Kriterium
Herrschaft	„Herrschaft soll heißen die Chance, für einen Befehl bestimmten Inhalts bei angebbaren Personen Gehorsam zu finden." (Weber)	Herstellung einer politischen Ordnung	Klassische Formen: • Monarchie • Aristokratie • Demokratie Typen legitimer Herrschaft (Weber): • Traditionale H. • Legale H. • Charismatische H.	Ordnung
Macht	„Macht bedeutet jede Chance, innerhalb einer sozialen Beziehung den eigenen Willen auch gegen Widerstreben durchzusetzen, gleichviel worauf diese Chance beruht." (Weber)	Durchsetzung einer politischen Ordnung	• Durchsetzungsmacht • Verhinderungsmacht • Thematisierungsmacht	Durchsetzung
Legitimität	Unter Legitimität versteht man die Anerkennung einer politischen Ordnung als rechtmäßig.	Stabilisierung einer politischen Ordnung	• L. qua göttlicher Bestimmung • L. qua geschichtlichem Auftrag • L. qua Zustimmung	Geltung
Eigene Darstellung				

Formen der Legitimität

77   Politische Systeme sind grundsätzlich immer bestrebt, Legitimität für sich zu reklamieren. Aufgrund der geschichtlichen Entwicklung lassen sich grundsätzlich drei unterschiedliche Legitimationsstrategien aufzeigen:

---

[46] Vgl. hierzu Habermas (1976): 39

- *Legitimität qua göttlicher Bestimmung*: Im monarchischen Prinzip gründet sich die   78
  Herrschaft des Königs auf das Gottesgnadentum. Der Herrscher ist von Gott eingesetzt und daher sind seine Machtbefugnisse dem menschlichen Zugriff entzogen. Das
  monarchische Prinzip war *die* Legitimitätsgrundlage des Mittelalters und galt in
  Deutschland sogar bis zur Revolution von 1918.

- *Legitimität qua geschichtlichem Auftrag*: Auch diese Form ist letztendlich im Bereich   79
  des Metaphysischen verankert. Grundlage dieser Strategie bildet die reklamierte Einsicht in die Prinzipien der Entwicklung der Menschheit. Ein politisches System ist nur
  dann legitim, wenn es in diesem Sinne die Geschichte vorantreibt. Ist dies bei einem
  Regime nicht der Fall, muss es mit allen möglichen Mitteln zu Fall gebracht werden.
  Die auf dem geschichtlichen Auftrag beruhende Legitimation wurde z. B. von den
  totalitären Bewegungen des Kommunismus und Faschismus beansprucht.

- *Legitimität qua Zustimmung*: Das monarchische Prinzip wurde von den revolutionä-   80
  ren Bewegungen im ausgehenden 18. Jahrhundert durch das Prinzip der Volkssouveränität ersetzt. Nicht mehr eine auf einem göttlichen Anspruch gegründete Macht
  wurde als legitim anerkannt, sondern eine politische Ordnung, die auf der Zustimmung der unter ihr lebenden Menschen basiert. Damit wurde die Legitimationsgrundlage der modernen demokratischen Systeme geschaffen.

1.2.4   Problemfelder

Herrschaft und Kontrolle

Ein politisches Gemeinwesen bedarf der Herrschaft. Die geschichtli-   81
che Erfahrung hat aber auch deutlich gezeigt, dass die jeweils Herrschenden der Kontrolle durch die Beherrschten bedürfen, da ansonsten
die Gefahr besteht, dass eine legitime rechtmäßige Herrschaft umschlägt in eine illegitime unrechtmäßige Form, also ein Prozess in
Gang gesetzt wird, der schon in der antiken politischen Philosophie
beschrieben wurde. Im modernen Verfassungsstaat versucht man dieser Entwicklung durch institutionelle Vorkehrungen zu begegnen, die
den Gebrauch von Herrschaft einhegen.[47]

- *Durch Gewaltenteilung*: Die politische Herrschaft liegt nicht nur in einer Hand (einem   82
  Menschen oder einer Organisation), sondern ist auf viele Institutionen verteilt, die
  sich gegenseitig kontrollieren und sich so in ihrem jeweiligen Machtanspruch hemmen.

- *Durch die Bindung von Herrschaft an rechtliche Normen*: Herrschaft wird begrenzt   83
  durch die Rückbindung an das Recht, das von den Herrschenden nicht übertreten
  werden darf. Die Einhaltung dieser Normen und somit auch die Herrschaft wird kon-
  trolliert durch die anderen politischen Akteure.

---

[47] Vgl. hierzu Weiß (1998): 248

Macht und Gewalt

84   Ein Machtmittel, um Herrschaft durchzusetzen, ist die Gewalt. Im modernen Staatsverständnis ist nur der Staat berechtigt, Gewalt gegenüber jenen auszuüben, die seine Regeln nicht beachten. Für Max Weber ist das Gewaltmonopol sogar das entscheidende Merkmal für die Staatlichkeit überhaupt:

> „*Staat* soll ein politischer *Anstaltsbetrieb* heißen, wenn und insoweit sein Verwaltungsstab erfolgreich das *Monopol legitimen* physischen Zwanges für die Durchführung der Ordnungen in Anspruch nimmt."[48]

85   Doch ist hier bedeutsam, dass Weber von der legitimen Gewaltanwendung spricht. Gewalt (physischer Zwang) muss als rechtmäßiges Mittel von den Bürgerinnen und Bürgern eines Staates anerkannt werden. Gewalt als politisches Instrument ist ebenso wie die Herrschaft selbst an rechtliche Normen gebunden. Ein als legitim anerkanntes Regime allerdings wird Gewalt nicht häufig zur Anwendung bringen. Ein oftmaliger Gebrauch oder eine vielfache Androhung von Gewalt ist ein Zeichen für eine schwindende bzw. nicht vorhandene Legitimität eines politischen Systems. Demokratische Ordnungen ersetzen Gewalt durch die Überzeugungskraft ihrer politischen Angebote.

Legitimität und Legalität

86   Legitimität gründet sich auf Rechtmäßigkeit und Geltung. Doch gewalttätige Regime beanspruchen für sich ebenso Legitimität. Sie wahren sich diesen Anschein dadurch, dass ihre Aktivitäten *formalen* gesetzlichen Ansprüchen genügen. Die auf dieser Grundlage basierenden allgemeinen Verbindlichkeiten sind in diesem Sinne auf legale Weise zustande gekommen. Aber Legalität bedeutet nicht immer Legitimität. Letztere ist an die Anerkenntnis „epochaler Wertsetzungen", also an bestimmte qualitative Merkmale, wie z. B. die Beachtung der Menschenrechte, gebunden. Deren Beachtung ist jedoch in den diktatorischen politischen Systemen regelmäßig nicht der Fall.

87   Gegen eine Ordnung, die sich letztendlich nur auf eine formale Scheinlegitimität berufen kann, hat man das Recht zum Widerstand. Im Art. 20 Absatz 4 GG wird diese Möglichkeit aufgrund der geschichtlichen Erfahrung explizit angeführt, um ein Umschlagen der

---

[48] Weber (1984[6]): 91 (Hervorhebung im Original)

freiheitlichen demokratischen Grundordnung in ein diktatorisches
System zu verhindern:

> „Gegen jeden, der es unternimmt, diese Ordnung zu beseitigen, haben alle Deut-
> schen das Recht zum Widerstand, wenn andere Abhilfe nicht möglich ist."

1.2.5 Informationshinweise zur Einführung

- Nohlen / Schultze (Hrsg.) (1995): Lexikon der Politik. Band 1: Politische Theorien.   📖
  *(grundlegende und systematische Einführung in die behandelten Themen durch die
  Aufsätze von Leggewie (Herrschaft), Weiß (Macht) und Mandt (Legitimität))*
- Achterberg / Karwietz (Hrsg.) (1981): Legitimation des modernen Staates. *(Sammel-
  band mit Beiträgen zur theoretischen Erörterung des Themas Legitimation)*
- Greiffenhagen (1998): Politische Legitimität in Deutschland. ☞*PolBil (Darstellung der
  Legitimitätsproblematik in Deutschland)*

1.3 Politikwissenschaftliche Systemtheorie

Wie ein Blick in die Literatur bestätigt, hat sich der Begriff *politisches*   88
System in der Politikwissenschaft durchgesetzt. Da ist vom „politischen System Deutschlands"[49] oder von den „politischen Systemen
Westeuropas"[50] die Rede. Damit wurden ältere politikwissenschaftliche Begriffe wie *Regierungssystem*, *Staat* oder *Nation* verdrängt.[51]
Diese neue Begrifflichkeit ist jedoch keine sprachliche Spielerei. Mit
ihrer Einführung ist ein neues Verständnis des Politischen insgesamt
verbunden:

> „Die älteren Begriffe (...) sind durch juristisches und institutionelles Verständnis in
> ihrer Bedeutung begrenzt (...) Der Begriff ,politisches System' hat deswegen weite
> Verbreitung gefunden, weil er die Aufmerksamkeit auf den gesamten Bereich poli-
> tischer Handlungsweisen innerhalb einer Gesellschaft lenkt ohne Rücksicht darauf,
> wo sie in der Gesellschaft lokalisiert sind."[62]

Politik findet dieser Vorstellung nach nicht nur in den staatlichen In-   89
stitutionen wie Parlament oder Regierung statt, sondern wird ebenso
maßgeblich durch ihr gesellschaftliches Umfeld beeinflusst und bestimmt.

---

[49] Vgl. hierzu exemplarisch Beyme, von (1999⁹)
[50] Ismayr (1999²)
[51] Vgl. hierzu Almond / Powell (1976): 132
[52] Almond / Powell (1976): 132 f

1.3.1   Allgemeine Grundlagen der Systemtheorie

90   Der Systembegriff entsprang zunächst der philosophischen Vorstellung, dass ein Ganzes mehr Wert ist als die bloße Summe seiner einzelnen Teile. Dieser gesteigerte Wert resultiert aus den entstandenen Beziehungen der Teile untereinander sowie der Wechselwirkung zwischen Teilen und dem Ganzen.[53] Dabei ist in einem ersten Schritt bedeutungslos, ob es sich um biologische, mechanische oder soziale Systeme handelt.

System: Eine Definition

91   Die allgemeinen Merkmale eines jeden Systems bestehen zum einen aus der Abgrenzbarkeit des Systems von seiner Umwelt. Durch diese Grenzziehung wird ein System erst von seiner Umwelt unterscheidbar und identifizierbar. Zum anderen zeichnet sich ein System durch die Interdependenz seiner Teile aus. Unter Interdependenz versteht man die wechselseitige Beeinflussung der einzelnen Systembestandteile, d. h. bei Veränderung eines Elements werden auch die anderen Elemente verändert.[54] Ein System lässt sich deshalb allgemein definieren als eine Menge von Elementen, zwischen denen wechselseitige Beziehungen bestehen und das seiner Umwelt gegenüber abgegrenzt ist.

Grundsätzliche Funktionslogik eines Systems

92   Damit ein System in seiner Umwelt funktionieren kann, ist ihm eine bestimmte Funktionslogik eingeschrieben, die sich folgendermaßen beschreiben lässt:

93   • *Funktionen*: Jedes System wird mit der Problematik konfrontiert, wie es sich „in einer Welt, die zugleich Stabilität und Wandel aufweist,"[55] behaupten kann. Die allgemeinste Funktion eines Systems besteht daher darin, für seinen Selbsterhalt zu sorgen. Neben diesem systemimmanenten Aspekt können dem System von seiner Umwelt noch andere Funktionen zugeteilt werden. So muss das mechanische System Uhr die Zeit anzeigen oder das Wirtschaftssystem einer Gesellschaft für die effiziente Verteilung der Güter Sorge tragen.

94   • *Strukturen und Rollen*: Systeme bestehen aus einzelnen interdependent miteinander verbundenen Teilen. „[D]ie Gliederung, der Aufbau oder die Anordnung der Elemente"[56] bilden dabei die Strukturen. In sozialen Systemen können die einzelnen Elemente als Rollen dargestellt werden. Unter Rollen wird derjenige Teil der Hand-

---

[53] Vgl. hierzu Wuthe (1977): 23
[54] Vgl. hierzu Stammen (1976): 289
[55] Easton (1978): 258
[56] Waschkuhn (1987): 24

lungsformen eines Individuums verstanden, der für das jeweilige System relevant ist.[57] So ist z. B. für die Betrachtung des Systems Universität der Einzelne nur in seiner Rolle als Student oder Professor von Bedeutung, jedoch nicht in seiner Rolle als Partei- oder Familienmitglied.

- *Analyseebenen*: Die Systemanalyse wird bestimmt von der Analyseebene. Ein System   95
  kann aus Untersystemen (Subsystemen) bestehen (eine Universität setzt sich z. B. aus
  verschiedenen Fakultäten zusammen) und sich in ein übergeordnetes System (Suprasystem) integrieren. Alle Universitäten sind wiederum Bestandteil der Hochschul-
  landschaft eines Staates. Bildet die einzelne Fakultät den Ausgangspunkt der Analyse,
  avanciert die Universität zum Suprasystem und die Subsysteme werden von den
  Lehrstühlen dargestellt.

- *Prozesse*: Die Systembestandteile interagieren miteinander und mit ihrer Umwelt.   96
  Diese Interaktionen nennt man Prozesse. Dabei werden Informationen, Materie oder
  Energie zwischen den Systemelementen untereinander sowie zwischen dem System
  und seiner Umwelt ausgetauscht.[58] Die einfachste Form des Austausches zwischen
  System und Umwelt lässt sich als Kreislauf darstellen. Systeme, die mit ihrer Umwelt
  interagieren, werden als offene Systeme bezeichnet. Im Gegensatz dazu enthalten sich
  geschlossene Systeme des Austausches mit ihrer Umwelt. Soziale System sind immer
  offene Systeme.

- *Wandel und Veränderung*: Durch die Verarbeitung von Systemprozessen treten Ver-   97
  änderungen auf. Dabei sind grundsätzlich zwei Reaktionen zu beobachten: Entweder
  wird das System durch die Umwelteinflüsse verändert oder es kann selbst seine Umwelt wandeln.

Grafik 1.3.1: input-output-Kreislaufschema   98

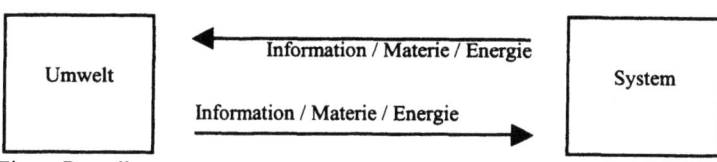

Eigene Darstellung

1.3.2   Politikwissenschaftliche Systemtheorie

Die *politikwissenschaftliche Systemtheorie* orientiert sich in ihrer   99
Begrifflichkeit und in ihren Aussagen an der allgemeinen Systemtheorie. So werden statt der Betrachtung von Institutionen Funktionen und
Strukturen erforscht. Neben der Untersuchung von normierten Verfah-
rensabläufen wird die Aufmerksamkeit auch auf die informellen Prozesse gelenkt.

Die politikwissenschaftliche Systemtheorie gliedert sich dabei in   100
unterschiedliche Ansätze auf, so dass man eigentlich von politikwis-

---

[57] Vgl. hierzu Almond / Powell (1976): 138
[58] Vgl. hierzu Wuthe (1977): 23

senschaftlichen Systemtheorien sprechen müsste.[59] Um ein Grundverständnis für die systemtheoretische Sichtweise zu vermitteln, beziehen sich die folgenden Ausführungen größtenteils auf die Arbeiten von David Easton sowie Gabriel A. Almond und Bingham G. Powell.

Wissenschaftstheoretische Grundlagen der politikwissenschaftlichen Systemtheorie

101   Die politikwissenschaftliche Systemtheorie lässt sich dem wissenschaftstheoretischen Verständnis der empirisch-analytischen ‚Schule' zurechnen. Diese orientiert sich nicht an ethischen Normen eines Soll-Zustandes, sondern an empirischen Aussagen über den Ist-Zustand. Daraus ergibt sich für die politikwissenschaftliche Systemtheorie ein doppelter Anspruch:

102   • *Empirisch-analytische Theoriebildung*: Die politikwissenschaftliche Systemtheorie möchte einen theoretischen Rahmen für die Analyse des politischen Bereichs bereitstellen, der alle politischen Vorgänge einschließt. Ihre Grundaussagen sollen als die Axiome gelten, von denen sich wissenschaftliche Aussagen kausal ableiten lassen. Diese wiederum unterliegen der Forderung nach intersubjektiver Überprüfbarkeit.[60]

103   • *Vergleich politischer Systeme*: Durch die Verwendung der allgemein gehaltenen systemtheoretischen Begrifflichkeit wird die Vergleichbarkeit aller politischer Systeme miteinander möglich:

„... alle politischen Systeme können verglichen werden hinsichtlich der Beziehung zwischen Funktionen und Strukturen. Das heißt: in einem bestimmten politischen System während einer bestimmten Periode besteht die Wahrscheinlichkeit, daß Funktion A durch Struktur X wahrgenommen wird (z. B. daß politische Forderungen von organisierten Interessengruppen gestellt werden). Diese Voraussetzung besagt, daß alle politischen Funktionen *in gewissem Sinn* in allen politischen Systemen gefunden werden können, und daß alle politischen Systeme, einschließlich der einfachsten, eine politische Struktur haben."[61]

Der Vergleich von politischen Systemen untereinander bedeutet jedoch nicht ihre Gleichsetzung.

Allgemeine Funktionen sozialer Systeme: das AGIL-Schema

104   Der amerikanische Soziologe Talcott Parsons schreibt in seinem struktur-funktionalistischen Ansatz dem sozialen System die Erfüllung folgender Aufgaben zu, damit es in seinem Bestand erhalten bleibt:[62]

105   • *Adaptation*: Damit meint Parsons die Anpassung des Systems an seine Umwelt. Verliert eine Partei z. B. Wählerstimmen, kann sie sich entweder personell oder pro-

---

[59] Vgl. hierzu Waschkuhn (1987): 29 ff

[60] Vgl. hierzu u. a. Buczylowski (1975): 110 f

[61] Almond / Powell (1976): 149 (Hervorhebung im Original)

[62] Vgl. hierzu Turner / Maryanski (1979): 75 sowie Waschkuhn (1987): 70

grammatisch verändern, um auf die Wünsche ihrer Wähler besser einzugehen, sie kann aber auch versuchen ihre Personen und Vorstellungen den Wählern durch Überzeugungsarbeit schmackhaft zu machen.

- *Goal attainment*: bedeutet die Ausrichtung der Systemelemente auf gemeinsame Zielsetzungen und deren Auswahl. Eine Partei muss, um erfolgreich zu sein, ihre Untergliederungen und Mitglieder auf dieselben politischen Ziele verpflichten können. 106

- *Integration*: Die verschiedenen Elemente eines Systems müssen dauerhaft kooperativ zusammenwirken. Für eine Partei bedeutet diese Aufgabe, dass sie ihre programmatischen, regionalen oder konfessionellen Subsysteme gebührend berücksichtigt und sie in die alltägliche politische Arbeit mit einschließt. 107

- *Latency*:[63] Der Bestand eines Systems kann darüber hinaus nur gesichert werden, wenn es gelingt, ihre grundlegenden Handlungs- und Wertstrukturen aufrechtzuerhalten (pattern maintenance) und innere Spannungen zu reduzieren (tension managament). Eine Partei muss z. B. dafür sorgen, dass ihre Mitglieder ihre grundsätzlichen politischen Vorstellungen teilen und innerparteiliche Konflikte lösen. 108

Im gesamtgesellschaftlichen System weist Parsons diese Funktionen bestimmten Subsystemen zu. Adaptation ist die Aufgabe des wirtschaftlichen Systems. Goal attainment fällt der Politik zu. Das Rechtssystem ist vornehmlich für die Integration zuständig und Latency wird z. B. den Familien und Glaubensgemeinschaften zugedacht. Für jedes soziale System gilt jedoch wiederum, dass es jede dieser Funktionen gleichzeitig und permanent erfüllen muss. 109

Grafik 1.3.2: AGIL-Schema 110

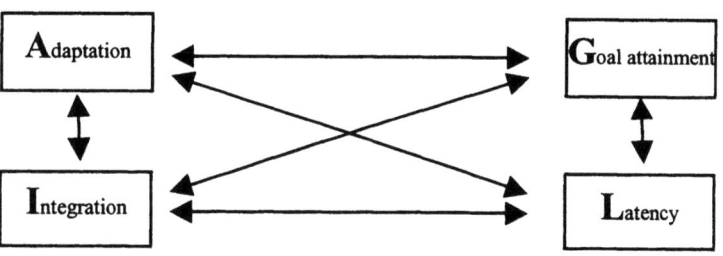

Darstellung auf der Grundlage von Patzelt (1993²): 46

Das politische System: Definition und Funktion

Auch das politische System ist der allgemeinen systemischen Funktionslogik unterworfen. Es ist darauf gerichtet seinen Bestand zu sichern und die von seiner Umwelt aufgetragene Funktion zu erfüllen, 111

---

[63] Vgl. hierzu Patzelt (1993²): 44. Dieser bezeichnet diese Funktion als „latent pattern maintenance".

nämlich die Herstellung allgemeiner Verbindlichkeit. Es lässt sich somit definieren als

„jenes Subsystem eines Gesellschaftssystems, das sich (...) zu dem Zweck entwickelte, für eine Gesellschaft allgemeine Verbindlichkeit herzustellen."[64]

Strukturen und Rollen

112   Um seine Funktionen wahrzunehmen, braucht ein System Strukturen, die sich aus unterschiedlichen Rollen zusammensetzen. Unter Rollen werden bestimmte „Verhaltenserwartungen [verstanden], die von einer Bezugsgruppe an Inhaber bestimmter sozialer Positionen herangetragen werden."[65] Der Einzelne spaltet sich im politischen System in seine Rollen als Wähler, Parteigänger, Mitglied einer Interessengruppe, Steuerzahler, Mediennutzer, Politiker etc. auf.

113   Die Strukturen politischer Systeme können je nach der Ausrichtung eines Regimes unterschiedlich beschaffen sein bzw. ganz unterschiedliche Aufgaben wahrnehmen:

114   • *Vermittlungsagenturen*: Parteien, Medien, Interessengruppen. Eine für das politische System wichtige Gruppe von Strukturen stellen die Vermittlungsagenturen dar. Sie nehmen die Vorstellungen der Rollenträger auf und speisen sie in den politischen Entscheidungsprozess ein. In diktatorischen Systemen liegt die Funktion der Vermittlungsagenturen primär in der Aufgabe begründet die politischen Forderungen der Machthaber in die Gesellschaft zu transportieren, also genau genommen in einem gegenteiligen Verfahren.

115   • *Zentrales Politisches Entscheidungssystem (ZPES)*: Im ZPES werden die Vorstellungen, die über die Vermittlungsagenturen an es herangetragen wurden, in verbindliche Entscheidungen umgesetzt. Dabei untergliedert sich das ZPES in Deutschland in die Subsysteme Bundesregierung, Bundestag und Bundesverfassungsgericht.

116   • *Systemgrenzen*: Das politische System muss sich von den anderen gesellschaftlichen Subsystemen unterscheiden lassen. Für rechtsstaatliche und demokratisch organisierte Systeme gilt, dass sie den Individuen private Freiräume schaffen und aufrechterhalten. Die Systemgrenzen sind tendenziell enger gefasst. Anders ist dies bei totalitären Systemen. Hier besteht der Anspruch, praktisch das ganze gesellschaftliche Leben politisch auszurichten. Ein privater Bereich wird dem Individuum nicht zugestanden. Die Grenzen des politischen hin zum gesellschaftlichen System sind theoretisch nicht existent.

117   • *Systemumwelt*: Die Umwelt des politischen Systems lässt sich in eine innergesellschaftliche und eine außergesellschaftliche Umwelt unterteilen. All diese Komponenten wirken auf das politische System ein bzw. können von ihm beeinflusst werden. Dadurch sind politische Systeme als offene Systeme zu betrachten.

---

[64] Patzelt (1993[2]): 127
[65] Bahrdt (1990[4]): 67

Grafik 1.3.3: Systemumwelten des politischen Systems

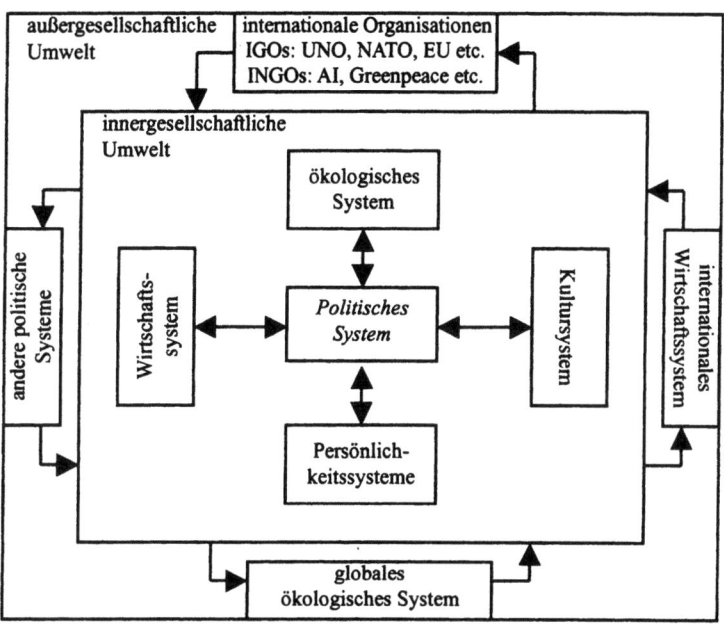

Eigene Darstellung auf der Grundlage von Easton (1978): 264

Systemprozesse

Die genannten Strukturen des politischen Systems interagieren miteinander, d. h. zwischen ihnen laufen bestimmte Prozesse ab. Der Prozessablauf in einem politischen System lässt sich in vier Phasen einteilen: 119

• *inputs*: Eingaben in das politische System. Diese wiederum lassen sich in drei Gruppen unterteilen: supports, demands, withinputs. Das System kann Unterstützungsleistungen (supports) erfahren durch materielle supports (Steuerzahlungen, Ableistung von Wehr- und Zivildienst usw.) sowie durch immaterielle supports (wie z. B. Befolgung von Vorschriften, politisches Engagement). Die demands stellen die Forderungen an das politische System dar. Diese können aus Forderungen nach politischer Teilhabe (z. B. nach dem Wahlrecht, oder nach Formen der plebiszitären Beteiligung), nach Zuteilung von sozialen Leistungen (z. B. nach Herstellung bzw. Erhaltung von sozialen Sicherungssystemen) oder nach bestimmten Verhaltensvorschriften (z. B. strafrechtliche Normen oder Abbau von überregulierten Bereichen) bestehen. Inputs können durch die inner- wie außergesellschaftliche Umwelt an das System herange- 120 tragen werden. Inputs, die von den politischen Eliten selbst in das System eingespeist werden, bezeichnet man auch als withinputs.[66]

121   • *conversion process*: Umwandlung von inputs in outputs. Das politische System hat nun die Aufgabe, die Fülle der inputs zu verarbeiten. Je effizienter es die Forderungen und Unterstützungsleistungen verarbeitet, desto mehr Legitimität wird ihm zuteil werden.[67]

122   • *outputs*: Leistungen des Systems. Die Systemleistungen, die durch die inputs angeregt werden, können in materielle und immaterielle outputs unterteilt werden. Zu den materiellen outputs zählen Auflagen in Form von Steuern, Abgaben oder bestimmten Dienstleistungen (z. B. Wehr- bzw. Zivildienst), die Verteilung von Gütern (Zahlungen durch die Sozialsysteme) und die Bereitstellung von Dienstleistungen (z. B. Gewährleistung von innerer und äußerer Sicherheit). Immaterielle outputs bestehen im Erlass von Vorschriften und symbolischen politischen Akten (z. B. Erklärungen zur Politik, Zurschaustellung nationaler Symbole oder Ordensverleihungen).[68]

123   • *feedbacks*: Rückwirkungen der outputs auf die inputs. Die Leistungen eines Systems wirken auf die Eingaben zurück. Werden Forderungen nicht oder nicht ausreichend erfüllt, werden sie neu gestellt. Erfüllt das System hingegen die Erwartungshaltungen, kann es mit verstärkten Unterstützungsleistungen rechnen. Erst durch diese Rückkoppelungsreaktion (feedback-Schleife) wird das politische System in die Lage versetzt dauerhaft zu agieren.[69] Auch das politische System kann als Kreislaufmodell dargestellt werden.

Entwicklung des politischen Systems

124   Politische Systeme sind offene Systeme. Sie müssen sich ihrer Umwelt anpassen. Dadurch sind sie Veränderungen ausgesetzt, die einerseits zu einem (steten) Wandel führen können, andererseits aufgrund einer zu hohen Belastung für das System dessen Untergang bedeuten, wenn ein politisches System die Forderungen (nach Größe und Inhalt der inputs[70]) nicht mehr erfüllen kann. Dann werden die Unterstützungsleistungen nicht mehr in einem ausreichenden Maße gewährt, wie dies z. B. in der DDR im Herbst 1989 der Fall war.

125   Für Almond und Powell wird die Entwicklung eines politischen Systems ausgelöst,

„wenn die vorhandene Struktur und Kultur des politischen Systems nicht mehr fähig sind, mit Problemen oder Herausforderungen ohne weitere strukturelle Differenzierung und kulturelle Säkularisaton fertig zu werden."[71]

---

[66] Vgl. hierzu Almond / Powell (1976): 143 f
[67] Vgl. hierzu Almond / Powell (1976): 147
[68] Vgl. hierzu Almond / Powell (1976): 145
[69] Vgl. hierzu Easton (1978): 270
[70] Vgl. hierzu Almond / Powell (1976): 153
[71] Almond / Powell (1976): 153

Strukturdifferenzierung bedeutet dabei die Veränderung alter sowie 126
Ausbildung neuer Strukturen bezüglich ihres Autonomie- und Spezia-
lisierungsgrades.[72] Wenn z. B. das Parteiensystem eines Staates nicht
mehr alle Forderungen und Anliegen aus der Gesellschaft berücksichtigt, kommt es entweder zur Gründung neuer Parteien, wie 1980 durch
die Entstehung der GRÜNEN in der Bundesrepublik, und / oder die
schon bestehenden Parteien nehmen sich des Themas Ökologie durch
die Erweiterung ihres Programmes und die Etablierung von umwelt-
politischen Arbeitskreisen an. Kulturelle Säkularisierung bezeichnet
einen Wandlungsprozess, bei dem die Menschen in ihren „politischen
Handlungsweisen zunehmend rationaler, analytischer und empirischer
werden."[73] Dies wurde z. B. deutlich bei der Zurückweisung des monarchischen Prinzips (Gottesgnadentum) als Legitimationsgrundlage.

Dadurch verändert sich auch die *politische Kultur*, die als Summe 127
der grundlegenden Werte und Einstellungen der Individuen einer Gesellschaft über die Politik aufgefasst werden kann.[74] Hier gilt es jedoch deutlich anzumerken, dass sich die politische Kultur nicht nur
säkularisieren, sondern im Gegenteil wieder mystifizieren kann. Die
Entwicklung hin zu einer irrationalen Auffassung der Politik lässt sich
in den Wahlerfolgen der NSDAP während der Weimarer Republik
ablesen. Ein politisches System kann sich daher auch zurückentwi-
ckeln.

Herausforderungen für ein politisches System

Die Impulse für die Entwicklung eines politischen Systems werden 128
nach Almond und Powell durch vier Typen von Herausforderungen
(Problemen) induziert:[75]

- *Staatenbildung* (state building): Durchdringung (penetration) einer Gesellschaft, um
  die Herstellung und die Durchsetzung verbindlicher Entscheidungen zu ermöglichen,
  z. B. durch die Errichtung von effektiven und effizienten Institutionen.
- *Nationsbildung* (nation building): Herstellung und Sicherung der Loyalität gegenüber
  dem politischen System.
- *Partizipation* (participation): Ermöglichung der Teilnahme an Systementscheidungen,
  z. B. durch die Gewährung des allgemeinen Wahlrechts und der Parteienbildung.

---

[72] Vgl. hierzu Almond / Powell (1976): 139
[73] Almond / Powell (1976): 141
[74] Vgl. hierzu Almond / Powell (1976): 140
[75] Vgl. hierzu Almond / Powell (1976): 153 ff

• *Distribution* (distribution): Verteilung von Wohlstand, Einkommen und Chancen, z. B. durch sozialpolitische Maßnahmen und bildungspolitische Aktivitäten.

129   Diese Probleme können das politische System immer wieder belasten. Sie können nicht endgültig gelöst werden. Zur Zeit erleben wir in Deutschland vor allem die Aktualität des Distributionsproblems in der Diskussion um die Zukunft der sozialen Sicherungssysteme sowie der Nationsbildung beim Zusammenwachsen von Ost- und Westdeutschland.

130   *Tabelle 1.3.1: Systemherausforderungen am Beispiel Deutschlands nach 1949*

Heraus-forderung	BRD bis 3.10.1990	DDR	Deutschland nach 3.10.1990
state building	Gründung eines aus den Westzonen bestehenden Staates am 23.5.1949	Gründung der DDR auf dem Gebiet der SBZ am 7.10.1949	Vereinigung beider Staaten am 3.10.1990
nation building	Gleichsetzung Deutschlands mit Westdeutschland	Versuch der Schaffung einer „sozialistischen Nation," der jedoch scheitert	Schwierigkeiten bei der Ausbildung einer gemeinsamen politischen Kultur
participation	Forderung nach mehr politischer Mitbestimmung in den 70er und 80er Jahren: Aufkommen von Bürgerinitiativen und Entstehung der Partei der GRÜNEN	Forderung nach freien Wahlen 1953 und 1989 Formierung von Oppositionsgruppen in den achtziger Jahren	Forderung nach Formen der unmittelbaren Demokratie (z. B. in der Verfassungsdiskussion)
distribution	Aufbau eines tragfähigen Netzes der sozialen Sicherung	soziale Sicherung nicht durch die planwirtschaftliche Ausrichtung gewährleistet. → Zunehmende Versorgungsengpässe seit Mitte der achtziger Jahre	Diskussion um die Zukunft der sozialen Sicherungssysteme

Eigene Darstellung

1.3.3   Informationshinweise zur Einführung

• Easton (1978): Grundkategorien zur Analyse des politischen Systems.*(grundlegende Einführung in die systemtheoretische Denkweise)*

• Almond / Powell (1976): Vergleichende Politikwissenschaft – ein Überblick.*(Weiterentwicklung der Überlegungen Eastons v. a. durch den Aspekt der Entwicklung politischer Systeme)*

• Waschkuhn (1987): Politische Systemtheorie: Entwicklung, Modelle, Kritik. *(sehr übersichtliche Darstellung der Systemtheorie und einzelner Vertreter)*
• Röhrich (Hrsg.) (1975): Neuere politische Theorie. Systemtheoretische Modellvorstellungen. *(Sammelband mit einer kritischen Auseinandersetzung)*

1.4 Ein Modell politischer Systeme

Die zentralen Annahmen und Zusammenhänge der vorgestellten Systemtheorie lassen sich in einem *Modell politischer Systeme* grafisch verdichten (Grafik 1.4.1). Dieses Modell, das der Veranschaulichung der Theorie dient, ist jedoch nur unter Inkaufnahme reduzierter Komplexität anzufertigen. Wie in realen Systemen die Strukturen angeordnet sind und wie die Prozesse ablaufen lässt sich nur am jeweiligen konkreten Beispiel darstellen und nachvollziehen.   131

Das politische System ist als Subsystem des sozialen Systems (bzw. Gesellschaftssystems) dasjenige System, welches für die Herstellung allgemeiner Verbindlichkeit zuständig ist (vgl. allg. Abschnitt 1.3). Es steht dabei in Wechselwirkung nicht nur mit den übrigen Subsystemen (z. B. Wirtschaftssystem, Persönlichkeitssysteme) des Gesellschaftssystems, sondern auch mit außergesellschaftlichen Systemen. Damit sind sowohl weitere Gesellschaftssysteme als auch Suprasysteme wie internationale politische Systeme (z. B. EU, UNO) oder internationale Wirtschaftssysteme (z. B. WTO) gemeint (vgl. Grafik 1.3.3).   132

Zwischen diesen Akteuren und dem politischen System laufen Austauschprozesse ab. Im conversion process werden inputs (Eingaben) in das politische System in outputs (Leistungen) an das Gesellschaftssystem oder außergesellschaftliche Systeme umgewandelt. Inputs bestehen zum einen aus supports (Unterstützungsleistungen wie Steuerzahlungen oder Befolgung von Vorschriften), zum anderen aus demands (z. B. Forderungen nach Partizipationsmöglichkeiten oder sozialen Leistungen). Entscheidend für die Stabilität eines Systems ist die Übereinstimmung der politischen Kultur mit der politischen Struktur. Die politische Kultur (Abschnitt 3.1) liegt dem politischen System zugrunde. Ausgangspunkt des politischen Prozesses ist das Individuum, das z. B. mittels Partizipation, unter anderem der Wahl (Abschnitt 3.2), politische Entwicklungen anstößt.   133

Eine wichtige Funktion bei der Einspeisung von inputs in den politischen Entscheidungsprozess erfüllen die Vermittlungsagenturen. Interessengruppen (Abschnitt 4.1), Parteien (Abschnitt 4.2) und Me-   134 dien (Abschnitt 4.3) nehmen Vorstellungen und Interessen von Rollenträgern des Gesellschaftssystems wie der außergesellschaftlichen Umwelt auf, bearbeiten sie und machen sie so für den politischen Entscheidungsprozess handhabbar. Vermittlungsagenturen sind Strukturen, die zwischen dem Gesellschaftssystem und dem politischen System „vermitteln" und folglich beiden zuzurechnen sind.

135   Im Zentralen Politischen Entscheidungssystem (ZPES) erfolgt schließlich die Umsetzung der Vorstellungen und Interessen in allgemeinverbindliche Entscheidungen. Dies wird wiederum durch spezielle Strukturen geleistet: Parlament (Abschnitt 5.1), Regierung (Abschnitt 5.2) und die Institutionen der Rechtsprechung (Abschnitt 5.3).

136   Am Ende dieses Transformationsprozesses stehen die outputs. Darunter fallen beispielsweise soziale Leistungen oder Auflagen in Form von Steuern.

137   Die Leistungen des politischen Systems wirken auf die Eingaben zurück (feedback-Schleife).

Grafik 1.4.1: Ein Modell politischer Systeme   138

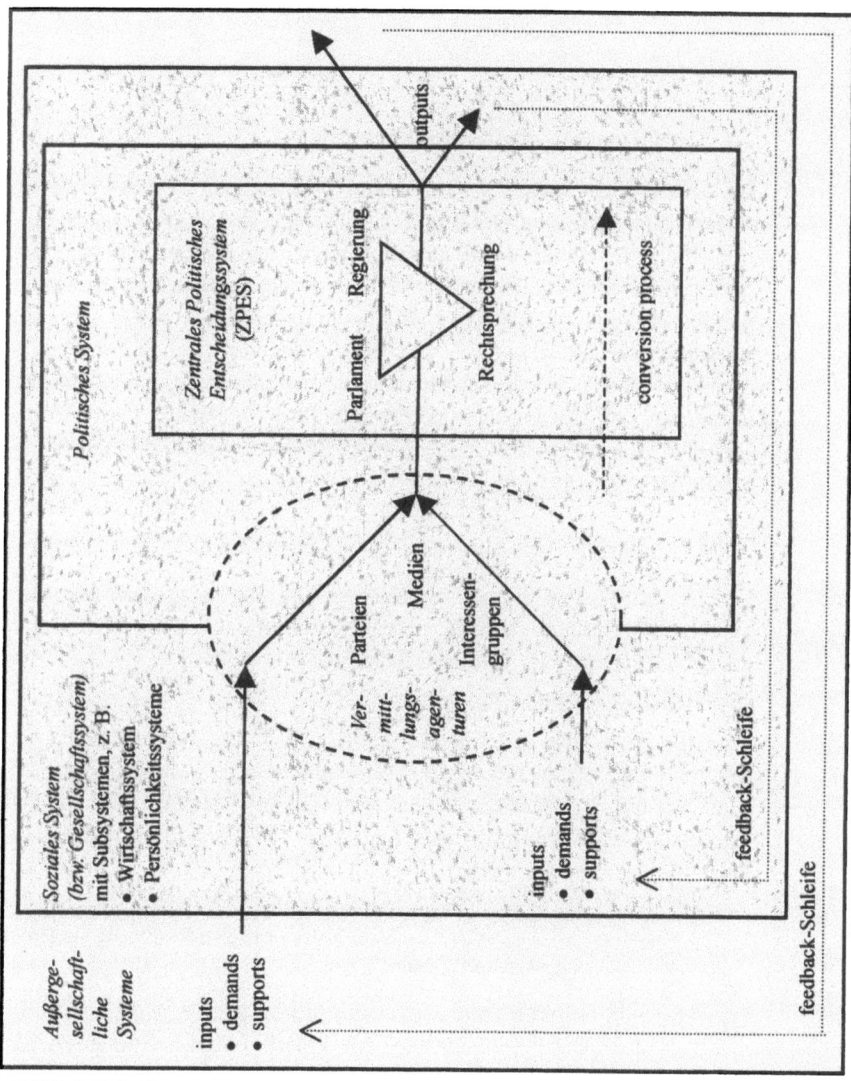

2. Strukturprinzipien politischer Systeme

2.1 Grundmodelle politischer Ordnung

139   Im vorangegangenen Kapitel bildete die Frage einen Schwerpunkt, welche Elemente und Strukturen politische Systeme *gemeinsam* haben. Doch selbst bei dieser ersten Annäherung wurde deutlich, dass politische Systeme ganz unterschiedlich aufgebaut sein können. Dabei handelt es sich nicht nur um graduelle Unterschiede, sondern auch um fundamentale und qualitative Differenzierungen zwischen den einzelnen Systemen. Um die Unterschiede aufzuzeigen und zu analysieren, kann man sich des Instruments der Typologie bedienen, wie das zum Beispiel Max Weber bei der Konstruktion der reinen Typen der Herrschaft getan hat.

2.1.1   Begriffe, Typologien und Merkmalsräume

140   Um den wissenschaftlichen Nutzen von Typologien genauer darzulegen, muss zuerst die wissenschaftliche Funktion von Begriffen und darauf aufbauend von Variablen beschrieben werden.

Begriff: Definition und Funktion

141   *Begriff* wird in der Alltagssprache oft mit *Wort* gleichgesetzt. Doch schon in der Redewendung „Du machst dir keinen Begriff davon!" schwingt der wissenschaftliche Gebrauch von Begriffen mit, da Begriff in diesem Zusammenhang im Sinne von Vorstellung gebraucht wird. Präziser ausgedrückt:

> "Ein Begriff (...) ist ein *Vorstellungsinhalt*, dessen Vergegenwärtigung oder Benutzung durch die Nennung eines bestimmten Wortes („Begriffswort') oder einer Reihe von Worten ausgelöst werden kann."[76]

142   Dabei weisen Begriffe zwei Dimensionen auf. Zum einen sind damit in einem abstrakten Verständnis die Merkmale (Intension des Begriffs) des Vorstellungsinhalts gemeint, die ein Begriff auslöst.

---

[76] Patzelt (1993[2]): 61 (Hervorhebung im Original), für eine intensivere Beschäftigung mit der Thematik vgl. Patzelt (1986): 112 ff

Zum anderen beschreibt ein Begriff in einem konkreten Sinne auch 143
bestimmte Gegenstände, die diese Merkmale besitzen (Extension des
Begriffs oder empirischer Referent).[77] Patzelt erläutert diesen Sachverhalt am Beispiel des Begriffes *Wahl*. Damit ist „u. a. die Vorstellung des Entscheidens zwischen verschiedenen Möglichkeiten und des
Bekundens einer solchen Entscheidung (...) (= Intension des Begriffs)" verbunden „sowie die Vorstellung von konkreten Handlungen,
die eben diese Merkmale aufweisen, z. B. die Wahl eines Bürger-
meisters oder zu einer Volksvertretung (= Extension des Begriffs)."[78]
Als Funktionen von Begriffen lassen sich angeben:[79]

- *Die Ordnungsfunktion*: Mit der Verwendung von Begriffen wird die Wahrnehmung 144
  eines Gegenstandsbereiches geordnet, d. h. Begriffe legen die Betrachtungsperspekti-
  ve auf einen Gegenstand fest. Die Vorstellung von Politik als Herstellung allgemeiner
  Verbindlichkeiten ist geknüpft an eine empirisch-analytische Sichtweise. Andere Politikbegriffe eröffnen daher auch andere Perspektiven.

- *Die Kommunikationsfunktion*: Die Verwendung von Begriffen erleichtert die Kom- 145
  munikation, sofern sie bei den Kommunikationspartnern die gleichen Vorstellungsinhalte auslösen. Unterhalten sich die Sprecher über den Begriff Politik, ist eine Verständigung gegeben, wenn sie damit die gleiche Vorstellung verbinden (z. B. „die
  Herstellung allgemeiner Verbindlichkeit"). Liegen jedoch unterschiedliche Vorstellungsinhalte vor (z. B. versteht ein Sprecher unter Politik „ein schmutziges Geschäft"), müssen sich die Sprecher erst der Unterschiedlichkeit ihrer Begriffe bewusst
  werden, um nicht aneinander vorbeizureden.

- *Die Bewertungsfunktion*: Mit Begriffen können nicht nur inhaltliche Beschreibungen 146
  vorgenommen werden, sondern auch Wertungen. So ist im Begriff Macht für viele
  schon eine negative Bewertung enthalten („power tends to corrupt"). Eine wissenschaftliche Verwendung von Begriffen sollte jedoch eine solche Bewertung vermeiden.

- *Die Appellfunktion*: Begriffe können als Aufforderungen zum Handeln verstanden 147
  werden. Dabei wird dem Begriff eine positive Wertung zugeschrieben, die aufgrund
  der Beschreibung und Bewertung einer bestimmten Situation vorgenommen wird. Der
  Begriff *Demokratisierung* kann nicht nur die Aufforderung zu Reformen enthalten, er
  bewertet das Regime, auf das er angewandt wird, als nicht demokratisch, bzw. als
  nicht demokratisch genug. Diese Funktion ist ebenfalls keine wissenschaftliche.

Eine wichtige Unterscheidung von Begriffen stellt die Differenzierung 148
nach *Beobachtungsbegriffen*, deren empirischer Referent mehr oder
minder unmittelbar beobachtbar ist, und *theoretischen Begriffen*, deren
empirischer Referent nicht unmittelbar beobachtbar ist, dar.[80] So ist

---

[77] Vgl. hierzu Patzelt (1993²): 61
[78] Patzelt (1993²): 61 f
[79] Vgl. hierzu Patzelt (1993²): 63 ff
[80] Vgl. hierzu Patzelt (1993²): 66 ff

der Begriff Wahlbeteiligung ein Beobachtungsbegriff, da die jeweilige
Wahlbeteiligung anhand des Vergleichs zwischen der Zahl der Wahl-
berechtigten und den tatsächlichen Wählern bei einer Wahl leicht
ermittelbar ist. Der Begriff politische Kultur dagegen ist ein theoretischer Begriff, da die politische Kultur in einem politischen System
nicht unmittelbar erfasst werden kann. Ein Indikator für politische
Kultur kann z. B. die Wahlbeteiligung sein oder die Einstellung der
Bürgerinnen und Bürger gegenüber ihrem System, die man durch
Umfragen ermitteln kann. Die Rückführung theoretischer Begriffe
über Beobachtungsbegriffe auf empirische Referenten bezeichnet man
als *Operationalisierung.*[81]

Variablen, Typologien und Merkmalsräume

149   • *Variablen*: Um eine Typologie zu erstellen bedient man sich besonderer Begriffe, der
        Variablen. „Eine Variable ist ein Oberbegriff, der eine Reihe von Unterbegriffen (,Va-
        riablenausprägungen‘, ,Variablenwerte‘) gemeinsam anspricht.“[82] Der Begriff Politik
        als Oberbegriff spricht z. B. die Unterbegriffe Innen-, Außen-, Wirtschafts- oder So-
        zialpolitik an. Variablen lassen sich u. a. unterteilen in diskrete und stetige sowie ma-
        nifeste und latente Variablen.[83] Stetige Variablen können in einem Kontinuum belie-
        bige Werte annehmen. Das Alter eines Menschen oder die Skala auf einen Thermo-
        meter lassen sich hierfür als Beispiele anführen. Die Mitgliedschaft bei einer Partei
        stellt dagegen eine diskrete Variable dar, weil man entweder der Partei X oder der
        Partei Y angehört. Manifeste Variablen entsprechen Beobachtungsbegriffen, während
        es sich bei latenten Variablen um theoretische Begriffe handelt.

150   • *Typologie*: Durch die Kombination von Variablen werden *Typen* konstruiert, die den
        Variablenausprägungen entsprechen. *Realtypen* kommen in der Wirklichkeit vor, sie
        besitzen einen empirischen Referenten. *Idealtypen* (reine Typen) sind dagegen ge-
        dankliche Konstrukte, die in der Realität nicht zu finden sind. Sie entstehen durch die
        Kombination von Extremausprägungen der benutzten Variablen. Daneben lassen sich
        noch Extrem- und Durchschnittstypen voneinander unterscheiden. Extremtypen wer-
        den zwar wie Idealtypen konstruiert, sie sind jedoch in der Wirklichkeit auffindbar,
        Durchschnittstypen werden durch die Kombination von durchschnittlichen Ausprä-
        gungen gewonnen, so z. B. der durchschnittlich politisch interessierte Bürger.[84] Eine
        Typologie ist nun eine „systematische Zusammenstellung von aufeinander bezogenen
        Typen“.[85] Sie dienen zur begrifflichen Ordnung eines Gegenstandsbereiches und zum
        Vergleich von Typen.

---

[81] Vgl. hierzu Patzelt (1993²): 68
[82] Patzelt (1993²): 69
[83] Vgl. hierzu Patzelt (1993²): 69 f
[84] Vgl. hierzu Patzelt (1993²): 96
[85] Patzelt (1993²): 330

• *Merkmalsraum*: Ein Merkmalsraum ist die grafische zwei- oder dreidimensionale Umsetzung einer Typologie. Der Merkmalsraum wird durch die verwendeten Variablen aufgespannt.[86]   151

Grafik 2.1.1: Zweidimensionaler Merkmalsraum   152

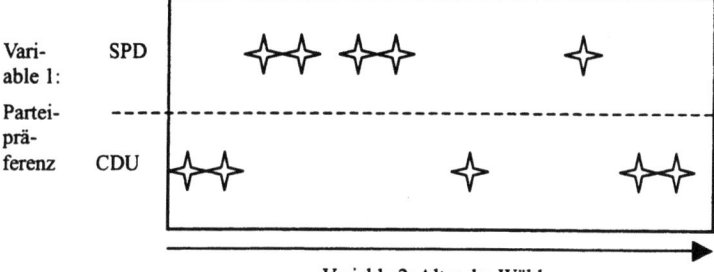

Vari-   SPD
able 1:

Partei-
prä-
ferenz   CDU

Eigene Darstellung   Variable 2: Alter der Wähler

2.1.2   Eine Typologie politischer Systeme

Mit Hilfe einer Typologie „politischer Ordnungen" beschreibt der Politikwissenschaftler Manfred Hättich sechs Grundmodelle,[87] die als Idealtypen politischer Systeme die Grundlage für eine Analyse und einen Vergleich unterschiedlicher realer Regime bilden können.   153

Variablen

Hättich benutzt für seine Typologie drei diskrete Variablen.

• *Herrschaftsstruktur*: Existiert in einem politischen System nur ein Herrschaftszentrum, in dem sich die gesamte politische Macht konzentriert, so liegt eine*monistische* Herrschaftsstruktur vor. Als *gewaltenteilend* ist eine Herrschaftsstruktur dann zu bezeichnen, wenn verschiedene Herrschaftszentren vorhanden sind, die „sich gegenseitig hemmen und kontrollieren."[88]   154

• *Willensbildung*: Die Willensbildung in einem politischen System ist*monopolisiert*, wenn ein Einzelner oder eine einzelne Institution ohne Rücksicht auf andere Interessen den Prozess der Willensbildung steuern und die Entscheidungsfindung beeinflussen kann. Bei der *konkurrierenden* Willensbildung sind an diesen Vorgängen ver-   155

---

[86] Vgl. hierzu Patzelt (1993[2]): 91 f
[87] Vgl. hierzu Hättich (1969): 41 ff
[88] Hättich (1969): 41, Hättich verwendet eigentlich den Begriff „pluralistisch" als Gegenbegriff zu „monistisch". Patzelt spricht dagegen in diesem Zusammenhang von „gewaltenteilend", was beim Aspekt der gegenseitigen Hemmung und Kontrolle von Herrschaft zutreffender ist, vgl. hierzu Patzelt (1993[2]): 152

schiedene, in Konkurrenz miteinander stehende Personen, Gruppen oder Institutionen beteiligt.[89]

156   • *Gestaltungsanspruch*: Ist ein politisches System willens, in alle Lebensbereiche einzugreifen und sie als politisch zu definieren, ist der Gestaltungsanspruch dieses Regimes *unbegrenzt*. Gesteht dagegen ein politisches System seinen Bürgerinnen und Bürgern private Freiräume zu, ist ihr Gestaltungsanspruch *begrenzt*.[90]

Sechs Grundmodelle politischer Ordnung

157   Aus der Kombination der Variablen lassen sich sechs Grundmodelle politischer Ordnung konstruieren. Mathematisch gesehen sind eigentlich acht Kombinationen möglich, Hättich verweist jedoch auf die Unvereinbarkeit einer pluralistischen (gewaltenteilenden) Herrschaft mit einer monopolisierten Willensbildung.[91] Die angeführten Beispiele können keine totalen Entsprechungen dieser Idealtypen darstellen, sie kommen ihnen jedoch in ihrer realen Erscheinungsform mehr oder minder nahe.

158

Tabelle 2.1.1: Grundmodelle politischer Ordnung

Variable	Typ 1	Typ 2	Typ 3	Typ 4	Typ 5	Typ 6
Herrschaft	monistisch	monistisch	monistisch	monistisch	gewalten-teilend	gewalten-teilend
Willens-bildung	mono-polisiert	monopoli-siert	konkurrie-rend	konkur-rierend	konkurrie-rend	konkurrie-rend
Gestal-tungs-anspruch	unbe-grenzt	begrenzt	unbegrenzt	begrenzt	unbegrenzt	begrenzt
Beispiel	Natio-nalsozi-alismus / Stali-nismus (totalitä-re Dikta-tur)	gegen-wärtiges China / Chile unter Pinochet (autoritäre Herr-schaft)	SU nach Stalin / China unter Mao (Übergang von Typ 1 zu Typ 3)	Präsidi-alkabi-nette der Weima-rer Re-publik	traditio-nelle Gemein-schaften (grie-chisch-antike Polis)	westliche Demokra-tien (fdGO)

Vgl. hierzu Hättich (1969): 45, Beispiele zum Teil durch die Verfasser hinzugefügt. Zur grafischen Darstellung im Merkmalsraum vgl. Grafik 2.1.3

---

[89] Vgl. hierzu Hättich (1969): 41

[90] Hier wird ebenfalls auf Patzelts Wortwahl zurückgegriffen (Vgl Patzelt (1993[2]): 153), da seine Begrifflichkeit einschlägiger ist als Hättichs Rede von „totaler" oder „partieller Repräsentation." (Hättich (1969): 41)

[91] Vgl. hierzu Hättich (1969): 43

Mit dem Unterscheidungskriterium begrenzter oder unbegrenzter 159
Gestaltungsanspruch wird die Problematik der Grenze eines Systems
verdeutlicht. Ein totalitäres Regime erkennt keine Grenze zwischen
dem politischen und dem gesellschaftlichen System an. Beide Systeme sind miteinander identisch. Bei einer autoritären Diktatur entfällt
mit dem begrenzten Gestaltungsanspruch diese Identität, sie erkennt
noch gewisse gesellschaftliche Freiräume an, z. B. im wirtschaftlichen
Bereich. Für das Herrschaftsmodell der westlichen Demokratien sind
die unpolitischen, privaten Bereiche geradezu ein konstituierender
Bestandteil, in ihm sind die Grenzen des Politischen am engsten gezogen.

Grafik 2.1.2: Systemgrenzen bei verschiedenen politischen Ordnungen 160

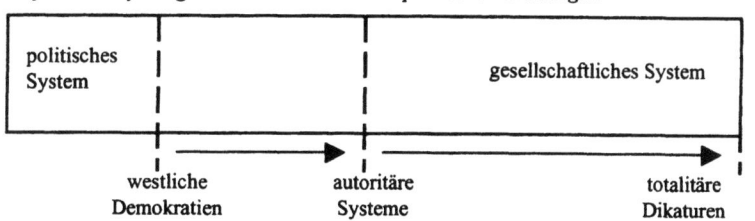

Eigene Darstellung

Hättich fügt den Grundmodellen noch das Unterscheidungskriterium 161
der *offenen* und *geschlossenen Strukturen* bei, wodurch die einzelnen
Typen einer Binnendifferenzierung unterzogen werden.[92] Offene
Strukturen liegen dann vor, wenn der Zugang zu politischer Macht
und Einflussmöglichkeiten nicht nur bestimmten politischen Gruppierungen oder gesellschaftlichen Schichten vorbehalten bleibt, sondern
grundsätzlich allen Kräften innerhalb einer Gesellschaft möglich ist.
Ist dies nicht der Fall, spricht man von geschlossenen Strukturen.

2.1.3 Elemente totalitärer Ordnungen

Totalitäre Systeme stellen einen Extremtypus politischer Ordnungen 162
dar, der zugleich den theoretischen Gegenentwurf zu den Vorstellungen des westlichen Demokratiemodells bildet. Daher bleibt dieser Typ
auch nach seiner weitgehenden faktischen Zurückdrängung durch den
Zusammenfall des Ostblocks von wissenschaftlicher Relevanz.

---

[92] Vgl. hierzu Hättich (1969): 58 ff

Totalitäre Bewegungen als politische Religionen

163   Im Totalitarismus werden die Grenzen in jeglicher Form hin zum Übermaß gesprengt. Dies manifestiert sich schon im ideologischen Anspruch. So hieß es im Lied der kommunistischen Parteien:

> „Die Partei, die Partei, die hat immer Recht/ Und Genossen, es bleibe dabei;/ denn wer kämpft für das Recht, der hat immer Recht/ gegen Lüge und Ausbeuterei./ Wer das Leben beleidigt, ist dumm oder schlecht./ Wer die Menschheit verteidigt, hat immer Recht."[93]

164   Aus diesen Zeilen wird deutlich, und dies gilt auch für den Nationalsozialismus, dass totalitäre Ideologien für sich die Wahrheit reklamieren. Diese gilt qua Anspruch als nicht hinterfragbar und unumstößlich. Wer sich dieser Wahrheit verweigert, muss entweder *umerzogen* werden, weil er die Weisheit der Ideologie nicht erfasst, oder er wird liquidiert, weil er aus Schlechtigkeit gegen die Wahrheit agiert. So resultiert aus dem Wahrheitsanspruch die Rechtfertigung für staatliche Terrormaßnahmen. Terror und Ideologie bilden daher für die politische Philosophin Hannah Arendt die Elemente der totalitären Herrschaft.[94]

165   Die Einsicht in die Wahrheit eröffnet die Möglichkeit, einen end-

166

Tabelle 2.1.2: Politische Religionen: Nationalsozialismus und Stalinismus

Religiöse Vorstellung	Nationalsozialismus	Marxismus-Leninismus Stalinismus
Gott	die Vorsehung	DIAMAT (dialektischer Materialismus)
der Messias	Hitler	Lenin, Stalin
die Auserwählten	das deutsche Volk	das Proletariat
die Kirche	NSDAP	KPdSU
die Wiederkunft	die Machtergreifung	die Revolution
die Hölle	der Ort der ‚Bestrafung' der Juden (Auschwitz)	der Ort der ‚Bestrafung' der Kapitalisten (Gulag)
das kommende Reich	Deutschland nach dem Endsieg (das germanische Weltreich)	die kommunistische Weltgesellschaft
nach Smith (1994): 12, Marxismus / Nationalsozialismus: eigene Darstellung		

---

[93] Judt (Hrsg.) (1989): 47
[94] Vgl. hierzu Arendt (1962): v. a. 672 ff

gültigen Zustand der menschlichen Gesellschaft zu erreichen. Totalitäre Herrschaft bedient sich eines eschatologischen Politikbegriffs. Durch Wahrheitsanspruch und Erlösungsaussicht avancieren totalitäre Bewegungen zu säkularisierten Religionen, darum werden sie auch als *politische Religionen* bezeichnet.[95] So lassen sich in den Ideologien von Nationalsozialismus und Leninismus Parallelen zum Muster religiöser Erlösungs- und Endzeitvorstellungen nachweisen (vgl. Tabelle 2.1.2).

Organisationsstrukturen totalitärer Ordnungen

Carl Joachim Friedrich und Zbigniew Brzezinski erweiterten Hannah Arendts Elemente um vier zusätzliche Kriterien, die die Instrumente der organisatorischen Umsetzung des ideologischen Anspruches beschreiben:[96]

- *Hierarchisch strukturierte Massenpartei*: In totalitären Systemen wird die Macht durch eine einzige Partei monopolisiert. Diese ist hierarchisch strukturiert, d. h. die Untergruppierungen sind lediglich Befehlsempfänger der Parteileitung. Ihnen wird keinerlei Einfluss auf die Willensbildung und Entscheidungsfindung eingeräumt. Im extremsten Fall wird die faktische Leitung der Partei und somit des Staates durch einen einzigen Diktator wahrgenommen. Die Partei durchdringt auch alle Bereiche des Staatsapparates, der ebenfalls zum Erfüllungsgehilfen der Parteileitung degeneriert.

- *Monopol der Massenkommunikationsmittel*: Die Massenmedien unterstehen vollständig der staatlichen Aufsicht, die mit Zensurmaßnahmen jegliche Kritik an den politischen Verhältnissen unterdrückt. Die Aufgabe der Medien besteht in der Verbreitung von Propaganda für das Regime. Zu diesem Zweck werden die Medien von der Partei gelenkt und gesteuert.[97] Pressefreiheit existiert nicht.

- *Zentrale Lenkung der Wirtschaft*: Da in totalitären Systemen keine politikfreie Sphäre existiert, wird das wirtschaftliche Leben von Partei und Staat gesteuert. Auch jegliches wirtschaftliches Handeln hat sich an den ideologischen Vorgaben zu orientieren. Der umfassendste Versuch wurde diesbezüglich durch das Planwirtschaftssystem in den kommunistischen Staaten unternommen, doch auch im Nationalsozialismus gab es Bestrebungen, insbesondere vor und während des Zweiten Weltkrieges, die Wirtschaft zumindest in wichtigen Bereichen zu lenken.

- *Gewaltmonopol*: Wie gezeigt, stellt das Gewaltmonopol das Kriterium für moderne Staatlichkeit überhaupt dar. Natürlich reklamieren totalitäre Staaten für sich das Gewaltmonopol, jedoch findet man dieses Element auch bei allen anderen modernen Staatsformen.

---

[95] Vgl. hierzu Maier (1995)
[96] Vgl. hierzu Friedrich / Brzezinski (1996)
[97] Vgl. die Beispiele bei Holzweissig (1991)

172

Tabelle 2.1.3: Elemente totalitärer Herrschaft: Nationalsozialismus und Sowjetunion		
Element	Nationalsozialismus	Sowjetunion
Ideologie	„Mein Kampf" / „Mythus des 20. Jahrhunderts"	Marxismus-Leninismus Stalinismus
Terror	22.3.1933: Erste Häftlinge in Dachau interniert (KZ-System); Gestapo,	15.12.1917: Gründung der Tscheka, (später KGB); Gulag-System
Massenpartei	NSDAP	KPdSU
Medienlenkung	28.2.1933: Aufhebung der Pressefreiheit, Propagandaministerium	1.12.1917: Aufhebung der Pressefreiheit
Wirtschaftslenkung	Kriegswirtschaft („Vierjahresplan")	Kollektivierung und Planwirtschaft
Eigene Darstellung		

2.1.4   Elemente der freiheitlichen demokratischen Grundordnung

173   Gerade aus der totalitären Erfahrung des Dritten Reiches heraus hat
sich die Bundesrepublik Deutschland die freiheitliche demokratische
Grundordnung (fdGO) als „Staatsidee"[98] gegeben. Sie stellt den anderen Extremtyp der Typologie dar, das „Gegenteil des totalen Staates."[99] Mit der fdGO verbindet sich die Vorstellung einer wehrhaften
Ordnung, die ihren Feinden nicht schutzlos ausgeliefert ist, wie dies
beim Weimarer Verfassungswerk der Fall war.[100]

174   Das Bundesverfassungsgericht hat im Urteil des Verbotsprozesses
gegen die Sozialistische Reichspartei (SRP) vom 23.10.1952 die fdGO
als eine Ordnung definiert,

> „die unter Ausschluß jeglicher Gewalt- und Willkürherrschaft eine rechtsstaatliche
> Herrschaftsordnung auf der Grundlage der Selbstbestimmung des Volkes nach dem
> Willen der jeweiligen Mehrheit und der Freiheit und Gleichheit darstellt. Zu den
> grundlegenden Prinzipien dieser Ordnung sind mindestens zu rechnen:
> - die Achtung vor den im Grundgesetz konkretisierten Menschenrechten, vor allem
>   vor dem Recht der Persönlichkeit auf Leben und freie Entfaltung,
> - die Volkssouveränität,
> - die Gewaltenteilung,
> - die Verantwortlichkeit der Regierung,

---

[98] Stern (1984²): 558
[99] BVerfGE 2, 12, (Zitierweise: Band, Seite)
[100] Vgl. hierzu Stern (1984²): 558

- die Gesetzmäßigkeit der Verwaltung,
- die Unabhängigkeit der Gerichte,
- das Mehrparteienprinzip und
- die Chancengleichheit für alle politischen Parteien mit dem Recht auf verfassungsmäßige Bildung und Ausübung einer Opposition."[101]

Auf diese Definition griff das Bundesverfassungsgericht auch bei seiner Entscheidung im Verbotsprozess gegen die KPD vom 17.8.1956 zurück.[102] Dabei wurde deutlich, dass die fdGO nicht nur als das Gegenteil des Totalitarismus angesehen werden kann, sondern auch über eigene politische wie ideengeschichtliche Traditionen verfügt: 175

> „Das Grundgesetz bezeichnet die von ihm geschaffene Staatsordnung als eine freiheitliche Demokratie. Es knüpft damit an die Tradition des ‚liberalen bürgerlichen Rechtsstaats' an, wie er sich im 19. Jahrhundert allmählich herausgebildet hat und wie er in Deutschland schließlich in der Weimarer Verfassung verwirklicht worden ist."[103]

Damit stellt das Bundesverfassungsgericht die fdGO in die geistesgeschichtlich-demokratietheoretische Entwicklung der westlichen Demokratien. Im Verlauf dieses Buches werden einige Bestandteil der Definition in ihrer theoretischen Verwurzelung genauer vorgestellt, so z. B. der Pluralismus, die Gewaltenteilung, die Verantwortlichkeit der Regierung vor dem Parlament, die Opposition oder die Unabhängigkeit der Gerichte.   176

Das BVerfG betont im SRP-Urteil ausdrücklich, dass es nur eine fdGO geben kann: 177

> „Die Vorstellung (...), es könne verschiedene freiheitliche demokratische Grundordnungen geben, ist falsch. Sie beruht auf einer Verwechslung des Begriffs der freiheitlichen demokratischen Grundordnung mit den Formen, in denen sie im demokratischen Staat Gestalt annehmen kann."[104]

Die fdGO bildet somit aus eigener Stärke heraus das Rückgrat moderner demokratischer Herrschaftsordnungen.   178

---

[101] BVerfGE 2, 1
[102] Vgl. hierzu BverfGE 5, 140
[103] BVerfGE 5, 197
[104] BVerfGE 2, 12

179

Tabelle 2.1.4: Totalitäre Diktatur und fdGO im Vergleich	
totalitäre Diktatur	freiheitliche demokratische Grundordnung
Beispiel: nationalsozialistisches Regime Stalinismus	Beispiel: bundesdeutsches politisches System
Herrschaftsstruktur	
monistisch • ein Herrschaftszentrum: „Führerbefehle" / Politbüro *geschlossen* • privilegierte Gruppenmitgliedschaft eröffnete Zugang zum Herrschaftszentrum: NSDAP / KPdSU	*gewaltenteilend* • System von sich gegenseitig hemmenden und kontrollierenden Kräften *offen* • keine grundsätzlichen Beschränkungen der Zugangschancen zum Herrschaftszentrum
Willensbildung	
monopolisiert • Monopol einer Gruppe (engster Führungszirkel) *geschlossen* • bestimmte Gruppen von der Willensbildung ausgenommen: Oppositionelle, Juden, Kulaken	*konkurrierend* • verschiedene gesellschaftliche Kräfte beteiligen sich am Willensbildungsprozess: Parteien und Interessengruppen; Freiheit *zu* pol. Partizipation *offen* • keiner Gruppe wird die Chance, am Willensbildungsprozess teilzuhaben, verwehrt (aber: wehrhafte Demokr.!)
Gestaltungsanspruch	
unbegrenzt • auch mit *Zwangs*mittel durchgesetzter Anspruch des politischen Systems, alle Lebensbereiche zu umfassen: (*totalitäre Diktatur*) *geschlossen* • bestimmte Gruppen vom Gestaltungsanspruch ausgenommen: Juden, Kulaken wurden außerhalb der Gesellschaft gestellt	*begrenzt* • Staat setzt nur Rahmenbedingungen, keine vollkommene Politisierung der Gesellschaft angestrebt; Freiheit *von* staatlichen Übergriffen *offen* • keine Gruppe wird außerhalb der Gesellschaft gestellt, individuelle Freiheit
Eigene Darstellung	

2.1.5 Transformation politischer Systeme

Politische Systeme unterliegen als dynamische Systeme der Verände-   180
rung. Ist diese Veränderung so stark, dass das System in einen neuen
Typus übergeht, kann man von der Transformation eines politischen
Systems sprechen. Diese Transformationsvorgänge lassen sich in
einem Merkmalsraum abbilden. Als Grundlage dient dafür die Typologie Hättichs, deren Variablen nun allerdings als stetig aufgefasst
werden. Die Forderungen der Demonstranten nach freien Wahlen,
Parteienvielfalt, Auflösung der Staatssicherheit (Stasi) und einem
Ende der SED-Parteienherrschaft im Herbst 1989 drückten nichts
anderes aus als den intensiven Wunsch nach der Transformation der
DDR von Typ 1 (monistische Herrschaftsstruktur / monopolisierte
Willensbildung / unbegrenzter Gestaltungsanspruch) hin zu Typ 6
(gewaltenteilende Herrschaftsstruktur / konkurrierende Willensbildung
/ begrenzter Gestaltungsanspruch).

Grafik 2.1.3: Transformationsprozess im dreidimensionalen Merkmalsraum   181

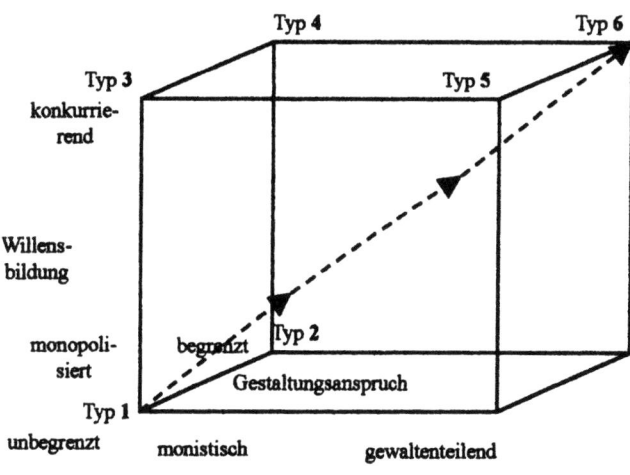

Transformationsprozess (hier Demokratisierungsprozess): - - ▼
Vgl. bzgl. der Typen 1-6 Tabelle 2.1.1
Eigene Darstellung auf der Grundlage von Patzelt (1993²): 154

2.1.6   Informationshinweise zur Einführung

📖
- Hättich (1969): Lehrbuch der Politikwissenschaft. Band 2: Theorie der politischen Ordnung. Bes. 41-65 *(grundlegende Darstellung einer Typologie politischer Systeme)*
- Jesse (Hrsg.) (1996). Totalitarismus im 20. Jahrhundert. Eine Bilanz der internationalen Forschung. *(gute Überblicksdarstellung der Aspekte der Totalitarismusforschung)*
- Besson / Jasper (1990): Das Leitbild der modernen Demokratie. Bauelemente einer freiheitlichen Staatsordnung. ☛PolBil *(kurze und anschauliche Einführung in die Elemente einer modernen Demokratie)*
- Orwell, George (1998): 1984. *(sehr anschauliche literarische Einführung in die Funktionslogik totalitärer Systeme)*

2.2   Pluralismus und Monismus

182   Politische Systeme entstehen nicht aus dem Nichts. Sie erwachsen aus und verändern sich aufgrund bestimmter gesellschaftlicher und politischer Umweltbedingungen. Dass es dabei zu sehr unterschiedlichen, im Extremfall zu sich diametral entgegenstehenden Regimen kommen kann, wurde im letzten Abschnitt anhand der Extremtypen freiheitliche demokratische Grundordnung und totalitäre Herrschaft aufgezeigt. Die folgenden Ausführungen vertiefen diese Problematik, indem sie die theoretischen Fundierungen darlegen, auf denen jene Ordnungen ruhen.

2.2.1   Pluralismus

183   Moderne demokratische Gesellschaften sind komplexe soziale Gebilde. In ihnen hat sich eine Vielzahl von autonomen Subsystemen herausgebildet, die gegenüber dem politischen System ihre Forderungen in Form von inputs stellen. Dass die Existenz der Vielfalt dieser Forderungen daher nicht nur eine Tatsache darstellt, sondern auch als legitim angesehen werde sollte, war und ist für viele nicht selbstverständlich. Die Feststellung des Politikwissenschaftlers Ernst Fraenkel aus dem Jahr 1964 bleibt daher von anhaltender Aktualität:

> „Nur wenn wir tief verwurzelte Widerstände gegen die Vorstellung überwinden, daß der Staat einer modernen Industriegesellschaft nicht homogen sein kann und daß er pluralistisch sein muß, eröffnen wir uns den Weg für ein vertieftes Verständnis der westlichen Demokratien."[105]

---

[105] Fraenkel (1991): 325

Definition

Der Begriff *Pluralismus* enthält zwei Aspekte, die sich aus Fraenkels   184
Äußerung ableiten lassen.

> „... zum einen deskriptiv die Berücksichtigung der empirisch vorhandenen, mit un-
> gleicher Durchsetzungsfähigkeit (Macht) ausgestatteten Meinungs-, Interessen- und
> Organisations- (Gruppen- bzw. Verbands-) Vielfalt bei der Analyse sozialer Struk-
> turen; zum anderen normativ die Forderung, daß diese Vielfalt einzugehen hat in
> die Inhalte der politischen Gestaltung demokratischer Gemeinwesen ...“[106]

Zusammenfassend lässt sich mit Kurt Sontheimer Pluralismus definie-   185
ren als „das gleichberechtigte, durch grundrechtliche Garantien ge-
schützte Nebeneinanderexistieren und -wirken einer Mehrzahl sozialer
Gruppen innerhalb einer staatlichen Gemeinschaft,“[107] kurz als
„Grundsatz der legitimen Vielfalt.“[108]

Elemente der pluralistischen Theorie

Schon seit dem Ende des 18. Jahrhunderts wurde die amerikanische   186
Gesellschaft in den *Federalist Papers*, dem bedeutenden Werk der
US-amerikanischen politischen Theorie des ausgehenden 18. Jahrhunderts, als ein pluralistisches System interpretiert.[109] Die eigentliche
Pluralismustheorie entstand jedoch erst zu Beginn des 20. Jahrhunderts in den USA. Sie beschreibt die politische Auseinandersetzung
als den Konflikt oder die Kooperation zwischen verschiedenen Gruppen, in denen sich die unterschiedlichen Interessen organisieren.[110] In
den darauf folgenden Jahrzehnten wurden verschiedene Varianten der
Theorie entwickelt, wobei allerdings wichtige Gemeinsamkeiten festzustellen sind.[111]

- *Der Mensch als interessengeleitetes und gemeinwohlorientiertes Wesen.* Das Men-   187
  schenbild der Pluralismustheorie zeichnet ein realistisches Bild vom Menschen. Dieser lässt sich in seinen Handlungen von seinen Interessen leiten, die er am besten zusammen mit anderen durchsetzen kann, die diese Interessen mit ihm teilen. Interesse
  in diesem Zusammenhang meint nicht nur das egoistische Verlangen des Einzelnen,
  sondern auch das normengeleitete Handeln entlang des Gemeinwohls.

- *Das Gemeinwohl als regulative Idee a posteriori.* Aufgrund der Existenz von ver-   188
  schiedenen Interessen innerhalb der Gesellschaft lässt sich das, was man unter dem

---

[106] Eisfeld (1996): 537
[107] Sontheimer (1964): 254
[108] Kremendahl (1977): 33
[109] Vgl. hierzu Steffani (1980): 41 ff
[110] Vgl. hierzu Schmidt (1997²): 151 f
[111] Vgl. hierzu Kremendahl (1980): 210

„Gemeinwohl" versteht, nicht von vornherein gleichsam von einer höheren Warte als *objektiv gegeben* betrachten.

„Der Pluralismus beruht vielmehr auf der Hypothese, in einer differenzierten Gesellschaft könne im Bereich der Politik das Gemeinwohl lediglich a posteriori als
das Ergebnis eines delikaten Prozesses der divergierenden Ideen und Interessen der
Gruppen und Parteien erreicht werden ..."[112]

Im Zusammenspiel aller beteiligten gesellschaftlichen Kräfte wird das Gemeinwohl
erst im Nachhinein (a posteriori) subjektiv bestimmt und ist daher veränderbar. Gemeinwohl ist keine „soziale Realität, sondern eine regulative Idee."[113]

189   • *Die Legitimität gesellschaftlicher Heterogenität*: Eine auf diese Weise erfolgte Festle-
gung des Gemeinwohls kann nur dann als legitim betrachtet werden, wenn auch der
darunter liegenden Heterogenität der Gesellschaft Legitimität unterstellt wird. „Pluralismus bejaht Interessenvielfalt. Er akzeptiert die vorfindbare gesellschaftliche Heterogenität und bestreitet ihre Legitimation nicht."[114] Damit ist die Tolerierung des politischen Gegners verbunden.[115]

190   • *Konkurrenzdemokratie*: Die Legitimität der gesellschaftlichen Heterogenität bestimmt
die demokratietheoretische Ausrichtung des Pluralismuskonzepts. Pluralismus ist nur
im Rahmen eines konkurrenztheoretischen Verständnisses von Demokratie „nach der
Demokratie zunächst als Methode gilt,"[116] in der die politische Entscheidung mittels
eines Mehrheitsbeschlusses herbeigeführt wird.[117]

Konkretisierung des Pluralismus durch den Neopluralismus

191   Die größte Herausforderung für die Pluralismustheorie bildete der
Totalitarismus. Er bestritt die Legitimität des pluralistischen Gesell-
schaftsverständnisses. Aufgrund dieser Erfahrung stellte sich für
Fraenkel die Frage einer Rekonstruktion des Pluralismus:

„Ist es angesichts der Tatsache, daß die Hinwendung zum totalen Staat aus der Negation des Pluralismus gerechtfertigt worden ist, nicht geboten, durch eine Negation der Negation zu versuchen, den Totalitarismus durch einen Neo-Pluralismus zu
überwinden?"[118]

192   Fraenkel prägte dadurch den Begriff *Neopluralismus*. Was der neopluralistische Ansatz der älteren Pluralismustheorie hinzufügt, ist die
Unterscheidung

„zwischen einem notwendigen ,unstreitigen Sektor' (Konsens), dem Bereich anerkannter Grund- und Menschenrechte sowie fundamentaler, rechtsstaatlich gesi-

---

[112] Fraenkel (1991): 300
[113] Fraenkel (1991): 61
[114] Oberreuter (1980): 28
[115] Vgl. hierzu Oberreuter (1980): 22 f
[116] Oberreuter (1980): 28
[117] Vgl. hierzu Schmidt (1997²): 231
[118] Fraenkel (1991): 307

cherter Verfahrensregeln einerseits, und einem ebenso notwendigen ‚streitigen Sektor' (Dissens), dem Bereich des politischen Konflikts und der politischen Gestaltung andererseits."[119]

Im unstreitigen Sektor sind die Grundregeln der politischen Auseinandersetzung als Verfahrens- und Wertekonsens dargelegt. Dieser „Minimalkonsens"[120] ist für alle politischen Akteure verpflichtend. Politische Aktionen und Entscheidungen sind nur dann legitim, wenn sie sich inhaltlich an den Grund- und Menschenrechten orientieren und zugleich durch ein rechtsstaatliches Verfahren auszeichnen. In der Bundesrepublik Deutschland wird dieser Minimalkonsens durch die freiheitliche demokratische Grundordnung beschrieben. (Neo)Pluralismus bedeutet daher gleichermaßen Konflikt und Konsens in der politischen Auseinandersetzung. Jenseits des Minimalkonsenses muss der politische Streit zwischen den Trägern der verschiedenen Interessen möglich sein: „Pluralismus steht im Spannungsfeld zwischen Konsens und Konflikt. Konsens ermöglicht erst Konfliktregelung; er muß sich aber auch auf die Legitimation des Konflikts erstrecken."[121]

193

2.2.2 Monismus

Die Konzeption des Neopluralismus war eine Reaktion auf den Totalitarismus, der diametral einer pluralistischen Sichtweise entgegensteht. Totalitäre Ideologien sind notwendigerweise monistische Ansätze, jedoch müssen nicht alle monistischen Theorien einen totalitären Charakter aufweisen. Im Gegensatz zur pluralistischen Theorie bilden die monistischen Ansätze ein sehr viel breiteres theoretisches Spektrum ab.

194

Definition

Der Begriff *Monismus* lässt sich aus der Negation des Pluralismusbegriffs gewinnen. Monistische Konzeptionen verleugnen entweder das empirische Vorhandensein der Interessenvielfalt in einer Gesellschaft oder sie versuchen die unterschiedlichen Interessen zugunsten eines einzigen Willens auszuschalten. Die Willensbildung in einem Gemeinwesen hat sich dann nur noch auf diesen gemeinsamen Willen aller zu beziehen. Monismus bezeichnet also die Verwirklichung eines

195

---

[119] Steffani (1980): 67
[120] Steffani (1980): 67
[121] Oberreuter (1980): 28

einzigen als allgemein gültig angesehenen Politik- und Gesellschaftsentwurfs.

Allgemeine Elemente

196   Von radikaldemokratischen Vorstellungen über konservative Ideen bis
hin zum totalitären Entwurf lassen sich monistische Konzeptionen
verfolgen. Trotzdem können auch hier bestimmte Gemeinsamkeiten
festgestellt werden.

197   • *Das Menschenbild*: Entgegen naturrechtlichen oder christlich fundierten Ansichten,
bei denen dem Menschen aufgrund seiner bloßen Existenz die Menschenwürde zuer-
kannt wird, verknüpfen viele monistische Theorien die Menschenwürde mit gewissen
Voraussetzungen. Erst bei deren Erfüllung kann der Mensch seine Würde und seine
Rechte beanspruchen, so z. B. wenn das monistische Gesellschaftsmodell und mit
ihm die zugrunde liegende Gemeinwohlkonzeption verwirklicht ist. So wurde im
Marxismus-Leninismus der Mensch erst als sozialistischer (neuer) Mensch zum Träger von Grundrechten.

198   • *Das Gemeinwohl als absolute Idee a priori*: Bei monistischen Ideen erwächst das
Gemeinwohl nicht aus den gesellschaftlichen Diskursen zwischen verschiedenen
Gruppen, sondern wird als objektiv gegeben angesehen. Es steht a priori fest und ist
nicht veränderbar. Was Fraenkel beim Totalitarismus konstatiert, gilt ganz grundsätzlich für den Monismus:

„Eine jede totalitäre Diktatur geht von der Hypothese eines eindeutig bestimmbaren
vorgegebenen Gemeinwohls aus. Von ihm wird unterstellt, es sei ausreichend detailliert, um von der Einheitspartei als politisches Aktionsprogramm verwertet werden zu können."[122]

Bei nicht totalitären Systeme kann man den Begriff Einheitspartei durch den jeweiligen Machthaber ersetzen.

199   • *Die gesellschaftliche Homogenität*: Bei einem schon vor jeder politischen Betätigung
feststehenden Gemeinwohl existiert nicht die Notwendigkeit von divergierenden Interessen. Interessenvielfalt wird daher nicht nur als unnütz angesehen, sondern auch als
schädlich bzw. illegitim.[123] Gegenüber jenen, die dem Homogenitätspostulat nicht
entsprechen, reagiert die Gesellschaft intolerant.

200   • *Identitätstheorie des Politischen*: Wenn nur ein allgemeiner Wille existiert oder
existieren soll, bedarf es auch nicht der politischen Auseinandersetzung, da Regierte
und Regierende in ihrem politischen Willen identisch sind.[124] In demokratietheoretischen Varianten des Monismus wird diese Identität auch personell behauptet. So entsteht ein allseitiger und ständiger Konsens zwischen allen Beteiligten.

---

[122] Fraenkel (1991): 300
[123] Vgl. hierzu Oberreuter (1980): 17 f
[124] Vgl. hierzu Oberreuter (1980): 17 f

Monistische Konzeptionen
Die Vielfalt monistischer Vorstellungen wird im Folgenden anhand dreier exemplarischer politiktheoretischer Entwürfe skizziert.

• *Rousseaus demokratietheoretische Variante*: Jean-Jacques Rousseau entwirft in seiner Schrift *Du contrat social, ou principes du droit politique* von 1762 das Idealbild einer Gemeinschaft, in der Staat und Gesellschaft sowie Regierung und Regierte identisch sind.[125] Der Gesellschaftsvertrag (contrat social) wird dadurch ermöglicht, dass sich die Bürger des allgemeinen Willens (volonté générale) bewusst werden und ihn fortwährend umsetzen. Der allgemeine Wille ist jedoch nicht mit dem Willen aller (volonté des tous) zu verwechseln, der nur die Summe der Sonderinteressen der Einzelnen darstellt.

201

„Die Notwendigkeit der Verdrängung von Sonderinteressen durch das Gemeininteresse ist das Herzstück der Rousseauschen Staatstheorie."[126]

Die Sonderinteressen sind nicht die wirklichen Interessen des Menschen, sie werden ihm vielmehr von der Gesellschaft aufgedrängt, wodurch er sich immer mehr von sich selbst entfremdet. Erst mit der Verwirklichung des allgemeinen Willens, der bei Rousseau die Stellung der Gemeinwohlkonzeption a priori einnimmt, findet der Mensch zu sich selbst zurück.

• *Hegels konservative Variante*: Der Philosoph Georg Wilhelm Friedrich Hegel weist die Einheit von Staat und Gesellschaft zurück. Für ihn vertritt der Staat das Allgemeine und steht über den Parteien und Interessen als dem Besonderen.[127] Dem Staat selbst wird eigene Persönlichkeit zubilligt, die im monarchischen Prinzip ihren Ausdruck findet. Auf diese Weise repräsentiert der König den Allgemeinwillen, an dem der Bürger keine politische Teilhabe erhält. Jedoch sieht letzterer ein, dass sein Wille im Allgemeinwillen enthalten ist:

202

„Der sittliche Staat bietet dem Bürger eine Lebenserfüllung, die seinen ihm zukommenden Tugenden entspricht. In dieser Einheit mit dem Allgemeinem hat das Individuum einerseits Furcht vor dessen Übermacht, andererseits weiß es den allgemeinen als seinen eigenen Willen und hat Vertrauen zu ihm".[128]

• *Carl Schmitts Freund und Feind-Schema*: Der Staatsrechtler Carl Schmitt radikalisiert in der Weimarer Republik die monistische Theorie. Für ihn stellt die Unterscheidung zwischen Freund und Feind das Kriterium für das Politische dar. Die Unterscheidung zwischen politischem Freund und Feind führt zur Konstituierung einer homogenen Gesellschaft.

203

„Durch Eliminierung der als heterogen qualifizierten Gruppen, d. h. aber durch ihre politische Ausschaltung und notfalls durch ihre physische Vernichtung, soll gewährleistet werden, daß ein einheitlicher Gemeinwillen entsteht, dessen Substrat

---

[125] Vgl. zu Rousseau Schmidt (1997²): 63 ff
[126] Fraenkel (1991): 308
[127] Vgl. zu Hegel Göhler / Klein (1993): 300 ff
[128] Göhler / Klein (1993): 313

das rassisch homogene Volk und dessen Exponent der Führer einer hierarchisch strukturierten Bewegung ist.“[129]

Mit Schmitts Theorie wurde ein Weg in den Totalitarismus des NS-Regimes geebnet.

2.2.3 Pluralismus und Monismus im Vergleich

204 Pluralismus und Monismus stehen sich in ihrer Konzeption sowie in ihren politischen Auswirkungen diametral gegenüber. Dies zeigt die folgende Übersicht.

205

Tabelle 2.2.1: Pluralismus und Monismus im Vergleich

Konzeptionelle Grundzüge	Pluralismus	Monismus
Menschenbild	Mensch als interessengeleitet und gemeinwohlorientiert	alleinige Orientierung am Gemeinwohl ist möglich
Menschenwürde	naturrechtliche Herleitung	nur bei der Verwirklichung des Gemeinwohls erreichbar
Gemeinwohl	regulative Idee a posteriori	absolute Idee a priori (z. B. allgemeiner Wille / geschichtlicher Determinismus)
Gesellschaftsstruktur	Heterogenität	Homogenität („Vernichtung des Heterogenen")
Willensbildung und Entscheidung	Konflikt und Konsens	Konsens
Gesellschaftsprinzip	Toleranz und Konkurrenz	Intoleranz und Identität
Eigene Darstellung auf der Grundlage von Oberreuter (1980): 28 sowie Kremendahl (1980): 210		

2.2.4 Informationshinweise zur Einführung

- Fraenkel (1991): Deutschland und die westlichen Demokratien. bes. 297-325 *(substantielle und immer noch aktuelle Einführung in die Pluralismustheorie)*
- Oberreuter (Hrsg.) (1980): Pluralismus. Grundlegung und Diskussion. *(Sammelband mit problemorientierten Aufsätzen und Abhandlungen zum Thema Pluralismus)*
- Schmidt (1997²): Demokratietheorien. *(Übersichtliche Einführung in die ältere und neuere Demokratietheorie)*

---

[129] Fraenkel (1991): 313

2.3 Gewaltenteilung

In der vorgestellten Typologie politischer Systeme wurde der Idealty-   206
pus einer freiheitlichen demokratischen Ordnung durch eine gewaltenteilende Herrschaftsstruktur und eine konkurrierende Willensbildung beschrieben. Die Forderung nach einer konkurrienden Willensbildung wird durch die pluralistische Organisation eines politischen
Gemeinwesens erfüllt. Die Errichtung einer gewaltenteilenden Herr-
schaftstruktur lässt sich auf den ersten Blick leichter verwirklichen.
Doch so einfach gestaltet sich dieses Unterfangen nicht. Der politikwissenschaftliche Begriff *Gewaltenteilung* muss zuerst von alltags-
sprachlichen und ideologischen Missdeutungen befreit werden, die ihn
gemeinhin umgeben und ihn in seiner politikwissenschaftlichen Bedeutung unzulässigerweise reduzieren.

2.3.1   Definition

Im Allgemeinen versteht man unter Gewaltenteilung die Aufteilung   207
der „*Staatsaufgaben (...) auf sich gegenseitig beeinflussende Organe.*"[130]

Dieser Begriff der Gewaltenteilung verweist schon auf den wichti-   208
gen Aspekt, dass ein politikwissenschaftliches Verständnis von Gewaltenteilung nicht strikte Gewaltentrennung bedeutet, sondern vielmehr Gewaltenverschränkung.

Aus der Perspektive der Systemtheorie kann Gewaltenteilung als   209
die „Aufteilung politischer Macht auf verschiedene Subsysteme eines
politischen Systems"[131] interpretiert werden.

2.3.2   Funktionen

Gewaltenteilung erfüllt in einem politischen System zwei Funktionen.   210
Die erste Funktion eines gewaltenteiligen Staatswesens beschreibt der
Politikwissenschaftler Winfried Steffani als die Sicherung individuel-
ler Freiheit:

> „Die notwendige politische Voraussetzung einer freiheitlichen Lebensgestaltung ist
> ein Regierungssystem, in dem Gewaltenteilung praktiziert wird."[132]

---

[130] Rausch (1986): 184
[131] Patzelt (1993²): 310
[132] Steffani (1979): 11

211   Um die Aufgabe der Freiheitsgewährung und -sicherung wahrzuneh-
        men, verwirklicht sich die Gewaltenteilung durch „die Begrenzung,
        Hemmung und Kontrolle staatlich-politischer Macht, deren übermäßi-
        ge Ausdehnung oder deren Mißbrauch (...) verhindert werden soll."[133]

212   Doch ist die Gewaltenteilung nicht nur aus demokratietheoreti-
        scher Sicht von Nutzen. Gewaltenteilung fördert die Systemstabili-
        tät[134] und die Systemrationalität. Durch die dadurch ermöglichte Inte-
        gration der politischen Minderheiten, die Berücksichtigung verschie-
        dener Lösungsmöglichkeiten und die Verhinderung einer Überdeh-
        nung der Systemgrenzen wird die Legitimität erhalten und einem
        übermäßigen Ressourcenverbrauch vorgebeugt.

2.3.3   Klassische Gewaltenteilungslehren

213   Gewaltenteilung wird oftmals gleichgesetzt mit der Trennung der
        Staatsgewalten in Exekutive (Regierung), Legislative (Parlament) und
        Judikative (Gerichtsbarkeit, insbesondere Verfassungsgerichtsbarkeit).
        Als Kronzeuge für diese vereinfachte Sicht zitiert man ebenso häufig
        Montesquieu. Doch schon er selbst und die sich auf ihn berufenden
        Autoren der Federalist Papers durchbrechen diese reduzierte Vorstel-
        lung.

Ständische Gewaltenteilung: Montesquieu

214   Montesquieus vornehmliches Interesse galt dem Verhältnis von Exe-
        kutive und Legislative.[135] Die Judikative sah er nicht als Bestandteil
        staatlicher Macht an.[136] Wenn er dennoch von drei Gewalten spricht,
        so meint er damit die damaligen Stände der französischen Gesell-
        schaft:

> „Volk, Adel, König; in ihnen sah er die Staatsorgane einer künftigen Verfassung
> vorgezeichnet. Es geht also bei Montesquieu in Wahrheit nicht um eine funktionale,
> sondern um eine *soziale* Gewaltenteilung ..."[137]

215   Dabei wird dem König die Exekutive, Volk und Adel in einem Zwei-
        kammersystem die Legislative anvertraut. Die einzelnen Institutionen

---

[133] Oberreuter (1996a): 215
[134] Vgl. hierzu Oberreuter (1996a): 216
[135] Wobei Montesquieu auf Überlegungen John Lockes zurückgreift. Vgl. hierzu Falk
     (1987⁵): 55
[136] Vgl. hierzu Oberreuter (1978a): 97
[137] Oberreuter (1978a): 97 (Hervorhebung im Original)

sind im Verfassungssystem Montesquieus wechselseitig durch Kontrollbefugnisse und Hemmungskompetenzen verbunden. Um ein funktionierendes G͗emeinwesen zu festigen, müssen die Teilgewalten miteinander kooperieren.

> „Es handelt sich um eine Balancetheorie der zweckentsprechenden Aufteilung und Verschmelzung. Mit besserem Recht wäre Montesquieu als Vater der Gewaltenverschränkung zu charakterisieren."[138]

Funktionale Gewaltenteilung: Die Federalist Papers

Die maßgeblich die amerikanische Verfassungsgebung beeinflussenden Federalist-Artikel[139] greifen bewusst auf Montesquieu zurück. Sie konstruieren ein gewaltenverschränkendes System von *checks and balances*, das sich allerdings in der amerikanischen Republik anders als in der französischen Monarchie nicht an einer ständischen Gesellschaftsordnung orientiert, sondern an den funktionalen Bestimmungen der staatlichen Institutionen Parlament, Regierung und oberster Gerichtshof. Außerdem entwickeln sie ein System föderaler Gewaltenteilung sowie die Vorstellung der Beteiligung aller gesellschaftlicher Klassen an der politischen Willensbildung als soziale Dimension.[140] Die Notwendigkeit der Freiheitssicherung mittels Gewaltenteilung wird durch ein in der anglo-amerikanischen Theorietradition stehendes *realistisches Menschenbild* begründet:

216

> „Wenn die Menschen Engel wären, so bräuchten sie keine Regierung. Wenn Engel die Menschen regierten, dann bedürfte es weder innerer noch äußerer Kontrollen der Regierenden. Entwirft man jedoch ein Regierungssystem von Menschen über Menschen, dann besteht die große Schwierigkeit darin: man muß zuerst die Regierung befähigen, die Regierten zu beherrschen und sie dann zwingen, die Schranken ihrer Macht zu beachten."[141]

2.3.4 Eine moderne Konzeption der Gewaltenteilung

Winfried Steffanis Gewaltenteilungslehre geht über die bisherigen Vorstellungen hinaus. Um der differenzierten Gesellschaftsstruktur einer modernen Demokratie und den daraus resultierenden Funktions-

217

---

[138] Oberreuter (1978a): 98

[139] Wobei die Autoren der Federalist Papers für eine Stärkung des Zentralstaats eintraten (abweichendes Begriffsverständnis: federal ist nicht gleichzusetzen mit föderal).

[140] Vgl. hierzu Oberreuter (1996a): 216

[141] Adams / Adams (Hrsg.) (1994): 314

anforderungen gerecht zu werden, schlägt er insgesamt verschiedene „Teilungslehren" der Gewaltenteilung vor.

> „Die politologische Gewaltenteilungslehre umgreift und verbindet sechs fundamentale Teilungslehren, die zueinander in engster Beziehung stehen und *erst zusammengenommen einen brauchbaren Aussagewert* ermöglichen."[142]

218   Im einzelnen beschreibt Steffani folgende Dimensionen der Gewaltenteilung (*Lehren*):[143]

219   • Die *horizontale (staatsrechtliche) Gewaltenteilung* beschreibt die „Aufteilung von Macht auf mehrere einander wechselseitig kontrollierende Staatsorgane."[144] Sie basiert auf der Unterscheidung von Exekutive, Legislative und Judikative. Zentral ist bei dieser Lehre das Verhältnis von Parlament und Regierung, das sich im parlamentarischen Regierungssystem als eng verflochten präsentiert und selbst in präsidentiellen Systemen aufgrund funktionaler Zwänge z. T. kooperativ gestaltet werden muss.

220   • Die *vertikale (föderale) Gewaltenteilung* analysiert die „Aufteilung von Macht nach dem Subsidaritätsprinzip auf verschiedene Ebenen staatlicher Organisation,"[145] wie in der föderalen Struktur der Bundesrepublik (Bund, Länder und Gemeinden). Hinzu tritt durch supranationale Organisationen wie die EU eine den Nationalstaaten übergeordnete Ebene.

221   • Die *temporale Gewaltenteilung* zielt auf die Vergabe von politischen Ämtern auf Zeit durch regelmäßige Wahlen, wodurch eine realistische Chance zum Machtwechsel eingeräumt wird.

222   • Die *konstitutionelle Gewaltenteilung* fußt auf der Aufteilung der Kompetenz zur Verfassungsgebung, -änderung und -interpretation auf verschiedene Institutionen. Zwar wird dem Gesetzgeber die Möglichkeit eingeräumt die Verfassung zu ändern, jedoch ist ein besonderes Verfahren einzuhalten, das sich von den Prozeduren der einfachen Gesetzgebung durch höhere Zustimmungshürden (z. B. 2/3-Mehrheit) unterscheidet. Die Auslegung der Verfassung obliegt der Verfassungsgerichtsbarkeit.

223   • Die *dezisive Gewaltenteilung* umfasst die „Aufteilung politischer Macht auf verschiedene miteinander in Konkurrenz stehende politische Organisationen."[146] Steffani bezeichnet diese Lehre als „Herzstück der politologischen Gewaltenteilungslehre."[147] Sie beschreibt die pluralistische Struktur einer Gesellschaft. Im staatlichen Bereich werden Parlament und Regierung tätig, im sozialen Bereich greifen Interessengruppen und die öffentliche Meinung (Wählerschaft) in die Willensbildung ein. Die Parteien dienen als Vermittlungsagentur zwischen Gesellschaft und ZPES.

224   • In der *sozialen Gewaltenteilung* schließlich spiegeln sich „rechtliche und tatsächliche Zugangsmöglichkeiten zu politischer Macht und staatlichen Ämtern unabhängig von sozialen Schranken."[148] Auch dieser Aspekt umschreibt eine pluralistische Gesell-

---

[142] Steffani (1979): 20 (Hervorhebung im Original)
[143] Vgl. hierzu Steffani (1979): 19 ff
[144] Patzelt (1993²) 311
[145] Patzelt (1993²): 311
[146] Patzelt (1993²): 311
[147] Steffani (1979): 30
[148] Patzelt (1993²): 311

schaft. Keine gesellschaftliche Gruppe oder Schicht darf von politischer Partizipation ausgeschlossen werden. Die soziale Gewaltenteilung wird z. B. durch die Meinungs- und Vereinigungsfreiheit, Minderheitenrechte und das allgemeine und gleiche Wahlrecht verwirklicht.

Tabelle 2.3.1: Gewaltenteilung in unterschiedlichen demokratischen Systemen   225

Gewalten-teilungslehre	Deutschland	Großbritannien	USA
horizontal	• Bundesregierung • Bundestag/ Bundesrat • Bundesverfas-sungsgericht	• Regierung • Unterhaus	• Präsident • Kongress • Supreme Court
vertikal	• Bund • Bundesländer • Kommunen	• zentralistische Tradition • Devolution	• Union • Bundesstaaten • Kommunen
temporal	• Bundestagswahl alle vier Jahre • Richter am BVerfG für zwölf Jahre	• Unterhauswahl innerhalb von fünf Jahren	• Präsidentenwahl alle vier Jahre • Senat alle zwei Jahre ein Drittel • Repräsentantenhaus alle zwei Jahre
konsti-tutionell	• 2/3-Mehrheit von Bundestag und Bundesrat bei Verfassungs-änderung • jedoch: keine Änderung bei Art. 1 und Art. 20 GG möglich • BVerfG: Ausle-gung des GG	• aufgrund der Parlamentssou-veränität (parli-amentary souve-reignity) nicht gegeben	• 2/3-Mehrheit beider Häuser des Kongresses sowie Zustimmung von ¾ der Parlamente der Einzelstaaten für Ver-fassungsänderung • Supreme Court und andere Gerichte: Aus-legung der Verfassung
dezisiv	gegeben	gegeben	gegeben
sozial (am Beispiel des Wahl-rechts[149])	• allg. Männer-wahlrecht seit 1869 / 71 • allg. Frauen-wahlrecht seit 1919	• allg. Männer-wahlrecht seit 1918 • allg. Frauen-wahlrecht seit 1928	• allg. Männerwahlrecht seit 1848 • allg. Frauenwahlrecht seit 1920
Eigene Darstellung			

---

[149] Vgl. hierzu Schmidt (1997²): 269

226   Der Politikwissenschaftler Heinrich Oberreuter verweist auf die Be-
           deutung der Gewaltenteilungslehre Steffanis für die politikwissen-
           schaftliche Analyse:

           „Dieser Ansatz sprengt den engen staatsorganisatorischen und -funktionellen Rah-
           men und hebt letztlich auf die Offenheit und Konkurrenzorientierung eines rechts-
           staatlich geregelten politischen Willensbildungsprozesses ab, in dem auf allen Stu-
           fen verschiedene Träger von Macht und Interessen interagieren und sich sowohl
           durchdringen als auch begrenzen. D. h., Gewaltenteilung wird verstanden als der
           gesamte ‚set' von Macht, Hemmungen und Gegengewichten, die auf je verschiede-
           ne Weise, sei es normativ-rechtlich, sei es dynamisch-politisch Ausgleich vollzie-
           hen."[150]

2.3.5   Föderalismus

227   Die föderale (vertikale) Gewaltenteilung ist in fast ganz Westeuropa
           und Nordamerika zum Gegenstand wissenschaftlicher sowie politi-
           scher Diskussionen geworden. Bei föderal organisierten politischen
           Systemen wird um Reformen des *Föderalismus* gerungen, wie in
           Deutschland, der Schweiz oder den USA; in Staaten ohne föderale
           Strukturen (Zentralismus) hingegen diskutiert man die Einführung des
           Föderalismus bzw. bestimmter föderaler Elemente. Dies ist z. B. in
           Großbritannien oder in Italien der Fall.

           Der Begriff Föderalismus

228   Föderalismus

           „bezeichnet das Organisationsprinzip für ein gegliedertes Gemeinwesen, in dem
           grundsätzlich gleichberechtigte und eigenständige Glieder zu einer übergreifenden
           politischen Gesamtheit zusammengeschlossen sind. Grundlegendes Merkmal ist
           dabei, daß sowohl die Glieder als auch die übergreifende Gesamtheit einerseits ei-
           genständig sind und andererseits gleichzeitig miteinander in enger Verbindung ste-
           hen. Dieses Prinzip wird häufig auf die Kurzformel von der ‚Vielfalt in der Einheit'
           gebracht."[151]

229   Auch wird deutlich gemacht, dass Gewaltenteilung nicht mit Gewal-
           tentrennung, sondern mit Gewaltenverschränkung gleichzusetzen ist.
           Doch hier gibt es ebenso wie in der unterschiedlichen Ausgestaltung
           von präsidentiellen und parlamentarischen Regierungssystemen in der
           praktischen Umsetzung unterschiedliche Qualitäten der Kooperation.
           Eine weitere Bestimmung des Föderalismus ergibt sich aus seiner

---

[150] Oberreuter (1978a): 106
[151] Laufer / Münch (1997[7]): 14

Definition als Gliederungsprinzip, das mit dem Begriff *Bundesstaat* umschrieben wird.

> „Der Bundesstaat ist die staatsrechtliche Verbindung nicht-souveräner Gliedstaaten, bei der die völkerrechtliche Souveränität allein beim Zentralstaat liegt."[152]

Funktionen

Föderalismus ist ein Teil des Konzepts der Gewaltenteilung. Er erfüllt daher die allgemeinen Funktionen gewaltenteilender Systeme, also die

> „Machtaufgliederung und Machtbegrenzung mittels vertikaler Gewaltenteilung und damit häufig zugleich Minoritätenschutz mittels territorialer Eigenständigkeit."[153]

230

Durch die *Subsidiarität* wird beim Föderalismus die Systemstabilität und -rationalität erhöht. Das Subsidiaritätsprinzip ist der katholischen Soziallehre entlehnt und besagt,

> „daß übergeordnete Gemeinschaften nur solche Aufgaben wahrnehmen sollen, die nachgeordnete kleine Gemeinschaften nicht ebenso gut oder besser erfüllen können."[154]

231

Mit der Einhaltung des Subsidiaritätprinzips wird die zentralstaatliche Ebene entlastet und die Effektivität des politischen Systems insgesamt gesteigert.[155]

232

Insbesondere dient der Föderalismus auch der Integration heterogener Gesellschaften,[156] die sich z. B. kulturell unterscheiden (mehrsprachige Staaten) oder wirtschaftliche Diskrepanzen aufweisen.

233

Elemente einer föderalen Ordnung

Zusammengefasst finden sich in föderalen Ordnungen folgende Merkmale:

234

- Gleichberechtigte und eigenständige Gliedstaaten,
- die völkerrechtliche Souveränität verbleibt beim Zentralstaat,
- die Gliedstaaten sind durch spezielle Institutionen an der Willensbildung des Zentralstaates beteiligt (Bundesrat, Senat, schweizer Ständerat).

---

[152] Laufer / Münch (1997[7]): 15
[153] Schultze (1990): 476 f
[154] Laufer / Münch (1997[7]): 25
[155] Vgl. hierzu Laufer / Münch (1997[7]): 24
[156] Vgl. hierzu Schultze (1990): 477

Typologie

235   Im Spannungsfeld zwischen Einheit und Vielfalt ist die in der Literatur oftmals zu findende Unterscheidung zwischen *dualem* und *kooperativem* Föderalismus angesiedelt, die sich entlang der Variable des Ziels der föderalen Ordnung entfaltet: Eigenständigkeit und Vielfalt der Gliedstaaten auf der einen sowie Integration und Gleichheit der Lebensbedingungen auf der anderen Seite.[157] Wie diese Zielsetzungen organisatorisch umgesetzt werden können, zeigt die folgende Darstellung.

236   *Tabelle 2.3.2: Dualer und kooperativer Föderalismus im Vergleich*

Strukturelle Merkmale	Ausprägungen	dualer Föderalismus	kooperativer Föderalismus
Finanzautonomie der Gliedstaaten	Steuerhoheit	hoch	niedrig
	Anteil von Zuschüssen am Haushalt	niedrig	hoch
Einfluss der Gliedstaaten auf die Willensbildung des Gesamtstaates	Anteil an der Gesetzgebung des Bundes	nicht vorhanden	vorhanden
	institutionelle Beteiligung der Länderregierungen	nicht vorhanden	vorhanden
integrativer vs. kompetitiver Föderalismus		kompetitiv	integrativ
Realtypische Annäherung		USA	Deutschland
Eigene Darstellung auf der Grundlage von Laufer / Münch (1997[7]): 18 ff			

Verfassungsrechtliche Verankerung

237   Der Bestand der bundesstaatlichen Ordnung der Bundesrepublik Deutschland ist in Art. 20 Abs. 1 GG festgelegt, in dem die Bundesrepublik als „demokratischer und sozialer Bundesstaat" bezeichnet wird. Durch die Bestimmung des Art. 79 Abs. 3 GG (Ewigkeitsklausel) wird das Bundestaatsprinzip als unantastbar festgeschrieben:

> „Eine Änderung dieses Grundgesetzes, durch welche die Gliederung des Bundes in Länder, die grundsätzliche Mitwirkung der Länder bei der Gesetzgebung oder die

---

[157] Vgl. hierzu Schultze (1990): 477

in den Artikeln 1 und 20 niedergelegten Grundsätze berührt werden, ist unzulässig."

Problemfelder und Reformstrategien

Mit der Entwicklung des bundesdeutschen Föderalismus hin zum kooperativen Föderalismus werden die Probleme dieses Modells sichtbar.[158] So kann der Bundesrat wichtige Gesetzesvorhaben der Regierung verhindern, insbesondere dann, wenn Bundesrat und Bundestag verschiedene politische Mehrheiten aufweisen. Die potentielle Verhinderungsmacht des Bundesrates wird deutlich, wenn man bedenkt, dass die zustimmungspflichtigen Gesetze in der 13. Wahlperiode (1994-1998) einen Anteil von ca. 60 % erreichten.[159] Durch das föderale Finanzsystem mit seinem horizontalen (zwischen den Ländern stattfindenden) und vertikalen (zwischen Bund und Ländern stattfindenden) Finanzausgleich und der Steuerverteilung zwischen Bund und Ländern wird weiterer Kooperationsbedarf deutlich. Eine Vielzahl von Gremien und gemeinschaftlichen Aufgaben verstärkt diesen Eindruck noch. So existieren auf allen Ebenen (Ministerialverwaltung, Minister, Regierungschefs) informale und formale Runden und Konferenzen zwischen den Ländern untereinander und zwischen den Ländern und dem Bund. Ein prominentes Beispiel hierfür ist die Kultusministerkonferenz (KMK). In den Art. 91 a und b GG sind zusätzliche Gemeinschaftsaufgaben von Bund und Ländern geregelt, des Weiteren müssen Bund und Länder bei der Verwaltung kooperieren, „[d]a fast alle Bundesgesetze von den Ländern vollzogen werden."[160] Diese Aufzählung ließe sich noch fortsetzen. Der Politikwissenschaftler Fritz W. Scharpf bezeichnet dieses Konglomerat von Institutionen und Zuständigkeiten als *Politikverflechtung*,[161] wobei diese Erscheinung unter anderem entstanden ist als

238

„eine Reaktion darauf, daß Probleme von verschiedenen staatlichen und gesellschaftlichen Akteuren nicht isoliert angegangen oder gar gelöst werden können. Statt dessen bildete sich ein sogenanntes *Mehrebenenmodell* der Entscheidungsfindung heraus."[162]

---

[158] Vgl. hierzu Laufer / Münch (1997[7]): 186
[159] Vgl. http://dip.bundestag.de/cgi-bin/dipwww_nofr/continue (Stand 8.9.1999)
[160] Laufer / Münch (1997[7]): 188
[161] Vgl. hierzu Scharpf (1994): 11 ff
[162] Laufer / Münch (1997[7]): 187 (Hervorhebung im Original)

239   Dabei treten jedoch einige schwerwiegende Probleme hervor:

- Verflochtene Systeme sind selbst nur schwer reformierbar, weil sie auf dem Konsensprinzip beruhen und daher alle beteiligten Kräfte einer Reform zustimmen müssen.[163]
- Außerdem werden durch den Zwang zum Konsens auch Reformen im politischen System erschwert (langwierige Entscheidungsprozesse).
- Durch Absprachen auf der Ebene der Exekutive werden Entscheidungen an den Parlamenten vorbei getroffen, die so an Einfluss verlieren, da ausgehandelte Kompromisse nicht in Frage gestellt werden können, ohne neuerliche langwierige Verhandlungen zu riskieren.[164]
- Dadurch besteht wiederum die Gefahr, dass das gesamte politische System an Legitimität verliert, weil der Bürger nicht mehr in der Lage ist, politische Verantwortlichkeit für bestimmte Entwicklungen konkreten Institutionen zuzurechnen.

240   Es gibt allerdings eine breite politische und politikwissenschaftliche Diskussion über die Frage, wie man das föderale System leistungsfähiger gestalten kann. Dabei sind u. a. folgende Reformvorschläge im Umlauf:[165]

- eine deutliche Trennung der Aufgaben von Bund und Ländern,
- eine Begrenzung der zustimmungspflichtigen Gesetze,
- eine Neuordnung der Finanzverfassung mit eigener Steuerhoheit der Länder sowie des Länderfinanzausgleichs, der jedoch aufgrund des Urteils des BVerfG vom 11.11.1999 neu verhandelt werden muss[166] sowie
- eine Neugliederung der Bundesländer, was eine Reduzierung deren Anzahl zur Folge hätte.

2.3.6   Informationshinweise zur Einführung

- Laufer / Münch (1997[7]): Das föderative System der Bundesrepublik Deutschland. ➡PolBil *(Standardwerk zum Föderalismus in Deutschland mit problemorientierter Einführung und umfangreichem Anhang)*
- Steffani (1979): Parlamentarische und präsidentielle Demokratie. bes. 9-36 *(übersichtliche Einführung in die politikwissenschaftliche Gewaltenteilungsproblematik)*

- Aus Politik und Zeitgeschichte, Heft B 13 / 1999 *(Schwerpunktheft zum Thema Reform des deutschen Föderalismus)*

- http://www.bundesrat.de *(site des deutschen Bundesrates)*
- http://www.mcs.net/˜knautzr/fed/fedpaper.html *(Federalist Papers online)*

---

[163] Vgl. hierzu Laufer / Münch (1997[7]): 187
[164] Vgl. hierzu Laufer / Münch (1997[7]): 195
[165] Vgl. hierzu Luthardt (1999): 14
[166] Vgl. BVerfG, 2 BvF 2 / 98 vom 11.11.1999 (http://www.bverfg.de/)

3. Grundlagen individuellen politischen Verhaltens

3.1 Politische Kultur

Analog zu anderen politikwissenschaftlichen Begriffen besteht auch beim Begriff *politische Kultur* eine Diskrepanz zwischen alltäglichem Gebrauch und wissenschaftlicher Bestimmung. Wer in der politischen Auseinandersetzung seinem Gegner einen Mangel an politischer Kultur vorwirft, bezichtigt ihn einerseits als stillos und nicht vertraut mit den demokratischen Gepflogenheiten und Umgangsformen und reklamiert andererseits diese selbstverständlich für sich.[167] Das politikwissenschaftliche Konzept der politischen Kultur dagegen verwendet einen neutralen Begriff. Auch undemokratische Regime besitzen demnach politische Kultur, die sich jedoch von der in demokratischen Systemen fundamental unterscheidet. Die politische Kulturforschung ist als Reaktion auf den Zusammenbruch der Weimarer Republik entstanden, während sich andere demokratische Staatswesen als stabil erwiesen haben.[168] Ihre zentrale Frage lautet: Welche Bedeutung haben Werte, Einstellungen, Meinungen der Individuen für das politische System?

241

3.1.1 Definition und Funktion

Die Herausforderung, politische Kultur zu definieren, verglich der Politikwissenschaftler Max Kaase mit dem Versuch „einen Pudding an die Wand zu nageln,"[169] weil zum einen so viele unterschiedliche Begrifflichkeiten und Ansätze im Umlauf sind, zum anderen es fast unmöglich erscheint einen klar umrissenen Gegenstand damit festzulegen.[170] Dennoch ist man nicht davon freigestellt, es zu versuchen. In Bezug auf den Forschungsansatz von Almond lässt sich politische Kultur definieren als:

242

---

[167] Vgl. hierzu Fenner (1996): 565 f
[168] Vgl. hierzu Almond (1987): 27
[169] Kaase (1983)
[170] Vgl. hierzu Behrmann (1990): 17

> „Art und Umfang politischer Kentnisse (Wissen), emotionale Bindung an das und
> die Bewertung des politischen Systems (Legitimität) wie auch Art und Intensität
> politischen Handelns selbst. Sie ist insofern ein Bestandteil der historisch gewach-
> senen allgemeinen Kultur, als der Gesamtheit aller geistigen und ideellen Traditio-
> nen, gesellschaftlichen Normen und Institutionen, Verhaltensstile, etc."[171]

243   Die politische Kultur prägt die politischen Handlungen des Indivi-
        duums und leistet so einen Beitrag zur Stabilität des politischen Sys-
        tems. Jedoch nur insofern die Wertvorstellungen, auf denen die Be-
        wertung des politischen Systems beruht, mit den normativen Grundla-
        gen des Systems selbst übereinstimmen. An dieser Stelle sei in Erinne-
        rung gerufen, dass Almond und Powell im systemtheoretischen Zu-
        sammenhang auf die Bedeutung der politischen Kultur für die Ent-
        wicklung (kulturelle Säkularisierung) eines politischen Systems ver-
        weisen.

3.1.2   Elemente: Werte, Einstellungen, Meinungen

244   Die politische Kultur eines Systems setzt sich aus einer Mischung
        vielfältiger Vorstellungen zusammen, die sich in ihrer Stabilität unter-
        scheiden.

245   • *Werte* bilden den Maßstab des politischen Handelns[172] und leiten es an. Sie sind
        „situationsübergreifend" und „objektsunspezifisch."[173] Werte sind in der Regel abs-
        trakt formuliert und werden erst anhand bestimmter Situationen inhaltlich näher be-
        stimmt. Ein Beispiel dafür bildet die fdGO, deren Inhalt erst durch das BVerfG an-
        lässlich des SRP-Urteils von 1952 konkretisiert wurde. Werte lassen Erwartungen
        gegenüber Personen und Institutionen entstehen. Individuelle Wertvorstellungen er-
        weisen sich als äußerst stabil.

246   • *Einstellungen* werden aus Werten abgeleitet. Sie bezeichnen die positive (wenn die
        Erwartung mit dem Erscheinungsbild übereinstimmt) oder die negative Beurteilung
        (wenn keine Übereinstimmung vorhanden ist) von Personen und Institutionen. Sie
        sind situations- und objektbezogen.[174] Da sie auf den Werten beruhen, zeichnen sie
        sich ebenfalls durch ein hohes Maß an Stabilität aus.

247   • *Meinungen* sind situationsabhängige Äußerungen. In ihnen spiegeln sich im Gegen-
        satz zu den Einstellungen spontane, emotionale und meist unreflektierte Vorstellun-
        gen. Daher sind sie auch leicht veränderbar.[175]

248   Erst das interdependente Zusammenspiel von Werten, Einstellungen
        und Meinungen formt die politische Kultur eines Systems.

---

[171] Reichel (1981): 320
[172] Vgl. hierzu Kmieciak (1976):148
[173] Kmieciak (1976): 150
[174] Vgl. hierzu Kmieciak (1976): 152
[175] Vgl. hierzu Kmieciak (1976): 187

Grafik 3.1.1: Elemente der politischen Kultur im Zusammenhang 249

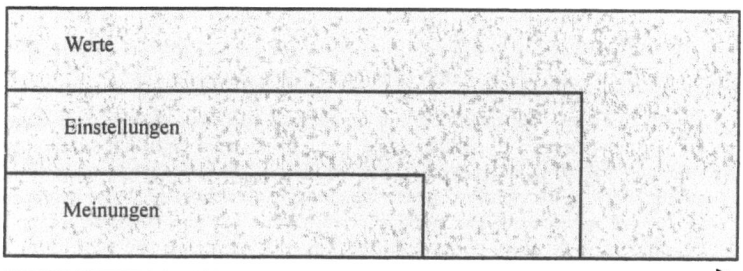

Werte

Einstellungen

Meinungen

politische Kultur   Stabilität

Eigene Darstellung

3.1.3   Eine Typologie der politischen Kultur

Gabriel A. Almond und Sidney Verba legten 1963 mit ihrer Studie *The*   250
Civic Culture. Political Attitudes and Democracy in Five Nations[176]
einen Grundstein für die Erforschung der politischen Kultur vor. Darin
unterscheiden sie zwischen drei Idealtypen der politischen Kultur
aufgrund der Erwartungshaltung gegenüber dem politischen System.

- *The parochial political culture (parochiale Kultur / politische Indifferenz):*   251

  „When [the] frequency of orientations to the specialized political objects (...) ap-
  proaches zero, we can speak of the political culture as a parochial one (...) In these
  societies there are no specialized political roles ...“[177]

- *The subject political culture (Untertanenkultur / output-Orientierung):*   252

  „Here there is a high frequency of orientations toward a differentiated political
  system and toward the output aspects of the system, but orientations toward specifi-
  cally input objects, and toward the self as an active participant, approach zero.“[178]

- *The participant political culture (partizipative Kultur / input- und output-*   253
  Orientierung):

  „The third major type of political culture (...) is one in which the members of the
  society tend to be explicitly oriented to the system as a whole and to both the political and administrative structures and processes: in other words, to both the input

---

[176] Almond / Verba (1963)
[177] Almond / Verba (1963): 17
[178] Almond / Verba (1963): 19

and output aspects of the political system. Individual members (...) tend to be oriented toward an ‚activist' role of the self in the polity ...“[179]

254   Die im Titel genannte Form der *civic culture* (Bürgerkultur) stellt eine *mixed political culture* aus den drei genannten Formen dar:

„In the first place, the civic culture is an allegiant participant culture. Individuals are not only oriented to political input, they are oriented positively to the input structures and the input process. In other words (....), the civic culture is a political culture in which the political culture and structure are congruent. More important, in the civic culture participant political orientations combine with and do not replace subject and parochial political orientations. Individuals become participants in the political process, but they do not give up their orientations as subjects nor as parochials (...) The maintenance of these more traditional attitudes *and their fusion* with the participant orientations lead to a balanced political culture ...“[180]

255   Erst durch den Ausgleich zwischen den Typen wird eine politische Kultur erreicht, die die Leistungen eines demokratischen Systems auf der Grundlage von dessen anerkannter Rechtmäßigkeit einfordert, ohne das politische System zu überfordern. Die Mischung aus politischer Indifferenz, Traditionalismus und Modernität[181] gewährleistet die Systemfunktionen des AGIL-Schemas und sorgt so für den Erhalt des gesamten politischen Systems.

256

Tabelle 3.1.1: Das civic culture-Konzept im Überblick

Typ der politischen Kultur	Erwartungsorientierung gegenüber dem politischen System	Systemleistungen (AGIL-Schema)	Systemgefährdung
parochial culture	keine Erwartung	Latency	nicht vorhandene Entwicklungsfähigkeit
subject culture	output-Orientierung	Integration	Unflexibilität gegenüber der Systemumwelt
participant culture	input- und output-Orientierung	Adaptation	Überforderung des Systems
civic culture	input- und output-Orientierung	Goal Attainment	keine Gefährdung durch Ausgleich zwischen den Typen
Eigene Darstellung			

---

[179] Almond / Verba (1963): 19
[180] Almond / Verba (1963): 31 f (Hervorhebung im Original)
[181] Vgl. hierzu Reichel (1981): 323

3.1.4   Das Konzept von Gabriel A. Almond

Im Aufsatz von 1987 fasst Almond seine Überlegungen und die da-   257
raus resultierenden Ergebnisse und Debatten zusammen. Dabei geht er
von folgenden Prämissen aus:

> „1. Politische Kultur bezieht sich auf das Muster subjektiver Orientierungen ge-
>   genüber Politik innerhalb ihrer ganzen Nation oder ihrer Teilgruppen [Sub-
>   kulturen, die Verf.].
> 2. Politische Kultur hat kognitive, affektive und evaluative Bestandteile. Sie
>   schließt Kenntnisse und Meinungen über politische Realität, Gefühle über
>   Politik und politische Werthaltungen ein.
> 3. Der Inhalt von Politischer Kultur ist das Ergebnis von Kindheitssozialisation,
>   Erziehung, Medieneinfluß und Erfahrungen im Erwachsenenleben mit den
>   Leistungen von Regierung, Gesellschaft und Wirtschaft [politische Soziali-
>   sation, die Verf.].
> 4. Politische Kultur beeinflußt die Struktur von Regierung und Politik und ihre
>   Leistungen, schränkt sie ein, aber determiniert sie sicherlich nicht völlig. Die
>   Kausalpfeile zwischen Kultur, Struktur und Regierungsleistungen weisen in
>   beide Richtungen."[182]

Ein wichtiges Problem der Systemtheorie ist der Wandel von politi-   258
schen Systemen, wobei der Veränderung der politischen Kultur dabei
eine große Bedeutung zukommt. Generell gilt, dass sich formale politische Strukturen (Institutionen) schneller ändern können, als die ihnen
zugrunde liegende politische Kultur.[183] Dies kann sich aufgrund der
Funktion der politischen Kultur verheerend auswirken, da die Kongruenz zwischen dem politischen System und seiner Kultur einen
wichtigen Stabilitätsfaktor darstellt. Gelingt es einem politischen
System nicht, diese Übereinstimmung herzustellen, kann das Regime
zusammenbrechen.[184]

3.1.5   Die Entwicklung der politischen Kultur in Deutschland

Deutschland bildet für die politische Kulturforschung einen besonders   259
interessanten Forschungsgegenstand. Nicht nur dass sich dieser Ansatz wesentlich aufgrund der Suche nach einer Erklärung für das Aufkommen des Nationalsozialismus herausgebildet hat, auch durch das
Durchschreiten einer Vielzahl von politischen Systemen vom Kaiserreich bis zum wiedervereinigten Deutschland konnte man dort beson-

---

[182] Almond (1987): 29
[183] Vgl. hierzu Bürklin (1995): 11
[184] Vgl. hierzu Reichel (1981): 322 f

ders gut die Thesen über Wandel und Beständigkeit der politischen Kultur überprüfen.

Die politische Kultur im Kaiserreich und in der Weimarer Republik

260   Für das deutsche Kaiserreich lässt sich feststellen, dass aufgrund der preußisch-monarchischen Prägung im ZPES die Untertanenkultur dominierte. Als bedeutende Elemente dieser Form der politischen Kultur lassen sich u.a. benennen:[185]

- Eine Mentalität des Gehorsams gegenüber staatlichen Stellen, gespeist aus der Überzeugung, dass der alle gesellschaftlichen Gegensätze überwölbende Staat dem Individuum geistig und moralisch überlegen sei, weil er und nur er das tatsächliche Gemeinwohl repräsentieren und verwirklichen könne.
- Eine sich daraus ergebende Zurückhaltung bei der politischen Partizipation des Bürgers, der sich im Wesentlichen mit der Gewährung wirtschaftlicher Freiheitsrechte begnügen bzw. sich als Empfänger wohlfahrtsstaatlicher Leistungen dem patriarchalisch ausgerichteten Staat gegenüber dankbar erweisen muss.
- Eine aggressive Ausgrenzungspolitik gegenüber allen Personen und politischen Gruppierungen, die dagegen vermeintlich oder tatsächlich opponierten, indem man sie pauschal als *undeutsch* diffamierte.[186]

261   Aufgrund der skizzierten *subject culture* gelang es dem politischen System des Kaiserreichs nur sehr unzureichend, sich den drängenden Herausforderungen einer sich entwickelnden modernen Industrienation zu stellen, da die Veränderungsimpulse aus der Systemumwelt nicht im ausreichenden Maße verarbeitet werden konnten. Durch die fehlende strukturelle Differenzierung wurde eine Modernisierung der Regierungsstrukturen unterlassen. Hinzu kam eine mangelnde kulturelle Säkularisierung, wodurch im politischen Handeln ein stark irrationaler Bezug zum Tragen kam. Diese Faktoren führten zu immer neuen innenpolitischen Krisen und Spannungen, die man durch außenpolitische Abenteuer zu übertünchen suchte.

262   Die „vobelastete Republik"[187] von Weimar war daher auch wegen der weiterhin vorherrschenden Untertanenkultur (v.a. im administrativen Bereich) nicht gegen die Angriffe ihrer zahlreichen Gegener gefeit. Ihr Scheitern lag somit auch in der mit ihren demokratischen Wertvorstellungen und Ansprüchen nicht kompatiblen politischen Kultur begründet.

---

[185] Greiffenhagen, Martin: Politische Traditionen, in: Greiffenhagen, Martin / Greiffenhagen, Sylvia (Hrsg.) (2002^2): Handwörterbuch zur politischen Kultur der Bundesrepublik Deutschland. 2. überarbeitete und aktualisierte Auflage. Wiesbaden: Westdeutscher Verlag, S. 471-477, hier 474

[186] Vgl. hierzu Sontheimer (1991^2): 89 ff

[187] Winkler, Heinrich August (2002): Der lange Weg nach Westen. Deutsche Geschichte 1806-1933. Bonn: Bundeszentrale für politische Bildung: 378

Die Entwicklung der politischen Kultur in Westdeutschland nach 1945
Deutschland verfügte auch nach 1945 noch lange nicht über eine Bür-   263
gerkultur im Sinne Almonds, was folgende westdeutsche Daten ein-
drucksvoll belegen: Stieß die Frage „Halten Sie den Nationalsozialismus für eine gute Idee, die schlecht ausgeführt wurde?" 1948 noch auf
57 % Zustimmung unter den Befragten, so traf die Behauptung „Das
Dritte Reich war gar nicht so schlecht!" noch 1978 auf eine Zustim-
mungsrate von 37 %. [188]

Erst durch den wirtschaftlichen und politischen Erfolg der Bundes-   264
republik wurde die Zustimmung zum System der freiheitlichen demokratischen Grundordnung auf dauerhaften Boden gestellt. [189] So
glaubten 1990 81 % der westdeutschen Befragten, dass die Demokratie in Deutschland die beste aller Staatsformen sei. Dieser Wert sank
zwar bis 1997 auf 69 % ab, die Rate derer, die sich eine bessere
Staatsform vorstellen konnten, stieg aber lediglich von acht auf elf
Prozent. [190] Es gab und gibt auch immer wieder neue Entwicklungen,
wie die aus der 68er-Bewegung hervorgegangene Partizipationswelle
mit ihren Bürgerinitiativen, Demonstrationen und anderen Formen des
politischen Protests, [191] oder das in den neunziger Jahren verstärkte
Verlangen nach plebiszitären Elementen in der Politik, das sich z. B.
in der erfolgreichen Bemühung in Bayern einen kommunalen Bürger-
entscheid einzuführen ausdrückte. Insgesamt konnte man in der Bundesrepublik wie in den anderen westlichen Staaten einen Wertewandel
feststellen, der traditionelle Werte von Politik und Staat hin zu indivi-
dualistischen Vorstellungen veränderte (kulturelle Säkularisierung),
was man mit dem Begriff der *Erlebnisgesellschaft* umschreiben
kann. [192] Die Problematik in dieser Entwicklung besteht darin, wie in
einer solchermaßen charakterisierten Gesellschaft noch allgemein
verbindliche Werte vermittelt werden können. Letztendlich hat sich
die bundesdeutsche Demokratie trotz vieler Unkenrufe als stabil erwiesen, da sie sich von der Untertanenkultur hin zu einer Bürgerkultur
entwickelt hat und somit für jene Kongruenz zwischen Kultur und

---

[188] Zit. nach Piel (1996): 155 f
[189] Vgl. hierzu Almond (1987): 34
[190] Vgl. hierzu Noelle-Neumann / Köcher (Hrsg.) (1997): 657
[191] Vgl. hierzu Almond (1987): 32
[192] Vgl. hierzu Oberreuter (1998a): 14

System gesorgt hat, die der Weimarer Republik noch versagt geblieben war.

Die Entwicklung der politischen Kultur in der DDR nach 1945

265 In der DDR konnten unter sozialistischen Vorzeichen jene Elemente der politischen Kultur überleben, die schon im Kaiserreich systemstabilisierende Wirkung entfalteten. Sie ließen die DDR in dieser Hinsicht als den „'deutscheren' Staat erscheinen (...), als den Teil Deutschlands, in dem noch weit mehr von den alten deutschen Traditionen weiterlebte als in der Bundesrepublik."[193] Damit ist die output-Orientierung der Untertanenkultur gemeint, die sich mit dem Begriff Staatsgläubigkeit umschreiben lässt und welche den Bürger als passives Objekt der Politik und nicht als aktiven Partner sieht. So mag es nicht verwundern, dass nach der Wende viele ostdeutsche Bürger den Sozialismus noch für eine gute, aber schlecht ausgeführte Idee hielten: So fand die Frage „Halten Sie den Sozialismus für eine gute Idee, die schlecht ausgeführt wurde?" 1990 65 % und 1994 63 % Zustimmung.[194] Doch sollte man nicht vergessen, dass es die Bürgerinnen und Bürger der DDR waren, die das alte Regime stürzten.

Die Entwicklung im vereinigten Deutschland

266 Die politische Kultur in Gesamtdeutschland wird daher noch einige Zeit gespalten bleiben. Die Zahl der Befragten in Ostdeutschland, die auf die schon erwähnte Frage, ob wir in der Bundesrepublik die beste Staatsform haben, positiv antworteten, sank von 1990 bis 1997 von anfänglichen 41 % auf 23 % ab. Im Gegensatz zu Westdeutschland stieg der Glaube an eine bessere Staatsform von 19 auf beträchtliche 37 %.[195] Bedenkt man jedoch, dass sich in der alten Bundesrepublik erst mit den wirtschaftlichen Erfolgen eine Stabilisierung des demokratischen Bewusstseins einstellte, sollten diese Erfahrungen für genügend Optimismus sorgen. Insgesamt scheint sich die These von Almond und Verba von der Beharrungskraft der politischen Kultur zu bestätigen. Doch der Wandel der politischen Kultur ist keine Einbahnstraße von Ost nach West:

> „Aufgrund der ausgeprägten Einstellungen zur sozialen Gleichheit, der Rolle des Staates in der Politik und der laizistisch geprägten sozialen Grundwerte ist mit

---

[193] Sontheimer (1991²): 69
[194] Zit. nach Piel (1996): 155
[195] Vgl. hierzu Noelle-Neumann / Köcher (1997): 657

nachhaltigen Einflüssen der neuen Bundesländer auf die politische Kultur des vereinten Deutschland zu rechnen."[196]

3.1.6   Informationshinweise zur Einführung

• Almond (1987): Politische Kultur-Forschung – Rückblick und Ausblick.*(sehr informativer Beitrag zur Einführung in die Thematik)*   📖

• Gabriel (1995): Immer mehr Gemeinsamkeiten? Politische Kultur im vereinigten Deutschland. *(übersichtliche Zusammenfassung des Ansatzes von Almond und Verba und dessen empirischer Überprüfung)*

• Mann (1997): Der Untertan. (Erstausgabe von 1919)*(immer noch und immer wieder lehrreicher Beitrag zur Entwicklung der politischen Kultur in Deutschland)*

• Allensbacher Jahrbücher für Demoskopie. (versch. Jahre)*(Datenzusammenstellungen zu vielen Themen des gesellschaftlichen, wirtschaftlichen und politischen Systems und der politischen Kultur)*

• http://www.icpsr.umich.edu/archive1.html *(sehr umfangreiches, weltweit angelegtes Statistikdatenarchiv mit abstracts für alle Datensammlungen)*   💻

• http://www.statistik-bund.de *(site des Statistischen Bundesamtes Deutschlands)*

• http://europa.eu.int/eurostat.html *(statistische Datenbanken der EU: wirtschaftliche und gesellschaftliche Basisdaten)*

3.2 Wahlen und Wahlverhalten

Die politische Kultur beeinflusst das politische Handeln des Individuums. Politisches Handeln umfasst viele mögliche Formen der politischen Partizipation. Diese reichen z. B. von der Mitarbeit in Parteien und Interessengruppen über die Teilnahme an Demonstrationen, dem Verfassen von Petitionen bis hin zu illegalen Akten wie im Extremfall terroristischen Taten. Eine der wichtigsten Formen der politischen Partizipation ist die Teilnahme an Wahlen. Insbesondere in repräsentativen Systemen fällt ihr eine entscheidende Rolle zu. Wie die Wahlentscheidung des Individuums zustande kommt, hängt einerseits von den Strukturen des politischen Systems (sozialstrukturelle Grundlagen) und andererseits von den Motiven und Interessenlagen des Individuums selbst (sozialpsychologische Grundlagen) ab.[197]

267

---

[196] Bürklin (1995): 20
[197] Vgl. hierzu Roth / Wüst (1998): 103

3.2.1   Definition und Funktion

268   Bevor der Begriff *Wahl* bestimmt werden kann, muss der Begriff *Partizipation* definiert werden, da er als übergeordneter Begriff fungiert. Unter Partizipation können

> „[a]lle Tätigkeiten der Bürger (...), die diese freiwillig mit dem Ziel unternehmen, Entscheidungen auf den verschiedenen Ebenen des politischen Systems zu beeinflussen,"[198]

verstanden werden. Wie viele politikwissenschaftliche Begriffe ist auch der Begriff Wahl aus verschiedenen Perspektiven bestimmbar.

269   Hiltrud Naßmacher fordert für Wahlen ein Mindestmaß an demokratischen Anforderungen:

> „Von Wahlen kann nur dann gesprochen werden, wenn zwischen mindestens zwei Angeboten (Kandidaten / Parteien) entschieden werden darf. Abstimmungen haben nur dann eine partizipative Bedeutung, wenn dabei Alternativen zur Abstimmung stehen bzw. zumindest einem Vorschlag zugestimmt oder dieser verworfen werden kann."[199]

270   Dieter Nohlen hingegen verweist auf die Tatsache, dass nicht nur in demokratischen Systemen Wahlen ausgerichtet werden. Wahl ist für ihn

> „eine *Technik*, eine Körperschaft zu bilden. Dieser Satz besagt, daß die Wahl statt anderer Techniken (Bestellung von Vertretern kraft Erbfolge, kraft Amtes, kraft Ernennung) angewandt werden kann, ohne demokratischen Inhalt zu haben. Deshalb beschränken sich Wahlen nicht nur auf Demokratien.[200]

271   Wie in einem System Wahlen organisiert werden, ist im jeweiligen *Wahlsystem* festgelegt. Dieses bestimmt den

> „Modus, nach welchem die Wähler ihre Partei- und / oder Kandidatenpräferenz in Stimmen ausdrücken und diese in Mandate übertragen werden.[201]

272   Die allgemeine Funktion von Wahlen besteht darin, politische Herrschaft durch Zustimmung zu legitimieren. Dies gilt auch für undemokratische Systeme,[202] da Legitimität ein universelles Phänomen (vgl. Sternberger) darstellt. Eine detailliertere Darstellung der Funktionen

---

[198] Naßmacher (1998[3]): 23
[199] Naßmacher (1998[3]): 32
[200] Nohlen (1989): 17 (Hervorhebung im Original)
[201] Nohlen (1989): 43
[202] Vgl. hierzu Nohlen (1989): 24 ff

kann nur auf der Basis einer Unterscheidung der verschiedenen Wahlsysteme vorgenommen werden.

3.2.2 Typologisierung der Wahlsysteme

Wahlen werden in verschiedenen politischen Systemen abgehalten. In einem ersten Schritt ist es daher angebracht, eine grundsätzliche Gegenüberstellung von Wahlen in demokratischen, autoritären und totalitären Regimen anzustellen, bevor in einem zweiten Schritt zusätzlich unterschiedliche Wahlsysteme in demokratischen Staaten vorgestellt werden können.

273

Tabelle 3.2.1: Kompetitive, semi-kompetitive und nicht-kompetitive Wahlen

274

Merkmale	kompetitive Wahlen	semi-kompetitive Wahlen	nicht-kompetitive Wahlen
Auswahl-möglichkeit	gegeben	eingeschränkt	nicht gegeben
Wahlfreiheit	gesichert	eingeschränkt	aufgehoben
Stellung der Machtfrage	ja	nein	nein
Funktionen	• Legitimation der pol. Führung und des pol. Systems • Förderung der Konkurrenz • Ermittlung des Interessen- und Meinungsspektrums • Bildung einer funktionsfähigen Repräsentation • Auswahl des pol. Führungspersonals bei Regierung und Opposition	• (Pseudo)Legitimation der bestehenden Machtverhältnisse • pol. Entspannung nach innen • Reputationsgewinn nach außen	• (Pseudo)Legitimation der Parteiherrschaft • Mobilisierung aller gesellschaftlichen Kräfte • Festigung der pol.-moral. Einheit der Bevölkerung • Dokumentation der Geschlossenheit zwischen ‚Wählern' und pol. Führung
Bedeutung im politischen Prozess	hoch (wichtigstes Partizipationsinstrument)	niedrig	gering (Akklamationscharakter)
pol. Systeme	freiheitliche dem. Syst.	autoritäre Syst.	totalitäre Systeme

Eigene Darstellung auf der Grundlage von Nohlen (1989): 18 ff

Kompetitive, semi- und nicht-kompetitive Wahlen

275   Nohlen differenziert aufgrund der Auswahlmöglichkeit, die den
            Wählern durch das politische System geboten wird, drei Formen von
            Wahlsystemen.[203] Kompetitive Wahlen bieten dem Wähler Alternati-
            ven an, über die er frei entscheiden kann. Bei semi-kompetitiven
            Wahlen trifft hingegen das Regime eine meist stark einschränkende
            Vorauswahl mit dem Ziel politische Konkurrenten von der Teilhabe an
            politischer Macht auszuschließen. Z. B. prüft die Geistlichkeit im Iran
            mögliche Kandidaten, um sie eventuell aufgrund mangelnder Re-
            gimetreue zu den Wahlen nicht zuzulassen. Bei totalitären Systemen
            kann schon aus ideologischen Gründen keine Auswahl stattfinden. Je
            nach Funktionslogik des politischen Systems erfüllen Wahlen unter-
            schiedliche Aufgaben (vgl. Tabelle 3.2.1).

Kompetitive Wahlsysteme: Verhältniswahl- und Mehrheitswahlsysteme

276   Demokratische Wahlsysteme können in zwei große Gruppen eingeteilt
            werden. Das Unterscheidungsmerkmal von Verhältnis- und Mehr-
            heitswahlsystemen ist zunächst einmal die Methode, wie Stimmenan-
            teile in Mandate umgerechnet werden. Nach der *Proporzregel* des
            Verhältniswahlrechtes bekommt eine Partei prozentual so viele Man-
            date, wie es ihrem Anteil an Wählerstimmen entspricht. Das *Majorz-
            prinzip* beim Mehrheitswahlrecht spricht hingegen demjenigen das
            Mandat zu, der im seinem Wahlkreis die meisten Stimmen auf sich
            vereinigen konnte, die anderen Stimmen werden nicht mehr berück-
            sichtigt (the winner takes it all!).[204] Damit soll im Idealfall eine stabile
            Regierungsmehrheit erreicht werden, während den Verfechtern des
            Verhältniswahlrechts eine gerechte Repräsentation der politischen
            Strömungen vorschwebt. Die unterschiedliche Verteilung der Stimmen
            kann jedoch für den Wahlausgang weitreichende Folgen nach sich
            ziehen.

277   In den Diskussionen um das Wahlrecht, wie sie zur Zeit z. B. in
            Großbritannien geführt werden, wo die Labourregierung das Verhält-
            niswahlrecht einführen möchte, werden für die einzelnen Wahlsyste-
            me bestimmte Vor- und Nachteile angeführt:[205]

---

[203] Vgl. hierzu Nohlen (1989): 20 ff
[204] Vgl. hierzu Woyke (1996⁹): 29
[205] Vgl. hierzu Woyke (1996⁹): 40

Vorteile des Mehrheitswahlsystems: 278

- Keine Parteienzersplitterung, wodurch ein hohes Maß an politischer Stabilität erreicht wird.
- Herausbildung eines Zweiparteiensystems, was
- zu einer stabilen Regierungsmehrheit (keine Koalitionen) führt.
- Somit hat der Wähler die Möglichkeit, eine Regierung direkt zu wählen. Das Regierungsprogramm ist im Idealfall das Wahlprogramm der Partei.
- Erleichterter Regierungswechsel, da schon kleinere Stimmungsänderungen ausschlaggebend für den Wahlausgang sein können (überproportionale Mandatsverteilung).
- Der Wähler kann in seinem Wahlkreis eher nach der Persönlichkeit der Kandidaten entscheiden, mithin wird weniger nach parteipolitischen Kriterien gewählt.
- Schließlich sind die Kandidaten durch das starke Persönlichkeitsmoment unabhängiger von ihren Parteien.

Dabei handelt es sich jedoch nur um *tendenzielle* Auswirkungen, die   279
man vom Mehrheitswahlrecht erwartet.[206] Wahlsysteme prägen zwar
die Parteienlandschaft und die Struktur des Parlaments, wobei Mehrheitswahlsysteme Zweiparteiensysteme (Großbritannien / USA) her-
vorbringen können; in Frankreich allerdings besteht trotz Mehrheitswahl eine Mehrparteienlandschaft, was wiederum eine Koalitionsregierung zur Folge hat. Die Ausprägung des jeweiligen Wahlsystems
und das Parteiensystem beeinflussen sich wechselseitig. Dies lässt
sich u. a. daran ersehen, dass auch die Parteien ihrerseits versuchen,
durch Wahlrechtsänderungen ihre Position zu stärken, indem sie z. B.
mit der Einführung des Mehrheitswahlrechts kleinere Konkurrenten
um die Chance bringen, Parlamentsmandate zu erringen.

Die Vorteile des Verhältniswahlsystems:[207]   280

- Das Verhältniswahlsystem garantiert Wahlgerechtigkeit, da jede Stimme in das Wahlergebnis eingeht (gleicher Erfolgswert) und Parteien nach ihrer tatsächlichen Stärke im Parlament vertreten sind.[208]
- Das Parlament stellt sich daher als Spiegelbild der Wählerschaft dar und
- sichert so der Regierung eine Mehrheit, die auch von der Mehrheit der Bevölkerung befürwortet wird.

---

[206] Vgl. hierzu Nohlen (1989): 120 ff

[207] Vgl. hierzu Woyke (1996[9]): 41

[208] Durch das kanadische Mehrheitswahlsystem kam es beispielsweise bei den Parlamentswahlen von 1993 dazu, daß die vormalige konservative Regierungspartei bei einem Stimmenanteil von 16 % nur noch mit zwei (!) Mandaten im Parlament vertreten war, wohingegen der nur regional antretende BC (Quebecer Block) mit einem Anteil von 13,5 % auf 54 Sitze kam, vgl. hierzu Schneider (1997): 673

- Die Parteien können mit Hilfe der Wahllisten ihre Experten absichern.

- Das Verhältniswahlrecht ermöglicht es, dass neue Parteien ins Parlament kommen und verstärkt so die Anpassungsfähigkeit des politischen Systems an gesellschaftliche Bedürfnisse.

- Schließlich werden durch das Verhältniswahlrecht extreme politische Umschwünge vermieden, da für einen Regierungswechsel größere Änderungen in der öffentlichen Meinung nötig sind als dies beim Mehrheitswahlrecht der Fall ist.

281   Auch die angeführten Vorteile der Verhältniswahl sind idealtypisch dargestellt. Durch die Installierung von Sperrklauseln wird die Reprä-

282   *Tabelle 3.2.2: Verhältnis- und Mehrheitswahlsysteme im Vergleich*

Merkmale	Verhältniswahlsystem (VW)		Mehrheitswahlsystem (MW)	
Ideal	gerechte Repräsentation		stabile Regierung	
Entschei-dungsregel	Proporz: dem Ergebnis gemäße verhältnismä-ßige Verteilung der Mandate im Wahl*gebiet* auf alle sich bewerben-den Parteien (Verrechnung)		Majorz: Mandat geht an den Gewinner der Mehrheit im Wahlkreis (Mehrheitserfordernis)	
Entschei-dungs-situation des Wählers	Koalitionsprogramm (Regierungs-programm) nach der Wahl ausgehan-delt, aber: zumeist vorherige Koalitionsaussage		Wahlprogramm wird Regierungsprogramm	
Regierungs-bildung	zumeist Koalitionsbildung (Voraus-setzung für Mehrheitsregierung ist ein Regierungskompromiss)		Einparteienregierung	
Parteien-system	Tendenz zum Mehrparteiensystem		Tendenz zum Zweiparteiensystem	
Differenzie-rung	reines VWRecht	personalisiertes VWRecht	relatives MWRecht	absolutes MWRecht
Beispiel	Weimarer Republik (nur Listenwahl)	Deutschland (Hälfte der Man-date sind Direkt-mandate)	Großbritannien (Einerwahl-kreise mit einfacher Mehrheit)	Frankreich (Einerwahl-kreise mit absoluter Mehrheit)

Eigene Darstellung auf der Grundlage von Woyke (1996[9]): 29 ff und Nohlen (1989): 97 ff

sentation gesellschaftlicher Schichten im Parlament verringert. Au-ßerdem können auf diesem Weg Parteien wie im Mehrheitswahlrecht auch ohne absolute Stimmenmehrheit die absolute Mandatsmehrheit erringen, was z. B. bei der Wahl zum Saarländischen Landtag 1999 der Fall war, als dies der CDU mit 45,5 %[209] der Stimmen gelang, weil die anderen zur Wahl angetretenen Parteien mit Ausnahme der SPD an der fünf Prozent-Hürde scheiterten.

3.2.3 Kompetitive und nicht-kompetitive Wahlen im Vergleich

Wahlsysteme beschreiben nicht nur den technischen Ablauf der Wahl und der anschließenden Mandatsverteilung, sie sind zugleich Ausdruck der politischen Grundsätze und Traditionen eines Landes. Sie sind Teil der politischen Kultur und vermitteln auch die Funktionslogik eines politischen Systems. Die Bundesrepublik Deutschland und die DDR waren konträre Ordnungen, was sich in den unterschiedlichen Wahlsystemen niederschlagen musste. 283

Kompetitive Wahlen am Beispiel der Bundesrepublik[210]
Die Wahlen zum Deutschen Bundestag finden nach dem System des *personalisierten Verhältniswahlrechts* statt, d. h. die Hälfte der Mandate (derzeit 328) werden über *Direktmandate* (Einerwahlkreise mit einfacher Mehrheit / relative Mehrheitswahl) verteilt, die der Wähler durch seine Erststimme bestimmt. Insgesamt werden 656 Mandate vergeben. Das Erststimmenergebnis bestimmt also nur die Zahl der Direktmandate für eine Partei. Mit der Zweitstimme entscheidet man dann über die Gesamtzahl der Mandate für eine Partei, also über die prozentuale Zusammensetzung des Parlaments. Die Differenz zwischen der Anzahl der Direktmandate und den Sitzen, die der Partei aufgrund des prozentualen Anteils an den Zweitstimmen zustehen, werden durch Kandidaten der Landeslisten aufgefüllt. Dafür reichen die Parteien für jedes der 16 Bundesländer eine Liste ein. Die Mandatsverteilung errechnet sich nach dem Hare-Niemeyer-Verfahren, das im Gegensatz zum Höchstzahlverfahren nach d'Hondt die kleineren Parteien bevorzugt.[211] 284

Erringt eine Partei in einem Bundesland mehr Direktmandate, als ihr nach dem Zweitstimmenergebnis zustünde, so kommt es zur Entstehung von *Überhangmandaten*. Auf diese Weise sicherte sich die CDU/CSU-FDP-Regierung bei der Wahl 1994 mit zwölf Überhangmandaten eine Regierungsmehrheit von zehn Sitzen, ansonsten hätte 285

---

[209] http://www.wahlrecht.de/ergebnisse/saarland.htm (Stand: 17.11.1999)
[210] Vgl. zu den folgenden Ausführungen Woyke (1996[9]): 69 ff
[211] Vgl. zu den verschiedenen Berechnungsverfahren Woyke (1996[9]): 34 ff

ihre Mehrheit nur zwei Sitze betragen, da die SPD nur vier Über-
hangmandate erreichen konnte. Bei der Bundestagswahl gilt eine
Sperrklausel von fünf Prozent. Gewinnt eine Partei jedoch mindestens
drei Direktmandate, erhält sie ohne das Überschreiten der Sperrklausel
so viele Mandate, wie es ihrem Zweitstimmenanteil entspricht. Dies
war 1994 bei der PDS der Fall.

286   Der Bundestag wird nach Art. 38 Abs. 1 GG in „allgemeiner, unmittelbarer, freier, gleicher und geheimer Wahl gewählt."

287

Tabelle 3.2.3: Bundesrepublik Deutschland: Wahlrechtsgrundsätze

allgemein	kein Staatsbürger darf von der Wahl ausgeschlossen werden (z. B. aufgrund seines Geschlechts)
un-mittelbar	die Wähler bestimmen die Mandatsträger direkt und nicht über ein Wahlmännergremium (wie z. B. beim US-amerikanischen Präsidenten)
frei	niemand darf gezwungen werden, seine Stimme einer bestimmten Partei zu geben
gleich	jede Stimme wird gleich gezählt („one man one vote"), es gibt keinen Wahlzensus
geheim	die Abstimmung des einzelnen Wählers muss geheim erfolgen, sie darf nicht von anderen eingesehen werden
Darstellung auf der Grundlage von Nohlen (1989): 30 ff	

Nicht-kompetitive Wahlen am Beispiel der DDR

288   Schon ein Blick auf Artikel 1 der ehemaligen Verfassung der DDR
zeigt, dass es in diesem Staat keine kompetitiven Wahlen geben
konnte. Hierin wird die DDR definiert als

„sozialistischer Staat der Arbeiter und Bauern. Sie ist die politische Organisation
der Werktätigen in Stadt und Land unter Führung der Arbeiterklasse und ihrer mar-
xistisch-leninistischen Partei."[212]

289   Eine Alternative zur Herrschaft der SED war so per se ausgeschlossen. Zwar waren auch andere Parteien im Parlament der DDR, der
Volkskammer, vertreten, aber die sogenannten Blockparteien waren
keine eigenständigen Organisationen, sondern wie die anderen gesellschaftlichen Gruppierungen politisch von der SED abhängig. So
nimmt es nicht Wunder, wenn die Zahl der Mandate für Parteien und
Massenorganisationen von vornherein festgelegt war.

---

[212] Zit. nach Sieger (Bearb.) (1986[6]): 36

Tabelle 3.2.4: Festgelegte Mandatsverteilung in der DDR-Volkskammer (9. WP)		
Fraktion	Anzahl der Mandate	%
SED (Sozialistische Einheitspartei Deutschlands)	127	25,4
CDUD (Christlich Demokratische Union Deutschlands)	52	10,4
LDPD (Liberal-Demokratische Partei Deutschlands)	52	10,4
DBD (Demokratische Bauernpartei Deutschlands)	52	10,4
NDPD (Nationaldemokratische Partei Deutschlands)	52	10,4
FDGB (Freier Deutscher Gewerkschaftsbund)	61	12,2
FDJ (Freie Deutsche Jugend)	37	6,4
DFD (Demokratischer Frauenbund Deutschlands)	32	6,4
KB (Kulturbund)	21	4,2
VdgB (Vereinigung der gegenseitigen Bauernhilfe)	14	2,8
Summe	500	100
Lapp (1986): 681		

290

Die Kandidaten wurden auf einer Einheitsliste der Nationalen Front, einer Organisation, in der alle Parteien und Massenorganisationen versammelt waren, zusammengestellt. Außerdem sicherte sich die SED die absolute Mandatsmehrheit durch Parteimitglieder bei den Mandatsträgern der Massenorganisationen.[213] Eine Wahlalternative wurde den Menschen nicht geboten. Zur Wahl traten die Bürgerinnen und Bürger oft im Kollektiv an. Damit wollte das Regime die Einheit zwischen sich und dem Volk demonstrieren:

291

> „Gemeinsam gingen die Bewohner des Neubaublockes Fontane-Straße in Nennhausen, Kreis Rathenow, zum Wahllokal. Nach der Stimmabgabe für die Kandidaten der Nationalen Front der DDR überreichten sie dem Wahlvorstand eine von allen Mietern des Hauses unterschriebene Erklärung, in der sie der Partei- und Staatsführung für die Politik zum Wohle des Volkes dankten.[214]

Obwohl auch die DDR das Gebot der geheimen Wahl gesetzlich verankert hatte, stimmte der überwiegende Teil der Bevölkerung offen ab:

292

> „So folgten die Bürger den Anordnungen und unterwarfen sich der geforderten offenen Stimmabgabe (‚Zettelfalten') als einem notwendigen Übel.‟[215]

---

[213] Vgl. hierzu Schroeder (1998): 416
[214] Neues Deutschland vom 15.6.1981
[215] Schroeder (1998): 415

293   Dass die Einheitsliste der Nationalen Front immer höchste Zustim-
        mungsraten (99,x %) für sich verbuchen konnte, lag ebenfalls in der
        Systemlogik begründet. Als Bürgerrechtler 1989 bei den Kommunal-
        wahlen massive Fälschungen aufgedeckt hatten, führte dies zur Forde-
        rung nach freien, kompetitiven Wahlen.

3.2.4 Erklärungsmodelle für das Wahlverhalten

294   Überlegungen über die Motive eines Wählers lassen sich sinnvoller-
        weise nur bei kompetitiven Wahlsystemen anstellen. Dabei werden
        unterschiedliche Faktoren, wie Einstellungen, Werte, soziales Umfeld
        oder gesellschaftliche Strukturen untersucht. Je nachdem, wie diese
        Faktoren gewichtet wurden, entstanden verschiedene Erklärungsansät-
        ze für das Wählerverhalten.

Soziologische oder sozialpsychologische Ansätze

295   Soziologische Ansätze verweisen auf die soziale Eingebundenheit des
        Wählers. Er ist „weitgehend durch seine Umwelt bestimmt."[216]

Das mikrosoziologische Erklärungsmodell der Columbia School

296   Dieses Modell wurde vor allem vom US-amerikanischen Sozialwis-
        senschaftler Paul F. Lazarsfeld in den vierziger Jahren entwickelt.[217]
        Die mikrosoziolologische Sichtweise geht von der Bedeutung des
        näheren sozialen Umfeldes aus, das als homogen betrachtet wird. Das
        Wahlverhalten wird demnach durch die Zugehörigkeit zu einer sozia-
        len Gruppe bestimmt, die durch religiöse Bindungen, Einkommen
        sowie der Wohngegend festgelegt ist.[218] Von großem Gewicht ist dabei
        der Freundes- und Familienkreis, v. a die Kommunikation mit den
        Meinungsführern (opinion leaders), also jenen Menschen, auf deren
        Rat man besonders hört.[219] Verstärkt werden die gewonnenen Partei-
        präferenzen durch eine selektive Mediennutzung und einseitiges In-
        formationsverhalten, das nur jene Informationen verarbeitet, welche
        die eigene Meinung verstärken.[220] Ein Wechsel des Wahlverhaltens ist
        demnach nur möglich, wenn sich im gesellschaftlichen Umfeld ver-
        schiedene soziale Einflüsse überkreuzen (cross pressure), z. B. bei

---

[216] Roth / Wüst (1998): 103
[217] Vgl. hierzu Falter / Schumann / Winkler (1990): 4
[218] Vgl. hierzu Roth / Wüst (1998): 104
[219] Vgl. hierzu Brosius (1997): 41
[220] Vgl. hierzu Falter / Schumann / Winkler (1990): 5

katholisch orientierten Gewerkschaftlern, wobei Menschen, die dem cross pressure ausgesetzt sind, eher zu politischem Desinteresse und Wahlabstinenz neigen.[221]

Das makrosoziologische Cleavagemodell

Martin Seymour Lipset und Stein Rokkan betrachten in ihrem in den sechziger Jahren entstandenen Ansatz die Sozialstruktur der Gesellschaft und die institutionellen Regeln als ausschlaggebend für die Größe der Parteianhängerschaft.[222] Die Bildung von Parteien geschah entlang innergesellschaftlicher Konfliktlinien (cleavages) im 19. und 20. Jahrhundert, die auch das Wahlverhalten entsprechend bestimmen. Hierbei sind zum einen ethnische, territoriale und kulturell-religiöse cleavages (z. B. religiös vs. nicht religiös) zu nennen, zum anderen sozialökonomische cleavages (Arbeiterschaft vs. Bürgertum).[223] Durch Überschneidungen der cleavages lassen sich die Parteien verorten.

Grafik 3.2.1: Konfliktlinien im Parteiensystem: BRD, fünfziger und sechziger Jahre

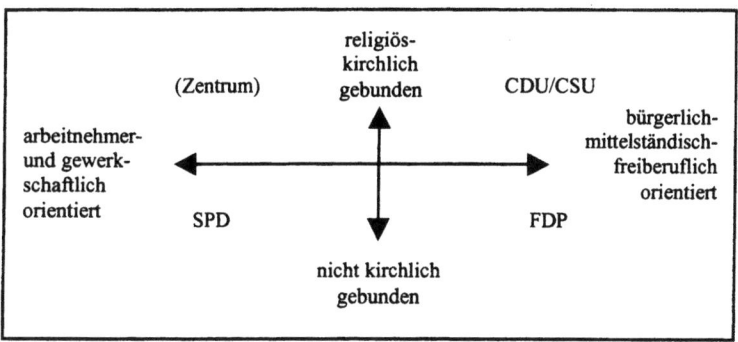

Alemann, von (1992): 95

Die Wähler entscheiden sich für die Parteien, denen sie sich aufgrund ihrer eigenen gesellschaftlichen Verwurzelung verbunden fühlen. Die Unternehmer würden demnach liberal, die Arbeitnehmer sozialdemokratisch wählen. Die daraus resultierenden Parteiensysteme erweisen

---

[221] Vgl. hierzu Falter / Schumann / Winkler (1990): 5
[222] Vgl. hierzu Falter / Schumann / Winkler (1990): 7
[223] Vgl. hierzu Roth / Wüst (1998): 106 ff

sich als sehr stabil, so dass Lipset und Rokkan bezogen auf die sechziger Jahre von „eingefrorenen" Systemen sprachen.[224]

Das sozialpsychologische Ann-Arbor-Modell

300   Schon in den fünfziger Jahren wurde von Forschern das Ann-Arbor-Modell entwickelt,[225] das die entscheidenden Determinanten des Wahlverhaltens von der Gesellschaft auf das Individuum verlagerte. Demnach wird das Wahlverhalten langfristig durch eine *psychologische Parteimitgliedschaft* (Parteiidentifikation) bestimmt, die sich aus den Erfahrungen und politischen Orientierungen des bisherigen Lebens zusammensetzt. Hinzu kommen kurzfristige Einflüsse, die in der individuellen Wahrnehmung der Kandidaten und den Themen (*issues*) des Wahlkampfes zu finden sind. Beide Faktoren beeinflussen sich wechselseitig.[226] Der Entscheidungsprozess ist „dabei mit einem Trichter zu vergleichen, an dessen engster Stelle, der Wahlentscheidung kausal unmittelbar vorgelagert, die direkten Einflußfaktoren des Wählerverhaltens liegen."[227] Entsprechen sich die lang- und kurzfristigen Faktoren, liegt eine normale Wahl (normal vote) vor, ist dies nicht der Fall, kommt es beim Wähler zur Unschlüssigkeit, Nichtwahl oder der divided vote, d. h., der Wähler verteilt bei der Wahl seine Stimmen auf unterschiedliche Parteien.[228]

Das rationalistische Erklärungsmodell (rational choice)

301   In der rationalistischen Interpretation von Wahlen, wie der von Anthony Downs aus dem Jahr 1957,[229] wird dem Wähler eine hohes Maß an Entscheidungsfähigkeit zugemessen, das in seiner Handlungsweise als homo oeconomicus begründet liegt. Danach orientiert er sich anhand seines eigenen individuellen Nutzens, den er aufgrund einer persönlichen Präferenzordnung für sich bestimmen kann. Wählen wird so zu einer nutzenmaximierenden Handlung.[230] In seine Wahlentscheidung fließen die Beurteilung der Parteien aus der Vergangenheit und die Erwartung von zukünftigen Handlungen mit ein. Er wählt demnach die Partei, deren Programm seiner Nutzenpräferenz am

---

[224] Roth / Wüst (1998): 110

[225] Vgl. hierzu Falter / Schumann / Winkler (1990): 8

[226] Vgl. hierzu Roth / Wüst (1998): 114

[227] Falter / Schumann / Winkler (1990): 8

[228] Vgl. hierzu Roth / Wüst (1998): 115 f

[229] Vgl. hierzu Falter / Schumann / Winkler (1990): 12

[230] Vgl. hierzu Falter / Schumann / Winkler (1990): 11

nächsten kommt. Stellt der Wähler fest, dass sich die Parteien diesbezüglich wenig unterscheiden, wird er keine Wahlentscheidung treffen, ebensowenig wird er seine Stimme an chancenlose Parteien vergeben. Um jedoch den Abgleich des eigenen Nutzenkalküls mit den Absichten der Parteien vornehmen zu können, muss er sich informieren, was mit Kosten verbunden ist. Die Parteien versuchen diese Informationen für den Wähler bereitzustellen, indem sie mittels ihres Programms die Komplexität politischer Probleme reduzieren bzw. die Informationskosten des Wählers senken. Rationalistische Ansätze können jedoch weder die Wahl von Parteien erklären, die keine Aussicht auf politische Macht haben,[231] noch eine hohe Wahlbeteiligung, da der rationale Wähler den Wert seiner Stimme bei einer großen Anzahl von Wählern als äußerst gering einstufen müsste.[232]

302

Tabelle 3.2.5: Modelle des Wahlverhaltens im Vergleich

Modell	Menschenbild	Einflussfaktoren für die Wahlentscheidung	Änderung des Wahlverhaltens (Parteiwechsel / Nichtwahl)
Columbia School	Mensch als soziales Wesen	gesellschaftliches Nahumfeld	cross-pressure
Cleavage-Modell	Mensch als soziales Wesen	Gesellschaftsstruktur (Konfliktlinien) und institutionelle Regeln	keine Erklärung („eingefrorenes Parteiensystem")
Ann-Arbor	Mensch als soziales und individuelles Wesen	langfristige (Parteiidentifikation) und kurzfristige Einflüsse (Wahrnehmung von Kandidaten und Themen)	Auseinanderfallen der lang- und kurzfristigen Einflüsse
rational choice	Mensch als homo oeconomicus	eigenes Nutzenkalkül	Änderung der Parteipräferenz bzw. Änderung bei der Partei

Eigene Darstellung auf der Grundlage von Roth / Wüst (1998) und Falter / Schumann / Winkler (1990)

---

[231] Vgl. hierzu Falter / Schumann / Winkler (1990): 12 f
[232] Vgl. hierzu Roth / Wüst (1998): 123 f

3.2.5   Wahlverhalten in Deutschland: Entwicklungstendenzen

303   Veränderungen im Wahlverhalten werden geprägt durch Wandlungen
der politischen Kultur, die daher ihren Niederschlag auch in den
Wahlergebnissen finden. Es bleibt die Frage, inwieweit sich das veränderte Wahlverhalten durch die vorgestellten Modelle erklären lässt.
Eine generelle Entwicklung ist in der Erosion von sozial homogenen
Bevölkerungsgruppen zu sehen, die sich dauerhaft an eine Partei bin-
den lassen.

> „Durch Wandlungen der Erwerbsstrukturen, Bildungsexpansion und Wertewandel
> haben sich diese Milieus mittlerweile auf ihren Kern reduziert. Zwar haben auch
> 1994 60 % der Arbeiter mit Gewerkschaftsbindung SPD und 74 % der Katholiken
> mit Kirchenbindung CDU/CSU gewählt. Doch diese Kernmilieus machen nur noch
> 13 % der SPD- und 14 % der Unionswähler aus. Die alten Milieus wurden in der
> Gesellschaft wegmodernisiert. Die Großparteien fühlen sich ihnen zwar noch ver-
> pflichtet, sahen sich aber gezwungen, neue Wählerschichten zu integrieren. Im Er-
> gebnis haben sich ihre Wählerschaften sozialstrukturell angeglichen.[233]

304   Dieser Befund bedeutet jedoch nicht, dass das Erklärungspotential der
sozialstrukturellen Ansätze nicht mehr vorhanden ist, allerdings lassen
sie sich nur noch auf einen kleiner werdenden Wählerkreis anwenden,
der allerdings großen Einfluss auf die Partei nehmen kann.[234] Parallel
zu dieser Entwicklung ist eine Abnahme der Parteiidentifikation festzustellen. Wiesen Mitte der siebziger Jahre noch knapp 50 % der
Wähler eine starke und gut 30 % eine schwache bzw. ca. 15 % keine
Parteiidentifikation auf, so hat sich dies bis Mitte der neunziger Jahre
dramatisch verändert. 1996 glichen sich die Werte für eine schwache
bzw. keine Parteiidentifikation bei ca. 35 % an. Die Personengruppe,
die sich stark mit einer Partei identifiziert, sank auf unter 30 % ab.[235]
Das Ann-Arbor-Modell verweist jedoch auch auf die kurzfristigen
Faktoren, die für Wähler ohne Parteiidenfikation wahlentscheidend
sind. Bei der Bundestagswahl hat mit Gerhard Schröder der weitaus
beliebtere Kandidat gewonnen.[236] Auch ist der SPD beim wahlent-
scheidenden Thema Arbeitslosigkeit mehr Problemlösungskompetenz
zugewiesen worden.[237]

---

[233] Oberreuter (1998a): 15 f
[234] Vgl. hierzu Roth / Wüst (1998): 128
[235] Vgl. hierzu Roth / Wüst (1998): 119
[236] Vgl. hierzu Forschungsgruppe Wahlen (1998): 61
[237] Vgl. hierzu Forschungsgruppe Wahlen (1998): 64 und 67

Dies spricht für den rationalistischen Ansatz, da sich viele neue   305
SPD-Wähler eine Verbesserung oder den Erhalt ihrer materiellen Situation von ihrer Wahlentscheidung versprochen haben. Die Abnahme
der Milieubindung und Parteiidentifikation bei gleichzeitig gestiege-
ner Bedeutung der kurzfristigen Einflüsse führte zu einer Zunahme
des Anteils der Wechselwähler. 25 % der Wähler haben 1998 bei der
Bundestagswahl eine andere Partei gewählt als noch 1994. Für die
neuen Länder liegt dieser Anteil sogar bei einem knappen Drittel.
Insgesamt gilt für den Osten, dass der Anteil von parteigebundenen
Wählern weit niedriger liegt als in den alten Ländern, wobei die Bin-
dungen sich zusätzlich noch instabiler zeigen.[238] Unternimmt man eine
abschließende Bewertung der Modelle, so kann man das Fazit der
Wahlforscher Dieter Roth und Andreas Wüst anlässlich der Bundestagswahl von 1994 verallgemeinern, nämlich,

> „daß das Fehlen einer umfassenden Theorie des Wahlverhaltens durch die vorhan-
> denen theoretischen Ansätze zum Teil kompensiert werden kann. Mit den sozial-
> strukturellen, sozialpsychologischen und den Rational-Choice-Ansätzen besitzen
> wir recht gute Hilfsmittel, viele Teilergebnisse bei Wahlen zu erhellen und zu ver-
> stehen.“[239]

3.2.6 Problemfelder

Wahlen begründen nicht nur die Legitimität der Regierung, sondern   306
auch des gesamten politischen Systems. Doch es existieren Phänomene, die die Legitimierungsfunktion untergraben könnten.

Nichtwähler

In der politischen Diskussion wird häufig das Argument verwendet,   307
dass eine Wahl nur dann einen legitimierenden Charakter aufweist,
wenn eine hohe Wahlbeteiligung vorliegt. Sinkt die Wahlbeteiligung,
wird dies oft als Krisensymptom gewertet. Die Ursachen für den Gang
zur Wahlurne oder Wahlabstinenz sind jedoch vielfältig, wie schon die
unterschiedlichen Erklärungsansätze gezeigt haben:

> „Die Stimmabgabe darf beileibe nicht in jedem Fall als Ausdruck ‚guter‘ ‚demo-
> kratischer‘ Gesinnung oder als Unterstützung für das System bzw. Parteien und Po-
> litiker überhöht werden – schließlich gibt es auch ‚Formaldemokraten‘, die nur
> wählen, ‚weil es sich gehört‘, radikale Protestwähler und im Grunde unzufriedene
> ‚Gerade-noch-Wähler‘ etablierter Parteien. Genausowenig darf jeder Akt von

---

[238] Vgl. hierzu Schröder (1999): 13
[239] Roth / Wüst (1998): 133

Wahlabstinenz als flammender Protest gegen ‚die' Politik dargestellt werden. Auch
Wahlenthaltung mag Ausfluß bewußter und durchdachter Entscheidungen ‚guter'
Demokraten sein, kann überdies gerade Systemzufriedenheit ausdrücken nach dem
Motto: ‚Wer schweigt, stimmt zu.‘"[240]

308   Letztendlich sind die Parteien aufgefordert, aus Nichtwählern Wähler
           zu machen, was der SPD z. B. 1998 bei der Bundestagswahl in gro-
           ßem Umfang gelang. Verglichen mit 1994 konnte sie 2,4 Millionen
           Nichtwähler mobilisieren, was bei einem Verlust von 1,3 Millionen
           Wähler ins Nichtwählerlager immer noch einen positiven Saldo von
           1,1 Millionen Wählern ausmacht.[241]

           Protestwähler

309   Protestwähler mögen zwar einerseits mit ihrer Stimmabgabe für ex-
           treme Parteien ihren Protest gegen das politische System zum Aus-
           druck bringen. Stiege diese Zahl dramatisch an, wäre sicherlich die
           Stabilität einer politischen Ordnung gefährdet. Aber selbst eine Pro-
           testwahl kann als eine Handlung im Sinne des rationalistischen Mo-
           dells gedeutet werden, wenn der Wähler mit seiner Entscheidung, eine
           radikale Partei zu wählen, seine *eigentliche* Partei zu einer politischen
           Veränderung zu bewegen versucht. Reagiert die Partei im erhofften
           Sinne, wird der Protestwähler bei der nächsten Wahl wieder sie wäh-
           len und die Gefahr des Anwachsens extremer Parteien verringert
           sich.[242]

           Amerikanisierung des Wahlkampfes

310   Unter dem Begriff Amerikanisierung verbergen sich zwei Trends in
           der Wahlkampfplanung und -gestaltung von Parteien. Zum einen ist
           die Personalisierung von Politik, also die „Priorität des Kandidaten
           über die Partei" festzustellen, zum anderen die Professionalisierung
           des Wahlkampfes, d. h.

           „die Steuerung des Wahlkampfes durch professionelle Spezialisten, die Nutzung
           umfangreicher Untersuchungen und Umfragen als Basis der Strategie und schließ-
           lich elektronische Wahlkampfführung mit Fernsehen, Hörfunk und Computer, die
           Vorrang vor der direkten Ansprache des Wählers genießt."[243]

---

[240] Eilfort (1996): 81
[241] Vgl. hierzu Infratest dimap, Deutschland hat gewählt. Wahlreport. Wahl zum 14.
Deutschen Bundestag. 27. September 1998, zit. nach Weidenfeld (1999): 172
[242] Vgl. hierzu Roth / Wüst (1998): 122 f
[243] Oberreuter (1998a): 13

Den ersten Wahlkampf, der ganz bewusst diese Richtung einschlug, 311
erlebte die Bundesrepublik mit der SPD-Kampagne 1998, bei dem
auch das Internet als Instrument genutzt wurde.[244] Die Problematik
von amerikanisierten Wahlkämpfen besteht darin, dass man sich von
den Gesetzen der Medien leiten lassen muss, was zu einer noch stärke-
ren inhaltlichen Ausdünnung des Wahlkampfes als bisher führt,[245] da
in Wahlkampagnen immer schon die Themen zugespitzt und pointiert
vorgetragen wurden, um sich vom politischen Kontrahenten abzuset-
zen. Amerikanisierte Wahlkämpfe bilden für sich genommen noch
keine Gefahr für die Legitimität, denn nur

> „in der politischen Kommunikation [lassen sich] Inhalte durch Image ersetzen. Im
> politischen Entscheidungsprozeß ist dagegen inhaltliche Kompetenz gefordert. (...)
> Die Showeffekte der Fernsehdemokratie bedienen die Unterhaltungsbedürfnisse der
> Erlebnisgesellschaft. Mit ihnen läßt sich weder die Politik gestalten noch der Staat
> regieren. Doch muß man sie beherrschen, um Wahlen nicht allein schon durch
> kommunikationsstrategische Defizite zu verlieren."[246]

Letztendlich – das haben die Wahlen von 1998 und 1999 in Deutsch- 312
land deutlich gezeigt – haben die Wähler die Legitimität der Parteiendemokratie eher gestärkt als geschwächt. Dass ihr Wahlverhalten für
die Parteien wie für die Wahlforschung unberechenbarer geworden ist,
braucht sie nicht zu kümmern.

3.2.7 Stellung im politischen System

Grafik 3.2.2: Stellung von Wahlen im politischen System 313

Zentrales Politisches Entscheidungssystem

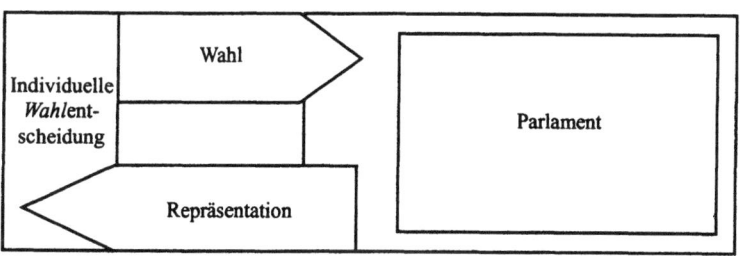

Eigene Darstellung

---

[244] Vgl. hierzu Clemens (1998), zu Parteien im Internet allg. Müller (1998)
[245] Vgl. hierzu Oberreuter (1998a): 13
[246] Oberreuter (1998a): 18

3.2.8   Informationshinweise zur Einführung

- Bechtel (1994): Wahlen '94. ☞[PolBil] *(grundlegende, knappe Einführung und Zusammenfassung der wichtigsten Aspekte zum Thema am Beispiel der verschiedenen Wahlen im Jahr 1994)*
- Woyke (1996[9]): Stichwort Wahlen. *(übersichtliche Einführung in den gesamten Themenbereich)*
- Nohlen (1989): Wahlrecht und Parteiensystem. *(ausführliche Einführung in die Problematik der Auswirkungen von Wahlsystemen)*
- Oberreuter (Hrsg.) (1998): Ungewissheiten der Macht: Parteien, Wähler, Wahlentscheidungen. *(problemorientierte Aufsatzsammlung nicht nur zu neueren Entwicklungen)*

- Electoral Studies (http://psci.unt.edu/es/)
- Campaigns & Elections (http://camelect.com/)
- Berichte der Forschungsgruppe Wahlen e. V., Mannheim*(fundierte Analysen von EU-, Bundes- und Landtagswahlergebnissen)*

- http://agora.stm.it/elections/home.htm *(aktuelle Datenbank mit Wahlergebnissen weltweit, Wahlterminen sowie links zu Parteien)*
- http://www.wahlrecht.de *(umfangreiche Datenbank zu Fragen des Wahlsystems und -verfahrens auf kommunaler, Landes-, Bundes- und EU-Ebene; einschl. Wahlergebnisse, Reformdiskussion und Suchfunktion)*
- http://www.zdf.msnbc.de/news/NEWSPOLITBAROMETER_front.asp *(Sonntagsfrage und aktuelle Daten zur politischen Stimmung in Deutschland)*

4. Vermittlungsagenturen im politischen Prozess

4.1 Interessengruppen

In einem politischen System, das nach den Grundsätzen der freiheitli-   314
chen demokratischen Grundordnung organisiert ist, kommt Interessengruppen eine zentrale Stellung zu. In ihnen materialisiert sich der
Grundsatz der legitimen Vielfalt, des Pluralismus. Dieser beinhaltet
die Möglichkeit, dass sich verschiedene Interessen innerhalb einer
Gesellschaft organisieren und in einer Art Wettbewerb auf der Basis
des Grundkonsenses und unter Beachtung des Gemeinwohls gegen-
einander antreten. Dass daraus ein Spannungsverhältnis erwächst,
darauf machte schon Ernst Fraenkel aufmerksam:

> „Die Aufdeckung der dialektischen Spannung zwischen Interessenrepräsentation
> und *volonté générale*, das niemals endende Bemühen, mittels freier und offener
> Auseinandersetzungen einen Ausgleich zwischen diesen beiden Prinzipien herzu-
> stellen, bildet eines der kennzeichnenden Merkmale der ‚westlichen Demokra-
> tie'."[247]

Während die ältere deutsche Staatstheorie dem Verbändewesen sehr   315
misstrauisch gegenüberstand, weil sie in den Verbänden das egoistische Partikularinteresse repräsentiert sah, welches dem „Gemeinwohl
verpflichteten öffentlichen Interesse, das angeblich der Staat verkörpe-
re,"[248] entgegenstehe und der Nationalsozialismus die Unterdrückung
aller Interessenvertretungen betrieb, da nur so der unbegrenzte Gestaltungsanspruch durchgesetzt werden könne, etablierte sich nach
1945 eine differenzierte Interessengruppenlandschaft in der Bundesrepublik. Diese Entwicklung ging schließlich so weit, dass so mancher
das Gleichgewicht auf Kosten des Gemeinwohls gefährdet sah, die
„Herrschaft der Verbände"[249] hinterfragt und vom *Verbändestaat* gesprochen wurde.

---

[247] Fraenkel (1991): 58 (Hervorhebung im Original)
[248] Ulrich von Alemann: „Auf dem Weg zur organisierten Weltgesellschaft" in Das
Parlament vom 30.7.1999: 1
[249] Eschenburg (1963²)

4.1.1   Definition

316   Interessengruppen spielen als Vermittlungsagenturen zwischen dem
gesellschaftlichen und dem politischen System im politischen Prozess
eine zentrale Rolle. Demnach sind Interessengruppen organisatorische
Zusammenschlüsse auf meist freiwilliger Basis, die

> „zum einen Interessen gegenüber anderen Gruppen mit abweichenden oder entge-
> gengesetzten Interessen (...) wahrnehmen, zum anderen die Interessen ihrer Mit-
> glieder durch Mitwirkung in und Einwirkung auf Regierung, Parlament, Parteien
> und Öffentlichkeit im politischen Willensbildungs- und Entscheidungsprozeß zur
> Geltung bringen.“[250]

317   Interessengruppen vertreten folglich ein begrenztes Interessenspek-
trum und zielen u. a. darauf ab, den im ZPES ablaufenden politischen
Willensbildungs- und Entscheidungsprozess zu beeinflussen.

4.1.2   Verfassungsrechtliche Verankerung

318   Nachdem schon die Weimarer Verfassung das Vereinigungsrecht (Art.
124 Abs. 1 S. 1: „Alle Deutschen haben das Recht, zu Zwecken, die
den Strafgesetzen nicht zuwiderlaufen, Vereine oder Gesellschaften zu
bilden.“) unter dem Abschnitt „Das Gemeinschaftsleben“ aufgeführt
hatte, räumte der bundesdeutsche Verfassungsgeber der Vereinigungsfreiheit Grundrechtsrang ein und zementierte damit die zentrale Position der Interessengruppen innerhalb der Verfassungsordnung (Art. 9
GG).

> „(1) Alle Deutschen haben das Recht, Vereine und Gesellschaften zu bilden. (...) (3)
> Das Recht, zur Wahrung und Förderung der Arbeits- und Wirtschaftsbedingungen
> Vereinigungen zu bilden, ist für jedermann und für alle Berufe gewährleistet.“

319   Dem Konzept der *wehrhaften* Demokratie[251] folgend ist ein Verbot,
das durch die Innenminister des betroffenen Bundeslandes oder – bei
bundesweiter Ausdehnung der Vereinigung – des Bundesinnenminis-
ters ausgesprochen wird, nach Art. 9 GG Abs. 2 S. 1 möglich.

> „Vereinigungen, deren Zwecke oder deren Tätigkeit den Strafgesetzen zuwiderlau-
> fen oder die sich gegen die verfassungsmäßige Ordnung oder gegen den Gedanken
> der Völkerverständigung richten, sind verboten.“

---

[250] Massing (1996): 289
[251] Das Konzept der wehrhaften Demokratie basiert auf dem Grundgedanken, dass
Organisationen oder Individuen, die den Minimalkonsens (Neo-Pluralismus) fundamental bedrohen und in Frage stellen, verboten bzw. in ihren Grundrechten einge-
schränkt werden können.

Ein Verbändegesetz – etwa vergleichbar dem Parteiengesetz – existiert   320
trotz zahlreicher Vorstöße in der Vergangenheit bis dato nicht.

4.1.3   Funktionen

Interessengruppen nehmen an den Schnittstellen zwischen gesell-   321
schaftlichem und politischem System wichtige Aufgaben wahr.

Tabelle 4.1.1: Funktionen von Interessengruppen   322

Funktion		Erläuterung	
Interessen-vertretung	Interessen-selektion	Auswahl von Interessen	Vermittlungs-agentur zwischen gesellschaftlichem und politischem System; Interessen-einspeisung in das ZPES mittels verschiedener Lobbying-Methoden
	Interessen-aggregation	Zusammenfassung bzw. Bündelung von Interessen	
	Interessen-artikulation	Äußerung von Interessen und Einspeisung in das politische System	
Partizipation		Bereitstellung von (zumindest mittelbaren) Beteiligungsmöglichkeiten	
Legitimation und Integration		Soziale und politische Einbeziehung der gesellschaftlichen Gruppen in das politische Handlungssystem Staat sowie Sicherung der Leistungsfähigkeit dieses Handlungssystems durch die Gewährleistung von Responsivität	

Eigene Darstellung auf der Grundlage von Weber (1981²): 383-398

Aus der Perspektive des Zentralen Politischen Entscheidungssystems   323
tragen Interessengruppen ganz entscheidend zu dessen Entlastung bei.
Dem ZPES

> „wird die gebündelte und mehrheitsfähige Position eines Interessenspektrums fertig ‚serviert'; müßten politische Entscheider diese Aufgabe selbst erbringen, wäre die Arbeitsüberlastung und letztlich die Steuerungsunfähigkeit des zentralen politischen Entscheidungssystems vorprogrammiert.“[252]

4.1.4   Typologisierung

Eine verbindliche Typologie aller Interessengruppen scheint ange-   324
sichts der feststellbaren Vielfalt an Merkmalen sehr schwierig. So
findet man u. a. Ansätze zur Verortung nach Organisationsgröße

---

[252] Sebaldt (1997a): 27 f

(Großverbände / kleine Verbände), -ebene (lokal / national) oder -form (privat / öffentlich-rechtlich).
Die drei am häufigsten genannten Variablen zur Typologisierung werden im Folgenden kurz vorgestellt.[253]

325   • *Art des Interesses*: Der Ordnungsansatz der Interessenverbände nach dem Kriterium der Art des Interesses zielt auf den vorrangigen Zweck der Vereinigung ab. Stehen „wirtschaftliche Interessen als Berufsgruppe oder Betroffenengruppe" im Vordergrund, so werden damit *„materielle* Interessen"[254] vertreten. Im Gegensatz dazu werden alle anderen Arten von Interessen (soziale, gemeinnützige, wissenschaftliche, Freizeit etc.) den *ideellen* Interessen subsumiert.

326   • *Organisationstyp der Interessen*: Verbände resultieren aus dem Zusammenschluss von Einzelpersonen (natürlichen Personen). Die daraus entstehenden Organisationen werden als *Mitgliederverbände* bezeichnet. Neben diesen existieren sogenannte*Dachverbände*, die mehrere Einzelverbände (juristische Personen) unter „dem Dach eines Gesamtverbandes vereinigen."[255] Durch den Zusammenschluss von einzelnen Verbänden zu Dachverbänden kommt es zu einer zuweilen enormen Steigerung des Verbandseinflusses auf politisch-administrative Willensbildungs- und Entscheidungsprozesse.

327   • *Handlungsfeld der Interessen*: Einen umfassenden Typologisierungsansatz stellt die Ordnung der Verbände nach fünf gesellschaftlichen Handlungsfeldern dar.[256]
    1. *Wirtschaft und Arbeit*
      • Wirtschafts- und Unternehmerverbände aller Wirtschaftssektoren (Produktion, Verarbeitung, Dienstleistung und Branchen),
      • Arbeitgeberverbände (BDI),
      • Kammern (IHK),
      • Innungen,
      • Arbeitnehmerverbände (Gewerkschaften (DGB), Berufsverbände),
      • Verbände der Selbstständigen (insbesondere Bauern, freie Berufe, Hausbesitzer usw.),
      • allgemeine Verbraucherverbände,
      • spezielle Verbraucherverbände (Mieter, Steuerzahler, Postbenutzer, Autofahrer).
    2. *Soziales Leben und Gesundheit*
      • Sozialleistungsverbände (insbesondere die Wohlfahrtsverbände (AWO, DRK)),
      • Sozialanspruchsverbände (zum Beispiel Blinden- und Kriegsopferverbände),
      • Medizin-, Patienten- und Selbsthilfevereinigungen (Anonyme Alkoholiker),
      • Familienverbände,
      • Kinder-, Jugendlichen- (Pfadfinder) und Seniorenverbände,
      • Frauenverbände,
      • Ausländer- und Flüchtlingsverbände.
    3. *Freizeit und Erholung*
      • Sportverbände (DFB),
      • Verbände für Heimatpflege, Brauchtum, Geschichte,

---

[253] Vgl. hierzu Alemann, von (1996): 20 f und Alemann, von (1987): 68-71
[254] Alemann, von (1996): 21 (Hervorhebung im Original)
[255] Alemann, von (1996): 21
[256] Nach Alemann, von (1996): 21, ergänzt um einige Beispiele, vgl. auch: 21-32

- Kleingärtnerverbände,
- Naturnutzerverbände (Jäger, Angler, Tierzüchter),
- Geselligkeits- und Hobbyverbände (Kegler, Sammler, Sänger und Musiker, Spiel und Spaß, Fan-Clubs).

4. *Religion, Weltanschauung und gesellschaftliches Engagement*
- Kirchen und sonstige Religionsgemeinschaften,
- gesellschaftspolitische Verbände (Grund- und Menschenrechte (amnesty international), Internationale Verständigung, Frieden, Kriegsdienstverweigerer)
- Umwelt- und Naturschutzverbände (Greenpeace).

5. *Kultur, Bildung und Wissenschaft*
- Verbände der Bildung, Ausbildung und Weiterbildung,
- Verbände im Kunstbereich (Literatur (PEN), Musik, Theater, bildende Kunst usw.),
- Verbände von Kultur- und Denkmalschutz,
- wissenschaftliche Vereinigungen (DVPW).

Angesichts der sich zunehmend diversifizierenden Dienstleistungsangebote so mancher Interessenverbände helfen auch immer differenziertere Typologisierungsansätze nicht weiter. Wo würde man z. B. den 14 Millionen Mitglieder zählenden ADAC verorten? Handelt es sich dabei um einen speziellen Verbraucherverband, um einen Versicherer, einen Pannendienst, ein Reiseunternehmen oder eine Lobby für die Automobilbranche?

328

Tabelle 4.1.2: Typologisierung von Interessengruppen

329

Variablen	Variablenausprägung und Beispiele
Art des Interesses	• materielle Interessen (BDI, DGB) • ideelle Interessen (DFB)
Organisation der Interessen	• Mitgliederverbände (IGM) • Dachverbände (DGB)
Handlungsfeld der Interessen	• Wirtschaft und Arbeit (Bsp. siehe oben) • Soziales Leben und Gesundheit • Freizeit und Erholung • Religion, Weltanschauung und gesellschaftliches Engagement • Kultur, Bildung und Wissenschaft
Eigene Darstellung auf der Grundlage von Alemann, von (1996): 20 f	

4.1.5 Erklärungsansätze für die Organisation von Interessen

330 Zwei Erklärungsansätze, weshalb es denn überhaupt zur Organisation von Interessen kommt, haben sich in der politikwissenschaftlichen Forschung als zentral erwiesen: zum einen die *Pluralismustheorie*, zum anderen die *Neue Politische Ökonomie.*

331 Dem Pluralismustheoretiker David Truman zufolge schließen sich Individuen, die über „shared attitudes" verfügen, aus denen gemeinsame Interessen abgeleitet werden, zu Gruppen zusammen, um diese umzusetzen.[257] Sein Ansatz geht von einem

> „pluralistischen Spiel der Vielfalt unorganisierter und organisierter Interessen [aus], an dessen Ende ein tragfähiger und vor allem akzeptabler Kompromiß in Form einer politischen Entscheidung [steht]."[258]

332 Nach Truman verfügt jede Interessengruppe über Möglichkeiten, ihr Anliegen wirkungsvoll im politischen Prozess Berücksichtigung finden zu lassen. Diese Annahme, die unter dem Eindruck „ungebremster und voll entfalteter amerikanischer Lobbytätigkeit"[259] im Kontext des konfliktorischen, konkurrenzdemokratischen US-Systems entstanden ist, führt letztlich dazu, dass das „Spektrum der so entstandenen Interessengruppen (...) demzufolge immer (...) die Interessenkonfiguration der Gesellschaft repräsentieren [muß]."[260]

333 Während es sich beim Pluralismus um einen „Typus einer *Gesellschaftsformation*" handelt, beschreibt der Begriff *Neokorporatismus*[261] eine „bestimmte Art der Interessen*vermittlung*"[262] zwischen Staat und Interessengruppen. Somit handelt es sich auch nicht um einen eigenständigen Erklärungsansatz, vielmehr lässt sich

> „'Neokorporatismus' (...) als der weniger umfassende Spezialbegriff problemlos dem Oberbegriff ,Pluralismus' subsumieren bzw. in ihn integrieren. Denn es spricht theoretisch wie empirisch überhaupt nichts dagegen, daß sich im Rahmen pluralistisch organisierter Gesellschaften in bestimmten Bereichen neokorporatistische

---

[257] Truman (1971²): 33
[258] Sebaldt (1997): 46
[259] Sebaldt (1997): 46
[260] Sebaldt (1997): 47
[261] Vgl. den Überblick bei Czada (1994): 37-64
[262] Sebaldt (1997): 61 (Hervorhebung im Original)

Vernetzungen und kommunikative Verfestigungen zwischen Staat und Interessengruppen bilden."[263]

Neokorporatismus ist als „System der Interessenvermittlung durch 334
Aushandeln bei gegenseitiger Interdependenz"[264] aufzufassen und tritt
am exaltiertesten in konsensorientierten, konkordanzdemokratischen
Systemen (wie z. B. Österreich) auf.

> „Es herrscht eine Austauschlogik vor, das System bringt allen Beteiligten Vorteile:
> Der staatlichen Verwaltung bessere Informationen und Hilfen zur Kanalisierung
> von gesellschaftlichen Interessen; den Verbandsspitzen wirksame Durchsetzung ih-
> rer Interessen."[265]

Dabei übernehmen bestimmte Interessengruppen (in erster Linie 335
Dach- und Spitzenverbände) besonders auf wirtschafts- und sozialpo-
litischen Feldern aktive Akteursrollen. Der enge Verbund Staat-
Kapital-Arbeit (*Tripartismus*) wie er z. B. Ende der 60er Jahre in der
Bundesrepublik mit der Konzertierten Aktion (Staat-Unter-
nehmerverbände-Gewerkschaften) zur Koordinierung der Wirtschafts-
und Lohn-Preis-Politik auftrat, ist ein kennzeichnendes Merkmal
neokorporativer Strukturen. In Abgrenzung zu korporatistischen
Strukturen in der vorbürgerlichen ständestaatlichen Staatsorganisation,
„in dem die öffentliche Gewalt auf gesellschaftliche Teilorganisatio-
nen, Korporationen, übertragen war", ist es ein Charakteristikum des
Neokorporatismus, daß die gesellschaftlichen Verbände eine „*inter-
mediäre* Stellung" einnehmen, „in der sie nicht nur die Interessen ihrer
Mitglieder gegenüber dem Staat, sondern auch Regierungspolitik
gegenüber ihren Mitgliedern zu vertreten haben."[266] Sie wirken damit
sowohl interessenvertretend in Richtung Staatswillensbildung als auch
meinungsbildend in Richtung gesellschaftlicher Willensbildung.

Die von der Pluralismustheorie angenommene generelle Organisa- 336
tionsfähigkeit von Interessen ist der Hauptkritikpunkt durch Vertreter
der Neuen Politischen Ökonomie (auch als Politisch-ökonomische
Theorie bezeichnet). Mancur Olson, einer ihrer pronconciertesten Vertreter, hat in seinem erstmals 1965 publizierten Buch *Die Logik des*

---

[263] Sebaldt (1997): 61
[264] Alemann, von (1989²): 158
[265] Alemann, von (1985): 14
[266] Czada (1996): 365 (Hervorhebung im Original)

kollektiven Handelns[267] auf die unterschiedliche Organisationsfähigkeit von Interessen aufmerksam gemacht.

337   Die Politisch-ökonomische Theorie geht davon aus, dass der streng rational handelnde Mensch (homo oeconomicus) danach strebt, durch kollektives Handeln seinen individuellen Nutzen zu maximieren. Darin liegt seine Motivation begründet, sich in Interessengruppen zusammenzuschließen und Kollektivgüter nachzufragen. Interessengruppen erzeugen nicht nur individuellen Nutzen, sondern oftmals auch Kollektivgüter, wie z. B. Tarifabschlüsse.

338   Nach dem Olsonschen Dilemma verhält es sich nun aber so, dass

> „die Organisationsfähigkeit großer Gruppen (...) in der Regel an dem Sachverhalt [krankt], daß ihre Kollektivgüter so allgemeiner Natur sind, daß sie für große und damit schwer mobilisierbare Teile der Bevölkerung von Interesse sind. Sie leidet zweitens unter der Tatsache, daß die Bereitstellung ihrer Kollektivgüter in der Praxis oft nicht auf die organisierten Gruppenmitglieder beschränkt werden kann, sondern diese auch nicht organisierten Individuen zugute kommen.[268]

339   Die Zahl derjenigen, die an der Beschaffung eines Kollektivgutes interessiert sind, ist demzufolge umso kleiner, je spezifischer dieses beschaffen ist. Das zweite Problem, das hier angesprochen wird, ist das der *Trittbrett-Fahrer* (free-rider). Damit sind neben den sogenannten Karteileichen nicht organisierte Individuen angesprochen, die am bereitgestellten unteilbaren Kollektivgut der Interessengruppe partizipieren können, ohne selbst einen Beitrag erbracht zu haben. So kommen beispielsweise auch nicht gewerkschaftlich organisierte Mitarbeiter eines Betriebes in den Genuss der von den Interessengruppen ausgehandelten tariflichen Bestimmungen. Die Gegenstrategie der Interessengruppen besteht zum einen darin, ein „professionelles Führungssystem" aufzubauen, um den Mitgliedern Aufstiegschancen zu bieten; zum anderen darin, ein Anreizsystem („selective incentives") zu etablieren, das exklusiv den Mitgliedern zur Verfügung steht (z. B. kostenlose oder verbilligte Dienstleistungsangebote wie Rechtshilfe, Reiseplaner etc. oder monetäre Anreize wie Rabatte). Gerade dieses Zusatzangebot an supplementären Interessen, „die mit dem ursprünglichen Organisationszweck gar nichts zu tun haben müssen,"[269] steigert somit die Organisationsfähigkeit einer Interessengruppe. Olson

---

[267] Olson (1992³)
[268] Sebaldt (1997): 48
[269] Sebaldt (1997): 49

Tabelle 4.1.3: Erklärungsansätze für die Organisation von Interessen   340

Variablen	Pluralismus		Neue Politische Öko-nomie
	Gesellschafts-formation	Neokorporatismus (mögliche Art der Interessenvermittlung im Pluralismus)	
Men-schenbild	interessengeleitetes Wesen, ideell wie materiell		homo oeconomicus (individuelle Nutzen-maximierung)
Grundle-gende Prämissen	Gruppenbildung auf der Grundlage von „shared attitu-des" zur Durchset-zung von Interessen	kollektive, herrschaftsorientierte Gruppenprozesse	• ökonomisches Ratio-nalitätsprinzip • Nutzenmaximierung durch kollektives Handeln
Thesen	• konfliktorisch orientiert • pluralistisches Spiel der Vielfalt unorganisierter und organisierter Interessen • jede Interessen-gruppe hat Mög-lichkeiten, Be-rücksichtigung zu finden	• konsensorientiert • System der Interes-senvermittlung durch Aushandlung • Tauschlogik • Übernahme aktiver Akteursrollen • Tripartismus: enger Verbund Staat-Kapi-tal-Arbeit	• Interessengruppen erzeugen nicht nur individuellen Nutzen, sondern auch Kollek-tivgüter • Trittbrettfahrer-Problematik, Lö-sungsstrategie: Kar-rierechancen und Anreizsysteme (Güter und Dienstleistungen exklusiv für Mitglie-der)
Demokra-tietheoreti-sche Implikati-onen	Interessengruppen-spektrum als Abbild der Interes-sengruppenkonfi-guration der Ge-sellschaft	bestimmte Interessen verfügen über privilegierte Einflusspositionen	schwer oder gar nicht organisierbare Interes-sen finden keine Be-rücksichtigung
Erklä-rungsdefi-zite	mangelnde Chan-cengleichheit der verschiedenartigen Interessen	mangelnde Berücksich-tigung der möglichen Entwicklungstendenzen der Verbandslandschaft	mangelnde Berück-sichtigung der Einbin-dung von Gruppen in ihr sozio-strukturelles Umfeld
wichtige Vertreter	• David Truman • Ernst Fraenkel	• Gerhard Lehmbruch • Philippe C. Schmitter	• Mancur Olson • Anthony Downs
Eigene Darstellung			

bemerkt hierzu:

„Nur eine Organisation, die auch private oder nichtkollektive Güter verkauft, oder einzelne Mitglieder mit vorteilhaften wirtschaftlichen oder freizeitgestaltenden Einrichtungen versorgt, würde über derartige positive Anreize verfügen. Nur eine solche Organisation könnte ein kombiniertes Angebot oder einen ‚Koppelverkauf‘ eines kollektiven und eines nicht-kollektiven Gutes machen, das einen rational handelnden Menschen in einer großen Gruppe dazu bewegen könnte, einen Teil der Kosten für die Erreichung eines Kollektivgutes zu tragen.[270]

341   Aufgrund des Olsonschen Dilemmas kann aber nun „das Spektrum organisierter Interessen kein getreuliches Abbild gesellschaftlicher Interessenkonfigurationen"[271] sein. Diese Schieflage wird noch dadurch verstärkt, dass es daneben Interessen gibt, die nicht oder nur schwer organisierbar sind (z. B. Friedenserhaltung, Arbeitslosigkeit, Umwelt). Die geringe oder fehlende Organisationsfähigkeit dieser „Jedermanns-Interessen"[272] impliziert das demokratietheoretische Problem, dass diese „‘vergessenen Gruppen‘ – die schweigend leiden"[273] keine Berücksichtigung im politischen Prozess finden.

342   Besonders die einseitige Betonung des ökonomischen Rationalitätsprinzips als handlungsleitend für das Individuum führte zu Kritik an diesem Ansatz. Denn streng genommen dürften u. a. aus altruistischen Motiven heraus gebildete und handelnde Interessengruppen, die vorwiegend im sozialen und gesellschaftlichen Bereich zu finden sind, gar nicht existieren.

4.1.6   Strategien verbandlicher Einflussnahme

343   Der im Gegensatz zu den USA oder auch Großbritannien in Deutschland negativ besetzte Begriff *Lobby* ist nach Jürgen Weber

> „ein soziologisch unbestimmter Begriff für alle diejenigen, die, seien es Einzelpersonen, Firmen, Gruppen oder Organisationen, politische Entscheidungen [im Vorfeld] in ihrem Sinne beeinflussen möchten."[274]

344   Demgegenüber bezeichnet der Begriff *pressure group* den gleichen Sachverhalt stärker unter dem Aspekt der Ausübung von Druck in politischen Entscheidungszentren. Dabei darf aber nicht übersehen werden, dass das Arsenal der Interessengruppen an Verfahrensmöglichkeiten nicht nur die Ausübung von Druck umfasst, sondern sich in erster Linie auf persuasive Kommunikation (Überzeugen, Überreden)

---

[270] Olson (1968): 131 f
[271] Sebaldt (1997): 49
[272] Forsthoff (1971²): 199 ff
[273] Olson (1968): 163
[274] Weber (1981²): 76

sowie „gegenseitige Absprachen, Aushandeln, Konsultation, Bestechung, einseitige Information, Expertengutachten [und diverser] Hilfeleistungen"[275] stützt.

Die Verbände lassen ihre Interessen durch Funktionäre, „selbständige Berater", „spezialisierte Lobbyfirmen" oder Abgeordnete als „Nebenerwerbs-Lobbyisten" vertreten.[276] Letztere Form wird – zusammengenommen mit der personellen Durchdringung der zentralen politischen Entscheidungsorgane – auch als inside lobbying bezeichnet.   345

Die Einflussnahme auf den politischen Prozess kann direkt an das ZPES gerichtet sein oder indirekt über die Beeinflussung weiterer Vermittlungsagenturen (Parteien, Medien) erfolgen.   346

Grafik 4.1.1: Adressaten und Methoden verbandlicher Einflussnahme   347

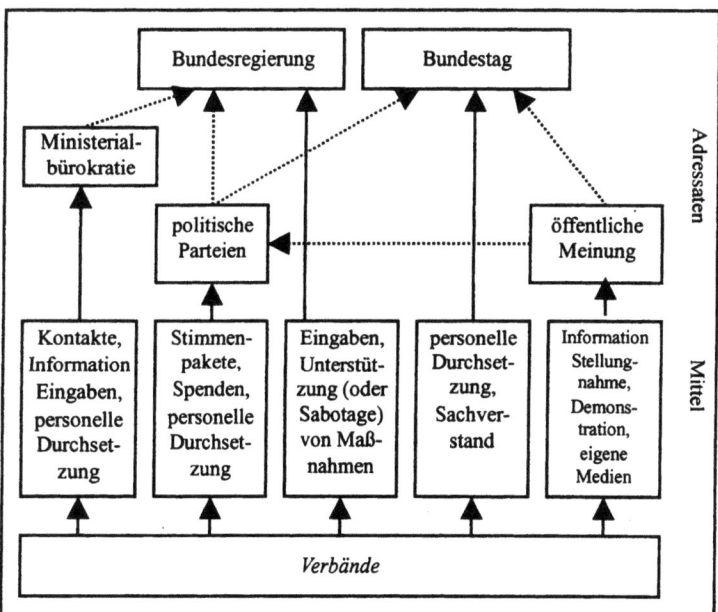

unmittelbare Einflussnahme ⟶   mittelbare Einflussnahme ⋯⋯▶
Rudzio (1982): 41

---

[275] Weber (1981[2]): 76
[276] Rudzio (1996[4]): 87

348   Dabei können verschiedene Aktionsformen zum Einsatz gelangen.[277]

- Beeinflussung von Abgeordneten z. B. durch Überzeugung oder Überredung,
- personelle Durchsetzung von Parteien, Parlament und Regierung durch Verbandsvertreter („Verbandsfärbung"),[278]
- Vergabe exklusiver Informationen (Sachkompetenz) oder „Bestrafung" durch Informationsentzug,
- finanzielle Zuwendungen, die von normalen und rechtlich einwandfreien Spenden bis zu verbotener Bestechung reichen können,
- Vergabe von gut dotierten Posten in Verbänden an Politiker,
- Mobilisierung der öffentlichen Meinung über die Medien,
- Drohung, die Wählerstimmen ihrer Mitglieder einer Partei zu „entziehen",
- Kundgebungen und Großdemonstrationen.

349   Wie jüngste Forschungen belegen, stehen beim professionell ausge-
        übten Lobbying stabile Arbeitsbeziehungen zwischen Interessengrup-
        penvertretern und politischen Akteuren im Vordergrund.[279] Sie stellen
        die Basis für deren Tauschcharakter dar. Verbandsfunktionäre sehen
        sich dabei als

> „gleichberechtigte *Partner*, [die] mit politischen Akteuren jeglicher Couleur Handel
> mit Informationen, politischer Unterstützung und politischer Macht betreiben. Lob-
> byisten und politische Entscheidungsträger profitieren von einer derart ausgegli-
> chenen Beziehungsstruktur gleichermaßen; vielfach bekommt sie sogar symbioti-
> schen Charakter, jeder ist auf den Partner angewiesen: Der Verbandsvertreter benö-
> tigt die Macht des politischen Akteurs, dieser aber die Informationen und die
> Schützenhilfe des Lobbyisten.'[280]

4.1.7   Interessengruppen in Deutschland

Veränderungen der bundesdeutschen Interessengruppenlandschaft

350   Die Bundesrepublik Deutschland ist eine organisierte Gesellschaft.
        Zuverlässige Daten über die Gesamtzahl der deutschen Interessen-
        gruppen existieren nicht. Schätzungen gehen für das Jahr 1995 von
        einem Gesamtbestand von rund 327 000 Interessengruppen aus.[281]
        Schränkt man die Schätzung auf politisch aktive Verbände ein, so
        ergab sich schon Ende der siebziger Jahre eine Zahl von ca. 5 000 auf
        Bundesebene und von ca. 20 000 unter Einschluss der Landesverbän-

---

[277] Auf der Grundlage von Alemann, von (1996): 36
[278] Vgl. hierzu Rudzio (1996⁴): 87-96
[279] Vgl. hierzu Sebaldt (1997): 241-379
[280] Sebaldt (1997): 374 (Hervorhebung im Original)
[281] Sebaldt (1997a): 28

de der jeweiligen Organisationen.[282] Präzise Angaben lassen sich nur anhand der in der sogenannten Lobbyliste des Bundestages registrierten Verbände machen. Wie die Zahlen der untenstehenden Tabelle ausweisen, hat sich deren Bestand von 1974 bis 1996 von 635 auf 1 614 annähernd verzweieinhalbfacht.

Tabelle 4.1.4: Zahl der in den Lobbylisten registrierten Interessengruppen (1974-1996 (Auszug))   351

Jahr	Zahl	Entwicklungsindex
1974	635	100,0
1975	712	112,1
1978	889	140,0
1981	1 036	163,1
1984	1 192	187,7
1987	1 330	209,4
1990	1 501	236,4
1993	1 530	240,9
1996	1 614	254,2
Sebaldt (1997a): 29		

Die deutsche Interessengruppenlandschaft ist durch folgende Charakteristika gekennzeichnet (Zahlen beziehen sich, soweit nicht anders vermerkt, auf 1995):[283]   352

- Nicht zuletzt wegen der Tarifautonomie kommt den Verbänden des Wirtschafts- und   353
  Arbeitsbereichs die wichtigste Stellung zu. Der Bundesverband der Deutschen Industrie (BDI) beispielsweise vereint unter seinem Dach 35 Branchenverbände mit ca. 80 000 Mitgliedern; im Deutschen Bauernverband finden sich ca. 600 000 Bauern zusammen, was einem Organisationsgrad (Anteil der Mitglieder an der Gesamtbauernschaft) von nahezu 90 % entspricht. Die Mitgliederzahlen des Deutschen Gewerkschaftsbundes (DGB) als Dachorganisation verschiedener Branchengewerkschaften (z. B. Öffentliche Dienste, Transport und Verkehr (ÖTV) oder IG Metall) sind seit geraumer Zeit rückläufig. Gehörten 1991 noch 13,75 Millionen Arbeitnehmer einer Branchengewerkschaft an, so waren es 1995 noch 11,24 Millionen und 1998 nur noch 10,28 Millionen. Analog sank der Organisationsgrad in den Betrieben von 40,6 % 1991 über 34,9 % 1995 bis auf 32,2 % im Jahre 1998.[284] 1987 hatten die Gewerkschaften – bezogen auf das alte Bundesgebiet – zusammengenommen noch einen Organisationsgrad von 41 % (USA: 18 %, Japan: 29 %, Großbritannien: 53 % und Schweden: 92 %) erreicht.[285] Während also – trotz fallender Tendenz – immer noch ca. ein Drittel der Arbeitnehmer gewerkschaftlich organisiert waren, lag der Organi-

---

[282] Vgl. hierzu Weber (1981²): 91
[283] Vgl. hierzu Rudzio (1996⁴): 67-80
[284] Zahlen nach Rheinischer Merkur vom 13.8.1999: 11
[285] Vgl. zu den Zahlen Grewe / Niedenhoff / Wilke (1988): 17 und 19

sationsgrad der Arbeitslosen bei 0,18 %: Der Arbeitslosenverband umfasste gerade einmal 6 500 Mitglieder.[286]

354   • In der Rubrik Soziales Leben und Gesundheit nehmen die Wohlfahrtsverbände (u. a. Deutsches Rotes Kreuz (DRK) mit etwa 4,7 Millionen Mitgliedern oder die Arbeiterwohlfahrt (AWO) mit ca. 600 000 Mitgliedern) sowie Kriegsfolgenverbände (darunter der Bund der Vertriebenen mit ca. 2,4 Millionen Mitgliedern) wichtige Positionen ein.

355   • Verbände aus dem Bereich Freizeit und Erholung haben auf begrenzten Politikfeldern durchaus Einfluss. So kann der Deutsche Sportbund (DSB) mit insgesamt 24,5 Millionen Mitgliedern durchaus sportpolitisches Gewicht entfalten; der Allgemeine Deutsche Automobil-Club (ADAC) übt mit seinen inzwischen 14 Millionen (Stand 1999) Mitgliedern nicht geringen Einfluss etwa auf verkehrs- und steuerpolitische Gesetzgebungsvorhaben aus.

356   • Während beispielsweise der Umweltverband Greenpeace (520 000 Mitglieder) immer wieder durch die Mobilisierung der öffentlichen Meinung Druck auf die politischen Entscheidungsträger ausübt, wirken Religionsorganisationen (Katholische Kirche (28,1 Millionen Angehörige), Evangelische Kirche in Deutschland (29,2 Millionen Angehörige)) durch die Einspeisung von Wertvorstellungen in den politischen Prozess.

357   • Daneben sind eine Vielzahl von verschiedenen Gruppierungen – wie z. B.*One-issue*-Bürgerinitiativen oder im Kontext der „Neuen sozialen Bewegungen"[287] entstandene, umfassendere Ziele propagierende und alternative Lebensformen praktizierende Gruppen – unterschiedlicher Formalisierungsstufen zu finden.

358   **Auf eine deutliche Wandlung des deutschen Interessengruppenspektrums seit 1974 weisen die Untersuchungen Martin Sebaldts hin.**

       • So entstanden zum einen Sozial- und Kulturverbände „überproportional häufig und ebenso Gruppen, welche der Neutralisierung gesellschaftsbedrohender Risiken (Umweltverschmutzung, Kriegsgefahr, soziale Vereinsamung) dienen. Die Zahl der traditionellen Wirtschaftsverbände wächst dabei absolut gesehen zwar ebenfalls an, jedoch nicht in gleichem Maße."[288]

       • Zum anderen spiegelt sich in der Wandlung der organisierten Interessenlandschaft die Entwicklung Deutschlands zur Dienstleistungsgesellschaft wider. Interessen des tertiären Sektors stellten Mitte der neunziger Jahre bereits 70 % der Interessengruppen (1974: 60 %).[289] Diese Tendenz lässt sich u. a. am geplanten Zusammenschluss von fünf Dienstleistungsgewerkschaften (ÖTV, HBV, DPG, DAG, IG Medien) zur Vereinigten Dienstleistungsgwerkschaft (ver.di) mit dann über drei Millionen Mitgliedern ablesen.

359   **Aufgrund des wilden Wachstums der Interessengruppen präsentiert sich die deutsche Verbändelandschaft heutzutage erheblich differen-**

---

[286] Vgl. Rudzio (1996⁴): 70. Zugrundegelegt wurde die Zahl von 3 612 000 Arbeitslosen im Jahresdurchschnitt 1995. Zahl aus: Arbeitsmappe Sozial- und Wirtschaftskunde. Gesellschaft-Wirtschaft-Politik-Recht. Nr. 258238: Die Lage auf dem Arbeitsmarkt.

[287] Vgl. hierzu z. B. Rucht (1997)

[288] Vgl. hierzu Sebaldt (1997a): 29

[289] Vgl. hierzu Sebaldt (1997): 176

zierter und unübersichtlicher als noch vor zwanzig Jahren. Dazu hat die deutsche Wiedervereinigung nur einen geringen Beitrag geleistet. Das gesamtdeutsche Verbändesystem hat sich fast ohne Ausnahme durch „individuellen oder korporativen Beitritt"[290] ostdeutscher Beitrittswilliger in die entsprechenden westdeutschen Verbände gebildet.

Ausgewählte Aspekte und Problemfelder

Innerverbandliche Willensbildung

Sind demokratische Entscheidungsprozesse in der Regel auch in den Verbandssatzungen verankert[291] und müssten sie demnach die innerverbandliche Willensbildung durchziehen, so zeichnen sich nach Wolfgang Rudzio die faktischen Entscheidungsprozesse durch drei Phänomene aus:[292]   360

- „*eine Verlagerung der Entscheidungen in kleinere und meist mitgliederfernere Gremien*" (Präsidien, Vorstände, Ausschüsse),
- „*ein Eigengewicht der Verbandsbürokratien*" (Geschäftsführungen, hauptberufliche Funktionäre, Oligarchisierung der Verbandsstrukturen),
- „verbreitetes *Proporzprinzip* anstelle des Mehrheitsentscheids" (z. B. Berücksichtigung regionaler oder geschlechtsspezifischer Verteilungskriterien).

Diese Erscheinungen führen zu einem bisweilen geringen Einfluss der Mitglieder- bzw. Delegiertenversammlungen auf Personalentscheidungen und auf die Formulierung der Verbandspolitik. Für den Fall der Gewerkschaften stellt Rudzio fest: 361

„*Die eigentliche Führungsgruppe bilden aber diejenigen Vorstandsmitglieder, die ihre Funktionen hauptberuflich als ‚geschäftsführender Vorstand' ausüben* und – anders als die ehrenamtlichen Vorstandsmitglieder – in täglichem Kontakt untereinander und mit dem ausführenden Apparat stehen."[293]

Frustrationserlebnisse aufgrund begrenzter Partizipationschancen sind eine Quelle der weit verbreiteten und vielfach beobachtbaren Apathie von Verbandsmitgliedern. Viele Gewerkschaftsmitglieder hält nur eine „desinteressierte Treue zur Gewerkschaft."[294]   362

---

[290] Rudzio (1996⁴): 67
[291] Vgl. z. B. § 20 der Satzung der IG Metall: „1. Höchstes Organ der IG Metall ist der Gewerkschaftstag. Ein ordentlicher Gewerkschaftstag muß in jedem vierten Jahr abgehalten werden. Die Einberufung erfolgt durch den Vorstand." http://www.igmetall.de/die_igmetall/satzung/para20.html (Stand: 23.8.1999)
[292] Rudzio (1996⁴): 81-87, hier 81 (Hervorhebung im Original)
[293] Rudzio (1996⁴): 84 (Hervorhebung im Original)
[294] Peter Rölke (vgl. Rölke (1973)), zit. in Rudzio (1996⁴): 86

363   Nach Albert Hirschman gibt es zwei grundsätzliche Reaktionsarten
von Mitgliedern, auf bestehende Unzufriedenheit mit der Organisation
zu reagieren. Zum einen der Austritt aus der Organisation („exit") und
zum anderen der Protest innerhalb der Organisation („voice"): „Die
Entscheidung für Widerspruch anstelle der Abwanderung bedeutet,
daß man als Kunde oder Mitglied den Versuch macht, die Praktiken,
Grundsätze und Ausbringung der Firma, bei der man kauft, bzw. der
Organisation, der man angehört, zu ändern."[295] Die Entscheidung für
eine der beiden Handlungsoptionen ist dabei von einer Reihe von
Faktoren abhängig, unter denen die Loyalität gegenüber der Organisation eine wichtige Rolle spielt.

> „Je größer die Loyalität eines Individuums zu einer Organisation ist, desto größer
> ist die Wahrscheinlichkeit, daß es im Falle von Unzufriedenheit mit der Organisati-
> on nicht mit Abwanderung, sondern mit Widerspruch reagiert.[296]

Herrschaft der Verbände?

364   Entstammen nicht wenige Klagen über die ungehemmte Macht der
Verbände einem (deutschen) „normativ legalistischen, die strikte
Trennung von Staat und Gesellschaft postulierenden Staatsverständnis",[297] so weisen sie doch darauf hin, dass das Gleichgewicht zwischen der Gemeinwohlorientierung einerseits und der legitimen Vielfalt von (Partikular)Interessen andererseits fragil ist. Eine angemessene Kontrolle der Verbände zu fordern ist also durchaus berechtigt,
wenn es darum geht, den Missbrauch unkontrollierter gesellschaftlicher Macht zu verhindern. Diese Forderungen müssen jedoch dort ihre
Begrenzung finden, wo sie die Entfaltung der Interessenorganisation
über Gebühr einschränken.

365   Obwohl es vor allem aufgrund des Widerstandes der Verbände
selbst bisher nicht zu einem Verbändegesetz kam, gibt es im deutschen
politischen System bestimmte Mechanismen zur Kontrolle und Hemmung der Macht von Interessengruppen.

• Durch die in den letzten 20 Jahren erheblich gewachsene Verbandsdichte kommt es
  zu einer internen Konkurrenz und gegenseitigen Hemmung von Verbandsmacht.
  „Tausende von Verbandsfunktionären, vielfach einander befehdenden Konkurrenzor-
  ganisationen angehörend, wachen mit Argusaugen über die Aktivitäten ihrer Konkurrenten, und nichts bleibt auf Dauer geheim. Weit über 40 Prozent der Bonner Verbän-

---

[295] Hirschman (1974): 25
[296] Alemann, von (1985): 13
[297] Weber (1981²): 428

de sehen sich dabei mit benachbarten Gruppen konfrontiert, welche weitgehend oder
sogar völlig identische Interessen vertreten."²⁹⁸

• Alle in der 1972 eingeführten, regelmäßig aktualisierten und im Bundesanzeiger
veröffentlichten Lobbyliste („Bekanntmachung der öffentlichen Liste über die Registrierung von Verbänden und deren Vertreter", GOBT, Anlage 2) aufgeführten Interessengruppen verfügen über legale Zugangsmöglichkeiten zu Parlament und Regierung.
So ist z. B. in der „Gemeinsamen Geschäftsordnung der Bundesministerien. Besonderer Teil (GGO II)" § 24 die „Unterrichtung der beteiligten Fachkreise und Verbände"
aufgeführt: „(1) Bei der Vorbereitung von Gesetzen können die Vertretungen der beteiligten Fachkreise oder Verbände unterrichtet und um Überlassung von Unterlagen
gebeten werden sowie Gelegenheit zur Stellungnahme erhalten."

• Die Lobbyliste führt auch dazu, die Transparenz derjenigen Verbände, die direkt in
den Gesetzgebungsprozess eingebunden werden, zu erhöhen. Diese müssen nämlich
bestimmte Angaben u. a. zu Verbandssitz, Vorstand und Geschäftsführung sowie Mit-
gliederzahl machen.

Der angemessene Einfluss der Interessengruppen ist also vom ZPES
durchaus gewollt und beabsichtigt, um sich daraus ergebende positive
Effekte wie die schnelle Verfügbarkeit von konzentrierter Sachkompetenz und Information zu nutzen. Daneben kommt es auch immer
wieder zur Bildung von neokorporativen Strukturen, die bei Themen
von erheblicher gesellschaftlicher Relevanz einen breiten Konsens
sichern sollen. In der Konzertierten Aktion, die während der Großen
Koalition initiiert wurde und bis 1977 fortdauerte, fanden sich Vertreter der Unternehmerinteressen und der Gewerkschaften unter Leitung
des damaligen Wirtschaftsministers Karl Schiller zusammen, um an
einem Runden Tisch „Eckwerte der wirtschaftlichen Entwicklung
gemeinsam zu beraten."²⁹⁹ Tripartistische Strukturen finden sich heutzutage im Bündnis für Arbeit wieder, bei dem die Regierung, die Arbeitgeberverbände und die Gewerkschaften die zentralen Akteure sind
(vgl. Tabelle 4.1.5).

366

Die privilegierte Beteiligung der Tarifpartner an diesen Runden Ti-
schen wird gerne angenommen, da sie dadurch die schwindende Ver-
tretungsmacht (sinkender Organisationsgrad) z. T. kompensieren können. Allerdings bergen derartige Gremien auch die Gefahr in sich,
klare Zuständigkeiten zu verwischen und so z. B. in der medial vermittelten Wahrnehmung des Bürgers der Regierung die Verantwortung
für Regelungsbereiche zuzuweisen, die in den Zuständigkeitsbereich
der Tarifpartner fallen (z. B. Löhne).

367

---

²⁹⁸ Martin Sebaldt: „Der deutsche Lobbyismus zwischen Mythos und Wirklichkeit" in
Das Parlament vom 30.7.1999: 3
²⁹⁹ Alemann, von (1996): 43

368

Tabelle 4.1.5: Das Bündnis für Arbeit als Institution

	Wirtschaftsver-bände	Regierung	Gewerkschaften
„Bündnis"	Präsidenten	Kanzler, Minister	Vorsitzende
steering committee (Arbeitsaus-schüsse)	Hauptgeschäfts-führer • BDI • BDA • DIHT	Staatssekretäre • Kanzleramt* • Finanzministerium • Arbeitsministerium • Wirtschaftsministerium • Gesundheitsministerium	Leitende Funktionäre • DGB • IG Metall • ÖTV • IG Chemie • DAG
acht (themati-sche) Arbeits-gruppen unter Feder-führung des jeweiligen Ministeriums		• Aus- und Weiterbildung *(Forschungsministerium)* • Steuerpolitik *(Finanzministerium)* • Lebensarbeitszeit, vorzeitiges Ausscheiden *(Arbeitsministerium)* • Reform der Sozialversiche-rungssysteme *(Arbeitsministerium)*	• Arbeitszeitpolitik *(Arbeitsministerium)* • Aufbau Ost *(Kanzleramt)*** • Entlassungsabfindungen *(Arbeitsministerium)* • Benchmarking *Wissenschaftlergremium unter Leitung des Kanzleramtes*

*Vertreten durch Staatssekretär Steinmeier **Arbeitsgruppe unter Leitung von Rolf Schwanitz, Staatsminister für die Angelegenheiten der neuen Länder

Rainer Hank: „Macht und Einfluß am Verhandlungstisch" in Das Parlament vom 30.7.1999: 5

369 Die Interessengruppen spielen im politischen System der Bundesrepu-blik eine wichtige Rolle, von einem Verbändestaat zu sprechen ist aber sicherlich nicht angebracht. Vielmehr gilt,

„daß das Verhältnis zwischen Staat und Verbänden nicht als eine Einbahnstraße in-terpretiert werden darf. Die Verbände versuchen zwar die staatlichen Entscheidun-gen zu beeinflussen, doch gleichzeitig ist auch der Staat wegen seiner umfassenden wirtschaftspolitischen und gesellschaftspolitischen Verantwortung daran interes-siert, mit den wichtigsten Verbänden zu kooperieren, sie im Vorfeld politischer Ent-scheidungen zu konsultieren und sie damit in eine gesamtstaatliche Verantwortung einzubinden."[300]

---
[300] Weber (1996): 805

4.1.8 Stellung im politischen System

Grafik 4.1.2: Interessengruppen: Stellung im politischen System 370

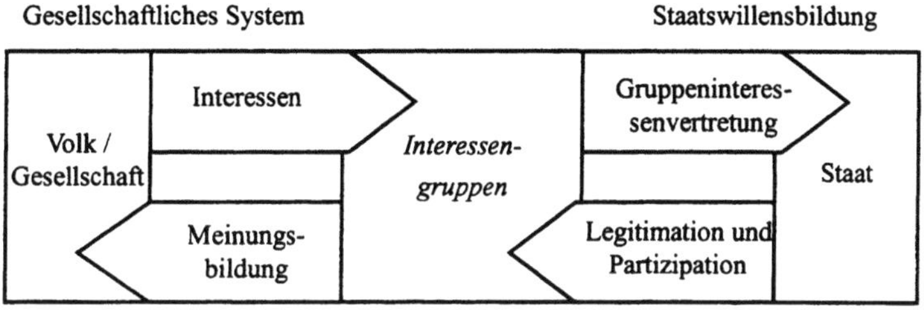

Gesellschaftliches System   Staatswillensbildung

Volk / Gesellschaft	Interessen	*Interessen-*	Gruppeninteres-senvertretung	Staat
	Meinungs-bildung	*gruppen*	Legitimation und Partizipation	

Eigene Darstellung

4.1.9 Informationshinweise zur Einführung

* Alemann, von (1996): Interessenverbände. ☞PolBil *(grundlegende, knappe Einführung und Zusammenfassung der wichtigsten Aspekte zum Thema)* 📖

* Weber (1981[2]): Die Interessengruppen im politischen System der Bundesrepublik Deutschland. ☞PolBil *(systematische Einführung in das Thema, leider seit 1981 nicht mehr aktualisiert)*

* Sebaldt (1997): Organisierter Pluralismus. *(aktuelle, umfassende empirische Studie über Wandlungstendenzen der deutschen Interessengruppenlandschaft sowie zu den Strategien verbandlicher Einflussnahme)*

* Eichener / Voelzkow (Hrsg.) (1994): Europäische Integration und verbandliche Interessenvermittlung. *(umfassende Darstellung des Einflusses von Interessengruppen auf die europäische Politik)*

* Verbände*report*. Fachinformationen für die Führungskräfte der Verbände und Non-profit-Organisationen. Offizielles Organ der Deutschen Gesellschaft für Verbandsmanagement e. V. (DGVM) (http://www.verbaende.com) 🖹

* Forschungsjournal Neue Soziale Bewegungen

* Verbandszeitschriften: Fast jede Interessengruppe gibt auf mehr oder weniger regelmäßiger Basis Publikationen bzw. Periodika heraus. Bsp.: „ADACmotorwelt" oder DGB: „Gewerkschaftliche Monatshefte" (http://www.gmh.dgb.de/main/gmh/index.-html)

* Lobbyliste *(Bekanntmachung der öffentlichen Liste über die Registrierung von Verbänden und deren Vertreter, erscheint jährlich, zumeist im September im Bundesanzeiger)*

* Das Parlament vom 30.7.1999: Schwerpunktheft zum Thema *Interessengruppen (viele Artikel zu aktuellen Entwicklungstendenzen der deutschen Verbändelandschaft und zu einzelnen Interessengruppen)*

- http://www.verbaende.com/Datenbanken.htm *(sehr benutzerfreundliche Datenbank mit über 5 000 deutschen Verbänden und Organisationen (Suchmaschine sowie direkte links). Daneben: internationale Datenbanken)*
- http://www.arbeitgeber.de/bdawww/bdahome.nsf/?Open *(Bundesvereinigung der Deutschen Arbeitgeberverbände: BDA)*
- http://www.bdi-online.de *(Bundesverband der Deutschen Industrie: BDI)*
- http://www.diht.de *(Deutscher Industrie- und Handelstag: DIHT)*
- http://www.dgb.de/index.htm *(Deutscher Gewerkschaftsbund: DGB)*
- http://www.oetv.de *(Öffentliche Dienste, Transport und Verkehr: ÖTV)*
- http://www.igmetall.de *(IG Metall: IGM)*
- http://www.adac.de *(Allgemeiner Deutscher Automobil-Club e. V.: ADAC)*
- http://www.dfb.de *(Deutscher Fußballbund e. V.: DFB)*
- http://www.drk.de *(Deutsches Rotes Kreuz: DRK)*
- http://www.ifs.tu-darmstadt.de/dvpw *(Deutsche Vereinigung für Politische Wissenschaft: DVPW)*

4.2 Parteien

371   Kaum eine andere Institution des politischen Systems ist in ihrer Wahrnehmung durch ein so hohes Maß an Missdeutung, Überhöhung oder Verachtung geprägt wie die Partei. Von der Verteufelung als „bestgehaßte Erscheinung unseres öffentlichen Lebens"[301] bis hin zum totalitären Anspruch, immer Recht zu haben, lassen sich alle nur erdenklichen (Vor)Urteile über die Funktionen und das Selbstverständnis von Parteien finden. Ist die totalitäre Interpretation mit den sie stützenden Regimen des Ostblocks bis auf wenige noch real existierende Parteidiktaturen (z. B. Kuba, VR China, Nord-Korea) untergegangen, bleibt das Misstrauen gegenüber oder gar die Ablehnung von Parteien ein scheinbar unauslöschliches Element im öffentlich-politischen Diskurs weit über die Stammtische hinaus. Grund genug also, um einen nüchternen Blick auf die Funktionen und die Stellung von Parteien in einem modernen demokratischen System zu werfen.

372   Parteien nehmen im politischen Prozess eine zentrale Position als Vermittlungsagentur zwischen dem gesellschaftlichen und politischen System ein.

---

[301] So das Urteil von Hans Liermann (1932 / 1933): 235

„Oder anders ausgedrückt, zugespitzter: Erst mit und in den Parteien verdichtet sich der Wille des Volkes zum wirklich Politischen, über das bloße Meinen oder das Stammtischgerede entscheidend hinaus."[302]

4.2.1 Definition

Diese herausragende Aufgabe von Parteien wird auch in der politik-wissenschaftlichen Definition von Martin Sebaldt deutlich:

373

> „Parteien sind auf Dauer angelegte organisatorische Vereinigungen von Personen zur Formulierung und Propagierung politischer Interessen und Ziele, zu deren Umsetzung sie selbst das erforderliche Funktionspersonal stellen."[303]

Parteien zeichnen sich also gegenüber den anderen Vermittlungs-agenturen (Interessengruppen und Medien) im politischen System dadurch aus, dass sie ihre Interessen und Ziele direkt im ZPES umzu-setzen in der Lage sind. Um diese Leistung erfüllen zu können, benö-tigen Parteien eine auf Dauer angelegte organisatorische Struktur. Der Zusammenhang zwischen dem Anspruch auf politische Gestaltung im ZPES und dem dazu notwendigen organisatorischen Unterbau, kommt ebenso in der Legaldefinition des bundesdeutschen Parteiengesetzes, das seit 1967 in Kraft ist, zum Ausdruck:

374

> „Parteien sind Vereinigungen von Bürgern, die dauernd oder für längere Zeit für den Bereich des Bundes oder eines Landes auf die politische Willensbildung Einfluß nehmen und an der Vertretung des Volkes im Deutschen Bundestag oder ei-nem Landtag mitwirken wollen, wenn sie nach dem Gesamtbild der tatsächlichen Verhältnisse, insbesondere nach Umfang und Festigkeit ihrer Organisation, nach der Zahl ihrer Mitglieder und nach ihrem Hervortreten in der Öffentlichkeit eine ausreichende Gewähr für die Ernsthaftigkeit dieser Zielsetzung bieten." (§ 2 Abs. 1 PartG)[304]

4.2.2 Verfassungsrechtliche Verankerung

Im § 1 Abs. 1 S. 1 PartG werden die Parteien als ein „verfassungs-rechtlich notwendiger Bestandteil der freiheitlichen demokratischen Grundordnung" beschrieben. Mit dieser Auffassung ist eine rechtliche Entwicklung zu ihrem Ende gekommen, die schon 1927 der Staats-rechtler Heinrich Triepel skizzierte:

375

> „Geschichtlich angesehen, hat sich das Verhalten des Staats gegenüber den politi-schen Parteien in einer vierfachen Stufenfolge bewegt. Wir können von einem Sta-

---

[302] Krockow, Graf von (1986): 12

[303] Definition nach Sebaldt, Martin: Unveröffentlichtes Seminarmanuskript zum Grund-kurs „Einführung in das Studium der politischen Systeme." Universität Passau, o. J.

[304] Abgedruckt z. B. in: Mintzel / Oberreuter (Hrsg.) (1992²): 569

dium der Bekämpfung, dann von einem Stadium der Ignorierung sprechen. An dieses schließt sich die Periode der Anerkennung und Legalisierung, und als letzte würde die Ära der verfassungsmäßigen Inkorporation folgen, die uns freilich zunächst noch in Existenz und Eigenart problematisch ist.[305]

376   Die in der Weimarer Republik noch als „problematisch" angesehene „verfassungsmäßige Inkorporation" wurde mit dem Grundgesetz verwirklicht. Im Art. 21 GG Abs. 1 S. 1 heißt es daher: „Die Parteien wirken bei der politischen Willensbildung des Volkes mit." Den Parteien wird damit jedoch nicht der Rang von Verfassungsorganen eingeräumt.

377   Gemäß dem Konzept der wehrhaften Demokratie ist es grundsätzlich möglich, Parteien zu verbieten (Art. 21 Abs. 2 GG). Nach dem sogenannten Parteienprivileg entscheidet darüber das Bundesverfassungsgericht:

„(2) Parteien, die nach ihren Zielen oder nach dem Verhalten ihrer Anhänger darauf ausgehen, die freiheitliche demokratische Grundordnung zu beeinträchtigen oder zu beseitigen oder den Bestand der Bundesrepublik Deutschland zu gefährden, sind verfassungswidrig. Über die Frage der Verfassungswidrigkeit entscheidet das Bundesverfassungsgericht."

Bisher kam es zu zwei Parteienverboten: 1952 wurde die Sozialistische Reichspartei (SRP) aufgelöst, 1956 die Kommunistische Partei Deutschlands (KPD).

4.2.3   Funktionen

378   Um die Vermittlungsaufgabe zwischen der Gesellschaft und dem politischen System zu erfüllen, müssen Parteien in einem freiheitlichen demokratischen Staatswesen bestimmte Funktionen ausüben. Dadurch, dass sie Personal rekrutieren um politische Ämter zu besetzen, übernehmen sie im Gegensatz zu den Interessengruppen politische Verantwortung.[306] Nicht zuletzt dadurch tragen sie in besonderer Weise zur Verankerung der politischen Ordnung im Bewusstsein der Bürger und der gesellschaftlichen Kräfte bei.

---

[305] Triepel (1927): 8
[306] Vgl. hierzu z. B. Oberreuter (1992): 28-31

Tabelle 4.2.1: Funktionen von Parteien		379

Funktion		Erläuterung	
Personalrekrutierung		Auswahl von Personen zur Besetzung politischer Ämter (Übernahme politischer Verantwortung)	
Interessen-vertretung	Interessen-selektion	Auswahl von Interessen	Vermittlungs-agentur zwischen gesellschaftlichem und politischem System; Interessen-einspeisung in das ZPES
	Interessen-aggregation	Zusammenfassung bzw. Bündelung von Interessen	
	Interessen-artikulation	Äußerung von Interessen und Einspeisung in das politische System	
Programmfunktion		Integration verschiedener Interessen zu einem Gesamtprogramm	
Partizipation		Bereitstellung konventioneller Verbindungen zwischen Bürgern und politischem System; Kommunikation und Verbesserung der Informationsflüsse zwischen sozialem System und ZPES	
Legitimation und Integration		Verankerung der politischen Ordnung im Bewusstsein der Bürger und der gesellschaftlichen Kräfte	

Eigene Darstellung auf der Grundlage von Sutor (1994): 146 f und Oberreuter (1992): 28-31

Auch das Parteiengesetz greift in § 1 Abs. 2 im Wesentlichen diesen   380
Funktionenkatalog auf. Im Einzelnen nennt es folgende Aufgaben:[307]

• Einflussnahme auf die Gestaltung der öffentlichen Meinung,
• Mitwirkung an der politischen Bildung,
• Förderung der politischen Beteiligung der Bürger,
• Heranbildung von politischem Führungspersonal,
• Rekrutierung von Kandidaten,
• Einflussnahme auf Parlament und Regierung,
• Eingabe politischer Zielvorstellungen in die „staatliche Willensbildung",
• Sorge für die „ständige lebendige Verbindung" zwischen Volk und Staatsorganen.

4.2.4   Typologisierung

Obwohl alle Parteien die gleichen Aufgaben zu erfüllen haben, lassen   381
sie sich natürlich entlang verschiedener Variablen unterscheiden. Mit

---

[307] Vgl. hierzu Oberreuter (1992): 30

einer auf diese Weise erstellten Typologie können jedoch nicht nur einzelne Parteien verortet werden, sondern auch die Parteiensysteme verschiedener Länder analysiert und miteinander verglichen werden. Uwe Backes und Eckhard Jesse schlagen folgende Auswahl von Variablen vor:[308]

382
- *Organisationsgrad*: In ihrer Entstehungszeit verfügten die Parteien oftmals nur über wenige Mitglieder, wobei diese häufig ein hohes Maß an Ansehen innnerhalb des Gemeinwesens auszeichnete (Honoratiorenpartei). Mittlerweile hat sich dafür die Bezeichnung *Wählerpartei* eingebürgert, weil sie über verhältnismäßig mehr Wähler als Mitglieder verfügen. *Mitgliederparteien* verfügen dagegen über eine große Mitgliederschaft (weshalb sie auch als Massenpartei bezeichnet werden) und einen beträchtlichen Organisationsgrad.

383
- *Politischer Einzugsbereich*: *Volksparteien* versuchen mittels eines entideologisierten Parteiprogramms die Interessen möglichst vieler Wähler aus den verschiedensten sozialen Schichten zu vertreten. *Interessenparteien* hingegen vertreten i. e. L. die Interessen einen bestimmten Gruppe der Bevölkerung. Dabei kann es sich z. B. um Belange sozialer, regionaler oder konfessioneller Art handeln.

384
- *Programmatische Ausrichtung*: Parteien verfolgen aufgrund verschiedener ideengeschichtlicher Grundlagen unterschiedliche politische Ziele. Das mögliche Spektrum reicht von einer *rechtsextremen* bis zu einer *linksextremen* Ausrichtung. Das Programm rechtsextremer Parteien basiert auf nationalistischen bzw. rassistischen Vorstellungen. Linksextreme Parteien bauen auf der Ideologie des Kommunismus auf. Beiden gemeinsam ist die Ablehnung eines staatlichen Gemeinwesens auf der Basis der fdGO. *Konservative* Parteien treten für die Bewahrung bzw. die Wiederherstellung von bewährten gesellschaftlichen und politischen Strukturen ein, wobei sie jedoch maßvolle Reformschritte nicht per se ablehnen. *Sozialdemokratische* Parteien haben in ihrer Entwicklung die Radikalisierung des Kommunismus entweder nie vollzogen oder aber überwunden. Ihr gesellschaftspolitisches Leitbild ist die grundsätzliche Gleichheit aller Menschen, die es durch politische Maßnahmen in der Gesellschaft umzusetzen gilt. Dagegen steht für die *liberalen* Parteien die individuelle Freiheit im Vordergrund, die der Staat durch die Gewährleistung von Grundrechten zu schützen hat. *Christliche* Parteien sind dem christlichen Menschenbild verpflichtet. Darüberhinaus sind sie aber, was ihre Zurechnung zum linken oder rechten Spektrum betrifft, flexibel einzuordnen. Für *ökologische* Parteien steht der Schutz der Umwelt auf dem ersten Platz ihrer politische Agenda. Auch sie können entweder eher links ausgerichtet sein oder sich aber dem konservativen Spektrum zurechnen.

385
- *Stellung zum politischen System*: *Systemkonforme* Parteien erkennen grundsätzlich das politische System an, in dem sie agieren. Veränderungen des Systems werden daher nur auf der Grundlage der bestehenden Verfassung angestrebt, die auch durch das politische Engagement der Parteien legitimiert wird. *Systemfeindliche* Parteien dagegen sprechen dem politischen System dessen Legitimität ab. Daher kann die Staatsordnung auch durch illegale Mittel wie Revolutionen oder Putsche gestürzt werden.

---

[308] Vgl. hierzu Backes / Jesse (1996): 5

Tabelle 4.2.2: Typologisierung bundesdeutscher Parteien		386
Variablen	**Variablenausprägung und Beispiele**	
Organisationsgrad	• Wählerpartei (Vorgänger: Honoratiorenpartei); FDP • Mitgliederpartei (Massenpartei); SPD	
programmatische Ausrichtung	• Rechtsextreme Parteien; NPD • Konservative Parteien; CDU, CSU • Liberale Parteien; FDP • Christliche Parteien; CDU, CSU • Sozialdemokratische Parteien; SPD • Ökologische Parteien; Bündnis 90/GRÜNE, ÖDP • Linksextreme Parteien; PDS	
politischer Einzugsbereich	• Volkspartei; CDU, SPD • Interessenpartei („Klientelpartei", soziale, konfessio- nelle usw. Interessen); FDP	
Stellung zum politischen System	• Systemkonforme Parteien; CDU, SPD • Systemfeindliche Parteien; KPD, NPD	
Eigene Darstellung nach Backes / Jesse (1996): 5.		

4.2.5   Das Volksparteienkonzept nach Kirchheimer

Große Parteien bezeichnen sich häufig als *Volksparteien.* Damit wollen sie darauf verweisen, dass sie nicht nur einen bestimmten Teil der Bevölkerung repräsentieren, sondern tendenziell für jede gesellschaftliche Gruppierung eine politische Heimat bieten. Der Begriff Volkspartei wird in diesem Zusammenhang als „politische Legitimationsformel"[309] gebraucht. Doch auch die Wissenschaft verwendet ihn. Unter Volkspartei wird dabei ein bestimmter Parteientypus verstanden, der sich durch seine funktionalen Kriterien und strukturellen Merkmale von anderen Parteientypen unterscheidet. Otto Kirchheimer entwickelte 1965 ein derartiges Konzept.[310] Kirchheimer bettet die Volkspartei in die Parteienlandschaft einer modernen Industriegesellschaft ein,[311] deren angemessensten Ausdruck sie darstellt:

> „Sobald einmal eine bestimmte Bildungs- und Wohlstandsstufe erreicht ist, werden geistige und materielle Bedürfnisse von spezialisierten Herstellern bedient, ganz

387

---

[309] Wiesendahl (1996): 842
[310] Vgl. hierzu Kirchheimer (1965)
[311] Mintzel (1984): 64

gleich, ob es sich um Meinungsbildung oder um Erzeugnisse der Wirtschaft handelt."[312]

388   Dabei verzichtet die Volkspartei zugunsten einer möglichst breiten Wählerschaft auf ideologische Schärfe in ihrem Programm.

„Sie gibt die Versuche auf, sich die Massen geistig und moralisch einzugliedern, und lenkt ihr Augenmerk in stärkerem Maße auf die Wählerschaft; sie opfert also eine tiefere ideologische Durchdringung für eine weitere Ausstrahlung und einen rascheren Wahlerfolg."[313]

389   Der Soziologe Alf Mintzel arbeitet u. a. folgende Merkmale für den Volksparteientypus nach Kirchheimer heraus:

Tabelle 4.2.3: Volksparteienkonzept: Merkmale

Funktionale Kriterien ◄─ Volksparteienkonzept ─► Strukturelle Merkmale		
• „entideologisiertes" Programm		• demokratische Struktur des Parteiensystems
• interner Ausgleich verschiedener Interessenlagen	weitere Bezeichnungen: • „catch-all-party" oder „Allerweltspartei" (Kirchheimer) • „multi-policy-party" (Downs)	• starker Parteiapparat und starke Parteiführung
• soziale Heterogenität der Wählerschaft		• differenzierte Organisation
• Stimmenmaximierungsprinzip		• untergeordnete Rolle des einzelnen Mitglieds
Eigene Darstellung auf der Grundlage von Kirchheimer (1965): 20-41 und Mintzel (1983): 99 ff		

390   Mintzel zählt dabei zu den schärfsten Kritikern des Volksparteienkonzepts, das er als „Phantom" bezeichnet und plädiert, den Begriff Volkspartei nicht mehr als sozialwissenschaftlichen Terminus zu verwenden.[314] Soweit gehen andere Kritiker nicht. Allerdings wenden auch sie gegen Kirchheimer ein, dass die Herausbildung der Volkspartei in den westlichen Parteiensystemen nicht mit der notwendigen Konsequenz erfolge, wie sie Kirchheimer prognostizierte. Gesellschaftliche Entwicklungen wie Wertewandel und die zunehmende Fragmentierung der Gesellschaft bieten auch anderen Parteien ein erfolgreiches Betätigungsfeld.[315]

---

[312] Kirchheimer (1965): 39
[313] Kirchheimer (1965): 27
[314] Vgl. hierzu Mintzel (1984): 76 f
[315] Vgl. hierzu Wiesendahl (1996): 843 ff

In der wissenschaftlichen Auseinandersetzung wird aber auch auf 391
den wichtigen Beitrag der Volksparteien für die Stabilität des politischen Systems verwiesen, indem sie weite Teile der Bevölkerung zu
integrieren vermögen. Andererseits wird den Volksparteien vorgewor-
fen, sie verhinderten durch das Nichtaustragen von politischen Gegen-
sätzen die Umgestaltung der Gesellschaftsordnung.

Tabelle 4.2.4: Der Typus der Volkspartei in der Diskussion   392

Pro	Contra
Volksparteien als angemessene Organi- sationsform mit weitgefassten Pro- grammen als notwendige Konsequenz einer nicht polarisierten Gesellschaft.	Der Typus der Volksparteien verschleiert die realen gesellschaftlichen Bruchlinien durch theorielosen Pragmatismus.
• Dennoch existieren Unterschiede	• programmatische Grundsatzlosigkeit
• Integration von Wählern	• Personalisierung der Politik
• Parteienkonkurrenz, keine -feindschaft	• Status-quo-Orientierung der eigentums- orientierten Gesellschaft
Eigene Darstellung auf der Grundlage von Backes / Jesse (1996): 48 f	

4.2.6 Parteienlandschaft Deutschland

Veränderungen im bundesdeutschen Parteiensystem

War das bundesdeutsche Parteiensystem in seiner Anfangszeit noch 393
durch eine große Zahl politischer Parteien geprägt, setzte seit Beginn
der fünfziger Jahre eine intensive Konzentrationsentwicklung ein.[316]
Zwei Parteien wurden durch das BVerfG verboten (SRP 1952, KPD
1956), viele kleine, dem konservativen Lager zuzurechnende Parteien
von CDU und CSU aufgesogen. Zudem machte den Kleinparteien die
seit 1953 geltende fünf Prozent-Sperrklausel zu schaffen. Bei der
Bundestagswahl 1957 gewannen CDU und CSU mit 50,2 % Stimmenanteil die absolute Mehrheit. Der erste Höhepunkt der Konzentrationsentwicklung war erreicht.

Die sechziger und siebziger Jahre waren charakterisiert durch ein 394
stabiles Drei-Parteiensystem mit den beiden großen Volksparteien
CDU/CSU und SPD und dem Mehrheitsbeschaffer FDP. 1983 wurde
mit dem Einzug der GRÜNEN in den Bundestag die Dominanz dieser
drei Parteien durchbrochen. Das nun folgende „Zwei-Parteigruppen-

---

[316] Vgl. hierzu und zum Folgenden den Überblick bei Rudzio (1996⁴): 126-145

system"[317] CDU/CSU und FDP auf der einen Seite sowie SPD und GRÜNE auf der anderen, hatte bis zur deutschen Wiedervereinigung Bestand, als 1990 die PDS in den Bundestag einzog.

395   Die deutsche Wiedervereinigung führte nur vordergründig zu einem Überstülpen des westdeutschen Parteiensystems. Vielmehr entwickelte sich in Ostdeutschland ein besonderes regionales Parteiensystem, das einen der Anfangszeit des bundesrepublikanischen Parteiensystems analogen Konzentrationsprozess durchlief. Nach vielerlei Zusammenschlüssen von Parteien in der ehemaligen DDR und Neugründungen kam es in den ersten Jahren nach der Wiedervereinigung zur Fusionierung mit den westdeutschen Parteien; neu entstandene Parteien, wie die von der bayerischen CSU unterstützte Deutsche Soziale Union (DSU), verschwanden wieder von der Bildfläche. Inzwischen ist der „Rekonzentrationsprozeß"[318] wohl soweit abgeschlossen.

396   Die Parteienlandschaft Deutschlands stellt sich nicht einheitlich dar, sondern ist in zwei (berücksichtigt man den Sonderfall Bayern, in drei) regionale Parteiensysteme gespalten. Während im Westen das aus den achtziger Jahren bekannte Vier-Parteiensystem anzutreffen ist, haben wir es in den Neuen Bundesländern mit einem Drei-Mittelparteiensystem zu tun: CDU und SPD sind im Osten erheblich weniger erfolgreich als in Westdeutschland, die FDP und die ostdeutschen Bündnisgrünen spielen eine marginale Rolle und die Nachfolgepartei der SED, die PDS hat sich auf einem Wählerstimmenniveau zwischen 20 % und 25 % stabilisiert. Generell ist dabei im Wahlverhalten der ostdeutschen Mitbürger eine erheblich geringere Parteienbindung festzustellen.

397   Bundesweit betrachtet handelt es sich um ein Fünf-Parteiensystem aus CDU/CSU, SPD, FDP, Bündnis 90/Die GRÜNEN und PDS, wobei die Bundestagswahl 1998 zeigte, dass die Gravitationszentren des Parteiensystems immer noch durch die beiden großen Volksparteien gebildet werden.

Mitgliederentwicklung

398   In der Mitgliederentwicklung der im Bundestag vertretenen Parteien sind seit 1987 folgende Tendenzen feststellbar:

---

[317] Rudzio (1996⁴): 141
[318] So ein Teil der Überschrift eines Artikels von Veen (1995)

• Die Gesamtzahl der Bundesbürger, die Mitglied einer im Bundestag vertretenen Partei waren, hat nach einem zwischenzeitlichen Zuwachs infolge der Wiedervereinigung auf ca. 2,2 Millionen 1991 den Stand von vor der Wiedervereinigung (1987: ca. 1,9 Millionen) mit ca. 1,8 Millionen 1997 unterschritten. Dies ist vor dem Hintergrund einer erheblich gestiegenen Zahl an Bundesbürgern zu sehen (von ca. 62 Millionen auf über 80 Millionen).

• Die beiden großen Volksparteien, SPD und CDU, liegen genau in diesem Trend. Ihre Mitgliederzahlen nehmen stetig ab.

• Während die FDP – nach einem zwischenzeitlichen, beträchtlichen Zuwachs nach der Wende – infolge kontinuierlicher Austrittszahlen nahezu wieder auf ihr alt-bundesrepublikanisches Niveau abgesunken ist, weist die Mitgliederkurve der Bünd-nis 90/GRÜNEN ein stetiges, langsames Wachstum auf. Bündnis 90/GRÜNEN sind die einzige Partei, die gegen den Trend einen wenn auch geringen Mitgliederzuwachs verzeichnen kann.

Diagramm 4.2.1: Parteien: Mitgliederentwicklung 1987 – 1997

399

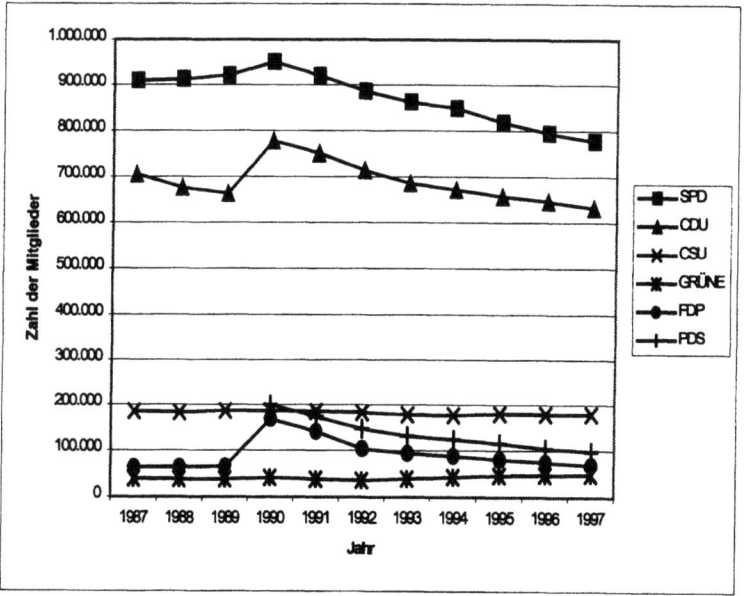

Eigene Darstellung auf der Grundlage von Deutscher Bundestag (Hrsg.) (1999): Unter-richtung durch die Kommission unabhängiger Sachverständiger zur Parteienfinanzie-rung. Bundestags-Drucksache 14 / 637: 17

• Nahezu konstant gestaltete sich die Zahl der Mitglieder bei der CSU. Als bayerische Regionalpartei hatte für sie auch die Wiedervereinigung keine Auswirkungen.

• Die PDS als Nachfolgepartei der SED startete 1990 auf hohem Niveau in die gesamtdeutsche Parteienlandschaft. 1997 hatte sich ihr Gesamtbestand an Mitgliedern mehr
als halbiert.

Die Gründe für den Rückgang der Parteibindung durch eine Mitglied-
schaft sind vielfältig.

400   Zum ersten konfligiert die Haltung, den schnellen Erfolg der kon-
tinuierlichen Parteiarbeit vorzuziehen, mit der Eigenart des Politischen: „Die Politik bedeutet ein starkes langsames Bohren von harten
Brettern mit Leidenschaft und Augenmaß zugleich."[319] Parteienverdrossenheit und die bekannten Karteileichen sind nicht selten die
Folge. Zweitens nahmen in den letzten Jahrzehnten alternative Betätigungsformen z. B. in Bürgerinitiativen an Qualität und Quantität erheblich zu und gewannen an Attraktivität. Drittens führen schließlich
gerade Probleme im Nachwuchsbereich zu einer unübersehbaren Ver-
schiebung der Altersstrukturen in Richtung der älteren Mitgliederschaft. Wie die Shell-Jugend-Studien in regelmäßigen Abständen
empirisch messen, sinkt das Interesse der Jugend an der Politik generell. Der Wille, aktives Mitglied in einer Partei zu werden, rangiert
weit hinter alternativen Betätigungsformen wie der, in einer Bürger-
initiative mitzuarbeiten.[320]

Parteienstaat und Parteiendemokratie

401   In der Diskussion um die Stellung der Parteien im politischen System
wird oftmals und meist in abwertender Absicht der Begriff *Parteienstaat* gebraucht.[321] Für den Staatsrechtler Gerhard Leibholz bildet der
Parteienstaat in seiner *Parteienstaatslehre*,[322] die er in den fünfziger
Jahren ausarbeitete,

„eine rationalisierte Erscheinungsform der plebiszitären Demokratie oder – wenn
man will – ein Surrogat der direkten Demokratie im modernen Flächenstaat ..."[323]

402   Der Parteiwille wird durch das Prinzip der Identität mit dem Volks-
willen gleichgesetzt und im Parlament politisch exekutiert. Er rechnet
die Parteien der staatlichen Sphäre zu. Dies wird auch in ihrer verfassungsrechtlichen Verankerung (Art. 21 GG) deutlich. Für ihn sind die

---

[319] Weber (1988): 560
[320] Vgl. hierzu Jugendwerk der Deutschen Shell (Hrsg.) (1997): bes. 303-341
[321] Vgl. hierzu Mintzel / Alemann, von (1996): 510 f
[322] Vgl. hierzu Leibholz (1967³)
[323] Leibholz (1967³): 93 f

Parteien de facto zu Staatsorganen avanciert. Daher fungieren die
Abgeordneten nicht mehr als freie Mandatsträger, sondern als Beauf-
tragte ihrer Partei. Franktionszwang und imperatives Mandat gehören
deshalb zu den funktionslogischen Voraussetzungen von Leibholz'
Lehre. Um bei der politischen Willensbildung ein demokratisches
Verfahren zu gewährleisten, müssen sich die Parteien so organisieren,
dass die innerparteiliche Willensbildung „von unten nach oben" ver-
läuft.[324]

Trotz vielfältiger Kritik, die seine Lehre nach sich zog, bleibt es   403
mit sein Verdienst, dass die deutsche Staatsrechtslehre die notwendige
Funktion der Parteien innerhalb eines modernen politischen Systems
in einem positiven Sinne zu würdigen lernte.[325] Dennoch überschätzte
Leibholz die Stellung der Parteien, indem er den anderen Vermittlungsagenturen im politischen Prozess keine Beachtung schenkte.

Für eine angemessenere Verortung der Parteien im komplexen po-   404
litischen System einer modernen Industriegesellschaft hat sich in der
Wissenschaft der Begriff *Parteiendemokratie* eingebürgert. Schon
1957 legte eine Kommission unter der Leitung von Ulrich Scheuner
einen Gegenentwurf zur Leibholzschen Parteienstaatslehre vor.

> „Dabei vollzieht sich die Gewinnung der politischen Entscheidung im Parlament
> auf Grund einer schon weitgehenden Vorklärung im *vorparlamentarischen Bereich*,
> wo an der Diskussion und dem Kräftespiel der politischen Meinungen in Presse,
> Rundfunk, öffentlichen Reden usw. weite Teile der Öffentlichkeit beteiligt sind. In
> diesem Vorfeld, an dem die Parteien wiederum einen maßgeblichen Anteil nehmen,
> wird einerseits die Meinung des Volkes erforscht, zum anderen durch die Organe
> der Meinungsbildung aber auch formiert und gelenkt. Aus dieser Wechselwirkung
> ergeben sich Elemente der politischen Auseinandersetzung, die von den Parteien
> weiter geklärt und vereinheitlicht werden, ehe es dann in den gesetzgebenden Or-
> ganen und innerhalb der Staatsleitung zur eigentlichen Willensbildung des Staates
> kommt."[326]

Hier wird den Parteien im Gegensatz zu Leibholz nicht die alleinige   405
Verfügung über die staatliche Willensbildung zugeschrieben, wiewohl
ihnen dabei eine Vorrangstellung eingeräumt wird. Der Verfassungsju-
rist Konrad Hesse unterscheidet daher zwischen Volk, Staat und in-
termediärem System, in dem andere Vermittlungsagenturen (wie Medien und Öffentlichkeit) ebenfalls am politischen Willensbildungspro-

---

[324] Stöss (1997): 17 ff
[325] Vgl. hierzu Stöss (1997): 20
[326] Bundesministerium des Inneren (Hrsg.) (1957): 70 f (Hervorhebung im Original)

zess teilnehmen. Doch auch was die innerparteiliche Demokratie betrifft, ist Hesses Verständnis realitätsnäher: Die Willensbildung in den Parteien von unten nach oben hält er nicht für möglich. Vielmehr wird die Stellung der Parteimitglieder durch ihre Mitbestimmung bei der Auswahl der Kandidaten gesichert.[327]

406

Tabelle 4.2.5: Parteienstaat versus Parteiendemokratie

Kriterien	Parteienstaatslehre nach Leibholz	Konzept der Parteiendemokratie nach Hesse u. a.
Grundgedanke	„Parteienstaat als rationalisierte Erscheinungsform der plebiszitären Demokratie"	Parteien als Agenturen zwischen Gesellschaft und Staat mit vorrangiger Stellung
Verhältnis von Volk (Gesellschaft), Parteien und Staat	Identität von Volks-, Staats- und Parteiwillen	Parteien als eigenständige Akteure bei der Willensbildung
weitere Akteure der Willensbildung	keine	Interessengruppen, Medien, Öffentlichkeit
Stellung der Parteien	de facto Staatsorgane	Parteien als Mittler und Mittel politischer Herrschaft im intermediären System
innerparteiliche Demokratie	Willensbildung von „unten nach oben", aber: imperatives Mandat (Abgeordneter als Parteibeauftragter)	durch Sicherung der Mitbestimmung der Parteimitglieder bei der Kandidatenaufstellung
Leistung der Konzeption	Verfassungsrechtliche und verfassungspolitische Verankerung der Parteien	Verortung der Parteien in der modernen Industriegesellschaft
demokratietheoretische Verortung	Identität und Plebiszite	Konkurrenz und Repräsentation

Eigene Darstellung auf der Grundlage von Stöss (1997)

Ausgewählte Aspekte und Problemfelder

Finanzierung

407   Die Finanzierung der Parteien in der Bundesrepublik Deutschland speist sich zum einen aus der staatlichen Parteienfinanzierung, zum anderen aus den Eigeneinnahmen der Parteien, die sich aus Mitgliedsbeiträgen und Spenden zusammensetzen. Den Parteien wird eine staatliche allgemeine Teilfinanzierung gewährt, damit sie die allgemeinen, ihnen nach dem Grundgesetz obliegenden Tätigkeiten erfül-

---

[327] Vgl. hierzu Stöss (1997): 27 ff

len können.[328] Die vom BVerfG 1992 aufgrund verschiedener Klagen angemahnten Vorgaben wurden 1993 im Parteiengesetz verbindlich reguliert.[329] Seine wichtigsten Regelungen waren:

- Die Einführung einer absoluten Obergrenze als Deckelung für den Gesamtumfang direkter staatlicher Finanzierung an die Parteien von 230 Millionen DM, für 1998 angehoben auf 245 Millionen DM.
- Die Senkung der Publizitätsgrenze in den Rechenschaftsberichten der Parteien für Spenden von 40 000 DM auf 20 000 DM jährlich, um die Transparenz zu fördern.
- Die Senkung der steuerlichen Begünstigungsgrenze für Spenden und Mitgliedsbeiträge von 60 000 DM auf 6 000 DM pro Person und Jahr.
- Anstelle der früheren Wahlkampfkostenerstattung erfolgt die Bindung der staatlichen Zuwendungen sowohl an die erreichte Wählerquantität als auch das Spenden- sowie Beitragsaufkommen. „Parteien mit über 0,5 % der gültigen Stimmen (bei Landtagswahlen 1 %) erhalten demnach für jede Listenstimme bei Bundes-, Europa- und Landtagswahlen jährlich 1,30 DM bis zur nächstfolgenden Wahl; bei den 5 Millionen Stimmen übersteigenden Stimmen reduziert sich die Zahlung auf 1,- DM je Stimme (*Degression*). Außerdem erhält eine Partei für jede DM, die sie als Spende oder Mitgliedsbeitrag bis zu 6 000,- DM jährlich eingenommen hat, vom Staat 0,50 DM dazu.“[330]

Die Statistik der vorläufigen staatlichen Teilfinanzierung 1998 zum 1.   408

Tabelle 4.2.6: Berechnung der vorläufigen staatlichen Teilfinanzierung 1998 (1.12.1998)

Partei	Endbetrag	Verteilung Bund / Land	
		Länderanteil	Bundesanteil
	unter Berücksichtigung der relativen Obergrenze DM	Wählerstimmen bei Landtagswahlen mal 1,00 DM (§19 Abs. 8 PartG)	DM
SPD	90 853 713,04	14 704 236,00	76 149 477,04
CDU	69 313 987,21	13 008 975,00	56 305 012,21
GRÜNE	17 093 893,32	3 312 755,00	13 781 138,32
CSU	16 482 792,58	3 223 882,00	13 258 910,58
F.D.P.	12 377 634,43	1 860 889,00	10 516 745,43
PDS	12 548 068,84	1 585 947,00	10 962 121,84
http://www.bundestag.de/ftp/exe/pf98xlw.exe (Stand 1.6.1999)			

---

[328] Vgl. hierzu BVerfGE 85, 264

[329] Vgl. hierzu die Darstellung bei Rudzio (1996⁴): 120-126, ebenso: Unterrichtung durch die Kommission unabhängiger Sachverständiger zur Parteienfinanzierung vom 17.3.1999, Bundestags-Drucksache 14 / 637

[330] Rudzio (1996⁴): 120 (Hervorhebung im Original)

Dezember 1998 weist die in obiger Tabelle aufgelisteten Beträge an die im Bundestag vertretenen Parteien aus.

409　　Im Jahr 1997 beispielsweise nahmen die aufgelisteten Parteien insgesamt nahezu 685 Millionen DM ein (die „sonstigen Parteien" lediglich 25,3 Millionen DM). Davon entfielen knapp 281 Millionen DM (davon 23,1 Millionen DM an Spenden) auf die SPD, 218 Millionen DM auf die CDU (Spendenanteil: 34 Millionen DM). Mit einigem Abstand folgten die CSU mit 56 Millionen DM (Spenden: 13,8 Millionen DM) und die GRÜNEN mit 51 Millionen DM. 41 Millionen DM nahm die FDP ein (Spenden: 14,3 Millionen DM) und die PDS kam auf rund 37 Millionen DM.[331] Die Einnahmen aus Mitgliedsbeiträgen nahmen im gleichen Jahr trotz teilweise erheblichen Rückgangs der Mitgliederzahlen deutlich zu. Dies erklärt sich einerseits aus Beitragserhöhungen, andererseits aus deren Koppelung an die (steigende) Einkommensentwicklung der Mitglieder.

Innerparteiliche Demokratie

410　　Willensbildungsprozesse innerhalb von Parteien waren und sind regelmäßig Gegenstand politikwissenschaftlicher Beschäftigung. Dabei haben sich zwei Erklärungsansätze als besonders fruchtbar erwiesen, um verschiedene Erscheinungen im Innenleben von Parteien erklären zu können:[332] Robert Michels „ehernes Gesetz der Oligarchie"[333] und Samuel J. Eldersvelds „Stratarchiekonzept".[334]

411　　In seiner Untersuchung der sozialistischen und linksdemokratischen Parteien formuliert der mehr am Demokratieverständnis der unmittelbaren Volksherrschaft orientierte Soziologe Michels 1911 sein „soziologisches Grundgesetz" der Parteien:

> „... die Organisation ist die Herrschaft der Gewählten über die Wähler, der Beauftragten über die Auftraggeber, der Delegierten über die Delegierenden. (...) [Für Michels stellt jede Parteiorganisation, die Verf.] eine mächtige, auf demokratischen Füßen ruhende Oligarchie dar. Allüberall Wähler und Gewählte. Aber auch überall Macht der gewählten Führerschaft über die wählenden Massen. Die oligarchische Struktur des Aufbaues verdeckt die demokratische Basis."[335]

---

[331] Zahlen nach SZ vom 18.3.1999: 2
[332] Vgl. allgemein den kurzen Überblick bei Hübner (1992): bes. 169-171
[333] Vgl. hierzu und zum Folgenden Michels (1989⁴)
[334] Eldersveld (1964)
[335] Michels (1989⁴): 370 f

Drei Bündel von Gründen sind Michels zufolge für die Oligarchisie-   412
rung der Parteien und der damit verbundenen hierarchisch strukturierten Willensbildung ausschlaggebend:

- „Technisch-administrative Entstehungsursachen":[336] Unter diesen Punkt fällt die
  „Notwendigkeit der Organisation", ohne die eine Demokratie auf Dauer nicht überle-
  bensfähig ist. Moderne Parteien tragen nun die Tendenz in sich, in eine „anführende
  Minorität und eine geführte Majorität"[337] zu zerfallen. Um erfolgreich um Wählerstimmen konkurrieren zu können, ist ein hohes Maß an Zentralismus vonnöten, der
  seinerseits oligarchische Strukturen fördert.
- „Psychologische Entstehungsursachen":[338] Die Führer der Partei verstehen die Dele-
  gation in hohe Führungsämter zunehmend als „Gewohnheitsrecht" und betrachten
  diese immer mehr als ihr „Eigentum". Die Geführten erweisen den Führern, die sich
  durch bestimmte Eigenschaften (Eloquenz, Energie etc.) auszeichnen, Dankbarkeit
  und Verehrung.
- „Intellektuelle Entstehungsursachen":[339] Die Ausübung bestimmter Führungspositio-
  nen ist mit bestimmten Kompetenzen in Sach- und Organisationsfragen verbunden.

Im Gegensatz zu Michels geht Eldersveld nicht von einer hierar-   413
chisch-oligarchischen Führungsstruktur aus, sondern erkennt eine
Vielzahl von einander weitgehend unabhängigen Führungsgruppen,
„die ihre Macht in der heterogenen Parteibasis abstützen und durch sie
getragen würden."[340] Das Resultat ist die „'balkanization' of power
relations."[341] Eldersveld geht davon aus, dass die Führungsstrukur der
Parteiorganisation kein

„oligarchisches System [ist], in dem die Aktivisten für die Zwecke der Führerschaft
ausgebeutet werden. Es ist eine offene, stratarchische, auf Subkoalitionen beruhende pluralistische Führungsstruktur."[342]

Eldersveld hat sein Konzept am empirischen Beispiel US-   414
amerikanischer regionaler Organisationsgliederungen der republikani-
schen und demokratischen Partei Anfang der sechziger Jahre entwickelt. Der US-amerikanische Parteientypus ist im Gegensatz zu europäischen Parteien durch ein hohes Maß an Autonomie der einzelstaat-
lichen, regionalen und lokalen Parteigliederung, die durch die Partei-

---

[336] Michels (1989⁴): 24 ff
[337] Michels (1989⁴): 25
[338] Michels (1989⁴): 42 ff
[339] Michels (1989⁴): 74 ff
[340] Hübner (1992): 171
[341] Eldersveld (1964): 9
[342] Eldersveld (1964): 528 (Übersetzung durch Hübner (1992): 171)

organisationen auf nationaler Ebene lediglich locker miteinander verbunden sind, charakterisiert.[343]

415   Für die Taxierung des wissenschaftlichen Nutzwertes ist zu beachten, dass beide Ansätze in spezifischen historischen Umständen und anhand konkreter empirischer Beispiele entwickelt wurden. So bieten sie zweifelsohne für einzelne Entwicklungen wichtige Erklärungsansätze, allgemeingültige Konzepte zur Erklärung innerparteilicher Willensbildung und Führungsstrukturen stellen sie indes nicht dar.

Parteienverdrossenheit

416   Die Klage über die Parteien ist so alt wie diese selbst und gehört, wie schon erwähnt, zum festen Inventar der politischen Kultur in Deutschland. Ihren philosophischen Ausgangspunkt nahm sie mit der „von Hegel geprägten Staatstheorie",[344] die die Parteien aus dem staatlichen Bereich verbannte:

> „Bekanntlich begriff sie den Staat als Verwirklichung der sittlichen Idee. Es war der Monarch, der ihn substantiell verkörperte. Staat war nur, was der Sphäre des ‚Allgemeinen' zugehörte. Die Parteien wurden in die Sphäre des ‚Besonderen' verwiesen. Die Identifizierung des Staates mit dem ‚Allgemeinen' entzog den Parteien zugleich jede Basis theoretischer Rechtfertigung."[345]

417   Der auf dieser Staatsauffassung begründete *Antiparteienaffekt* prägte lange Zeit die Sichtweise des deutschen Geisteslebens auf die Parteien. Einige Vertreter der Staatsrechtslehre lassen sich davon in ihrer negativen Beurteilung der Parteien immer noch leiten.[346] Selbst Richard von Weizsäcker ging im Verlauf seiner Amtszeit als Bundespräsident mit den Parteien hart ins Gericht, indem er ihnen vorwarf, sich zu einem

> „ungeschriebenen sechsten Verfassungsorgan entwickelt [zu haben], das auf die fünf anderen einen immer weitergehenden, zum Teil völlig beherrschenden Einfluß [ausübt]."[347]

---

[343] Vgl. hierzu Prewitt / Verba / Salisbury (1987[5]): 300

[344] Oberreuter (1984[2]): 22

[345] Oberreuter (1984[2]): 22

[346] Vor allem ist dies bei Hans Herbert von Arnim der Fall, der schon durch die polemischen Titel seiner Bücher (z. B. „Der Staat als Beute", „Staat ohne Diener", „Demokratie ohne Volk") Stimmungsmache gegen die Parteiendemokratie betreibt. vgl. hierzu Mintzel / Alemann, von (1996): 511 f

[347] Weizsäcker, von / Hofmann / Perger (1992): 140

Die Zurückweisung einer solchen Fundamentalkritik soll jedoch nicht   418
zu einer idealistischen Sicht auf das bundesdeutsche Parteiensystem
verführen. Parteispendenaffären, Ämterpatronage, Probleme der in-
nerparteilichen Demokratie[348] waren und sind sicherlich dem Vertrau-
en der Bürgerinnen und Bürger gegenüber den Parteien abträglich.
Hier sind die Parteien selbst gefordert. Übertriebene Kritik an den
Parteien, die auch noch auf einem falschen Verständnis des politischen
Systems beruht, ist allerdings in keiner Weise hilfreich.

4.2.7 Stellung im politischen System

Grafik 4.2.1: Parteien: Stellung im politischen System   419

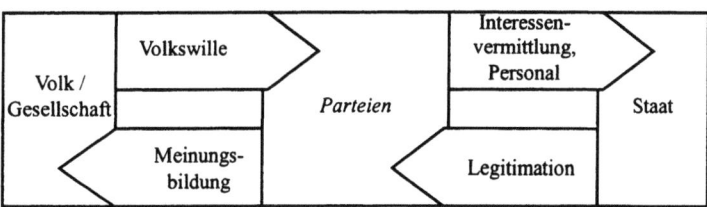

Eigene Darstellung

4.2.8 Informationshinweise zur Einführung

- Backes / Jesse (1996): Parteiendemokratie. ☞PolBil *(grundlegende, knappe Einführung*   📖
  und Zusammenfassung der wichtigsten Aspekte zum Thema)
- Mintzel / Oberreuter (Hrsg.) (1992²): Parteien in der Bundesrepublik Deutschland.
  ☞PolBil *(Aufsätze zur systematischen Einführung in die Stellung der Parteien im bundesdeutschen politischen System und zur Entwicklung der einzelnen Parteien bis
  1992. Umfangreicher Anhang u. a. mit Parteiengesetz)*
- Gabriel / Niedermayer / Stöss (Hrsg.) (1997): Parteiendemokratie in Deutschland.
  ☞PolBil *(Sammelband mit problemorientierten Darstellungen zu einzelnen Aspekten
  der Parteiendemokratie)*
- Landfried (1994²): Parteifinanzen und politische Macht. *(grundlegende, komparativ
  angelegte Darstellung zur Parteienfinanzierung in verschiedenen politischen Syste-
  men)*
- Hix / Lord (1997): Political parties in the European Union. *(Darstellung der im
  Europäischen Parlament vertretenen Parteien)*
- Party Politics

---

[348] Vgl. Backes / Jesse (1996): 45 f

- Sonde, Politische Studien, liberal, Neue Gesellschaft/Frankfurter Hefte *(parteiorientierte Zeitschriften)*
- Zeitschrift für Parlamentsfragen, Heft 2/1999 *(viele Beiträge zu neuesten Forschungsergebnissen und -kontroversen, umfangreicher Rezensionsteil zu Parteienpublikationen)*
- Aus Politik und Zeitgeschichte, Heft B 1-2 / 1998 *(Schwerpunktheft zum Thema Parteien, Beiträge zu Entwicklungstendenzen des bundesdeutschen Parteiensystems)*
- http://www.agora.stm.it/politic/ *(umfangreiche, international angelegte und sehr benutzerfreundliche link-Sammlung zum Thema Parteien)*
- http://www.cdu.de (CDU), http://www.kas.de (Konrad Adenauer Stiftung)
- http://www.csu.de/defaultframe.htm (CSU), http://www.hss.de (Hanns Seidel Stiftung)
- http://www.liberale.de (FDP), http://fnst.de (Friedrich Naumann Stiftung)
- http://www.gruene.de (GRÜNE); http://www.boell.de (Heinrich Böll Stiftung)
- http://www.pds-online.de (PDS); http://www.pds-online.de/1/stiftung/index.htm (Gesellschaftsanalyse und politische Bildung e. V.)
- http://www.spd.de (SPD); http://www.fes.de (Friedrich Ebert Stiftung)

4.3 Massenmedien

420 Parteien, Interessengruppen sowie die Akteure des ZPES wären ohne Massenmedien nicht in der Lage, in einen breit angelegten politischen Meinungs- und Willensbildungsprozess einzutreten. Denn erst durch diese wird der „Raum der Öffentlichkeit"[349] hergestellt, der in einem repräsentativ verfassten demokratischen System notwendig ist, um der Vielfalt der legitimen Interessen ein Forum zu bieten. Massenmedien als Vermittlungsagentur zwischen dem gesamtgesellschaftlichen System und dem politischen System selbst Teil dieses Prozesses[350] haben demnach in einem nach der fdGO organisierten Staat die „Generalfunktion" der „Herstellung von Öffentlichkeit."[351]

421 In totalitären Systemen hingegen sind die Massenmedien gleichgeschaltet und dienen als ‚Transmissionsriemen' zwischen politischer Führung und den Geführten, was sich exemplarisch an der Funktionsbeschreibung des Journalisten in der DDR zeigen lässt:

„Er hilft das Vertrauensverhältnis des Volkes zu Partei und Staat zu festigen. Seine gesamte Tätigkeit wird grundlegend vom Programm und den Beschlüssen der mar-

---

[349] Ronneberger (1964): 294
[350] Vgl. hierzu Gellner (1998): 11
[351] Bergsdorf (1980): 76

xistisch-leninistischen Partei der Arbeiterklasse sowie durch die Verfassung des sozialistischen Staates bestimmt."[352]

Demokratische Systeme kennzeichnet hingegen ein grundsätzlich   422
freies Mediensystem, das zuweilen sogar als *vierte Gewalt* bezeichnet
und dessen konkretes Ausmaß an Freiheit als Indikator für den Ent-
wicklungsstand einer demokratischen Gesellschaft herangezogen
wird.[353]

4.3.1   Definition: Kommunikation und Öffentliche Meinung

Politisches Handeln ist als soziales Handeln stets kommunikatives   423
Handeln. Kommunikation ist dabei zu definieren als

„*Austausch von Informationen und Sinndeutungen*"[354] zwischen Sender (Kommunikator) und Empfänger (Rezipient).

Von Massenkommunikation ist hingegen die Rede, wenn Aussagen   424

„öffentlich durch technische Verbreitungsmittel indirekt und einseitig an ein disperses Publikum vermittelt"[355] werden.

Hierbei handelt es sich also nicht um einen Austausch, sondern um
eine asymmetrische Übertragung von Informationen und Sinndeutungen. Im Falle der Massenkommunikation herrscht zwischen dem
Kommunikator und dem Rezipienten in der Regel kein direktes Inter-
aktionsverhältnis, da die Rezipienten keine „unmittelbare Möglichkeit
der Reaktion auf eine Kommunikation"[356] haben. Die technischen
Mittel der Massenkommunikation werden als Massenmedien bezeichnet.

Gleich dem Begriff *Politische Kultur* hielt auch der Begriff *Öf-*   425
fentliche Meinung bisher allen Versuchen, in eine allgemein akzep-
tierte Definitionsschablone gepresst zu werden, stand. Folglich existiert eine große Zahl verschiedener definitorischer Annäherungen an
das Phänomen, das Vladimir O. Key einst als den „Heiligen Geist"
des politischen Systems beschrieb.[357]

---

[352] Karl-Marx-Universität Leipzig, Sektion Journalistik (Hrsg.) (1984): 111
[353] Vgl. hierzu Chill / Meyn (1998): 6
[354] Patzelt (1993²): 38 (Hervorhebung im Original)
[355] Maletzke (1976): 4
[356] Kaase (1996): 414
[357] Key (1961): 8

426   Grundsätzlich sind in der deutschen politikwissenschaftlichen Li-
           teratur zwei Konzepte zu finden: das „Elitekonzept" und das „Integ-
           rationskonzept."[358]

427   Dem *Elitekonzept* zufolge ist die öffentliche Meinung der Prozess
           des öffentlichen, rationalen Diskurses zwischen den „Gebildeten und
           Wissenden"[359] der Gesellschaft. Die Träger dieses Diskurses sind dem
           Gemeinwohl verpflichtet. Die Meinung der Bevölkerung, die mittels
           demoskopischer Methoden anonym erhoben wird, gilt den Vertretern
           dieses Konzepts nicht als öffentliche Meinung, sondern als allgemeine
           Bevölkerungsmeinung, da ihr das Element der öffentlichen Äußerung
           fehle. Außerdem handele es sich bei der öffentlichen Meinung um
           eine qualitative Größe (Gemeinwohl), die durch quantitative Metho-
           den nicht zu eruieren sei.[360]

428   Dagegen geht das *Integrationskonzept* davon aus, dass alle Men-
           schen der Gesellschaft einen Beitrag zur öffentlichen Meinung leisten.
           Noelle-Neumann erkennt in der öffentlichen Meinung eine Form der
           sozialen Kontrolle, dessen daraus resultierender Konformitätsdruck
           die Integration der Gesamtgesellschaft gewährleistet.[361] In seiner all-
           gemeinen Form bedeutet öffentliche Meinung dieser Interpretations-
           richtung zufolge

           *„die Verteilung der in Umfragen gemessenen individuellen Einstellungen zu politi-
           schen Sachfragen in einem repräsentativen Querschnitt der Bevölkerung.*[362]

429   Dieses Konzept von öffentlicher Meinung, das auch bei Eastons „set
           of attitudes on matters of public importance or concern"[363] durch-
           scheint, ist ohne die moderne Demoskopie nicht denkbar.[364]

           4.3.2   Funktionen von Massenkommunikation

430   Wie eingangs gezeigt, kommt der Massenkommunikation die General-
           funktion zu, durch die Reduktion der politischen und gesellschaftli-
           chen Komplexität Öffentlichkeit herzustellen.

---

[358] Vgl. hierzu Gallus / Lühe (1998): 11 und 28
[359] Vgl. hierzu Gallus / Lühe (1998): 11
[360] Vgl. hierzu Brettschneider (1995): 22
[361] Vgl. hierzu Gallus / Lühe (1998): 11
[362] Brettschneider (1995): 24 (Hervorhebung im Original)
[363] Easton (1965): 42
[364] Vgl. zur Demoskopie in Deutschland Gallus / Lühe (1998): 50-157

„Die komplexe Umwelt wird für die politisch Handelnden wie auch für alle Teilnehmer am politischen Prozeß überschaubarer gemacht. Gemeinsamkeiten werden herausgearbeitet und Beteiligung ermöglicht."[365]

Darunter lassen sich vier Funktionsbereiche isolieren, die – anders als die ebenfalls anzutreffende Unterhaltungsfunktion – als politische Funktionen zu bezeichnen sind:[366] Sozialisation, Information und Bildung, Meinungsbildung sowie Kritik und Kontrolle.   431

Tabelle 4.3.1: Politische Funktionen von Massenkommunikation   432

Funktion	Erläuterung
Sozialisation	Information über und Vermittlung von grundlegenden Werten und Spielregeln (z. B. Pluralismus)
Information und Bildung	• Bereitstellung von Fakten, Zusammenhangs- und Orientierungswissen • Schaffung von Transparenz • Erklärung von politischen Prozessen und Strukturen • Befähigung zur Partizipation
Meinungsbildung	• Forum für Meinungsaustausch • Vorstrukturierung der Meinungsbildung der Rezipienten • Förderung neuer und abweichender Meinungen
Kritik und Kontrolle	• Sach-, Personal- und Stilkritik • Kontrolle der politischen Akteure und Entscheidungsträger, Aufdecken von Missständen

Eigene Darstellung auf der Grundlage von Chill / Meyn (1998): 3-6 und Bergsdorf (1980): 75-90

4.3.3   Ansätze der Medienwirkungsforschung im Überblick

Die wichtigsten Forschungsfelder der Kommunikationswissenschaft sind aus der sogenannten *Lasswell-Formel* (vgl. Tabelle 4.3.2) ablesbar.   433

Dabei gilt die Medienwirkungsforschung, sprich die Erforschung der Wirkungsweise des Einsatzes von Medien auf den Rezipienten, als Kernstück.   434

---

[365] Bergsdorf (1980): 76
[366] Vgl. hierzu Gellner (1990): 3 ff

435

Tabelle 4.3.2: Kommunikationsforschung: Lasswell-Formel

Who	says what	in which channel	to whom	with what effect?
Kommunikator	Mitteilung	Medium	Rezipient / Publikum	Wirkung
Kommunikator-forschung	Inhaltsanalyse	Medienkunde	Publikums-forschung	Wirkungs-forschung
Schulz (1995): 145				

436   Die grundlegende Problematik der Medienwirkung liegt darin, dass
        der Rezipient durch die Vermittlung der Realität via Medien mit dieser
        nicht mehr unmittelbar in Berührung kommt.

> „Bereits in den 20er Jahren hat *Walter Lippmann* darauf hingewiesen, daß die Me-
> dien zur *Konstruktion der sozialen Realität* beitragen, indem sie Erfahrungen aus
> *zweiter, dritter* usw. Hand vermitteln. Ihre Stärke liegt daher dort, wo wir keine di-
> rekten Erfahrungsmöglichkeiten besitzen. Durch die spezifischen Selektions- und
> Herstellungsprozesse würden sie überdies nur ganz bestimmte *Bilder* von der Rea-
> lität – ‚pictures in our heads' – produzieren, die *Stereotypen* gleichkommen."[367]

437   Nach Hans-Bernd Brosius kann die Geschichte der Wirkungsfor-
        schung in drei Phasen eingeteilt werden:[368]

- *Annahme einer starken Medienwirkung (bis etwa 1940),*
- *Annahme einer schwachen Medienwirkung (1940 bis etwa 1970),*
- *Annahme der selektiven Medienwirkung (ab etwa 1970).*

438   Brosius weist darauf hin, dass die Vielfalt der Theoriebildung vor dem
        Hintergrund der „Vielfalt der Medien und ihre[r] unterschiedlichen
        Informationsqualitäten"[369] sowie den unterschiedlichen inhaltlichen
        Bereichen (politische Kommunikation, Unterhaltung, Werbung) zu
        sehen ist. Daher ist es „illusorisch, eine Gesamtheorie der Wirkung zu
        erwarten."[370]

Annahme einer starken Medienwirkung

439   Annahmen starker Medienwirkung, die wenig empirische Unterstüt-
        zung erfuhren, beruhen auf dem Kommunikationsmodell des *stimulus-
        response* und gehen davon aus, dass Medienbotschaften gleich einer

---

[367] Schenk (1987): 12 (Hervorhebung im Original)
[368] Vgl. insgesamt Brosius (1997)
[369] Brosius (1997): 20
[370] Brosius (1997): 48

„*magic bullet*"[371] zum Rezipienten durchdringen und dort entsprechend starke Wirkung zur Folge haben.

Grafik 4.3.1: Reiz-Reaktions-Kreislaufschema   440

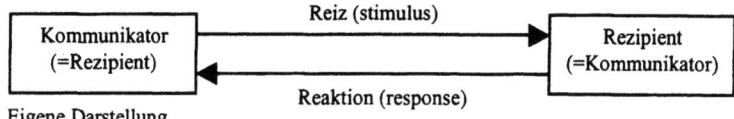

Reiz (stimulus)

| Kommunikator (=Rezipient) | | Rezipient (=Kommunikator) |

Reaktion (response)

Eigene Darstellung

Annahme einer schwachen Medienwirkung

Seit etwa 1940 schwang das Pendel um in Richtung der Annahme,   441
dass die Wirkung von Medienbotschaften begrenzt sei. Die Rezipienten – so die Kernthese – nutzen als aktive Kommunikationspartner
Medien gezielt selektiv (*selektive Kommunikationsnutzung*). Selektivität wirkt hierbei auf der Ebene der „selektive[n] Zuwendung (...),
der selektive[n] Wahrnehmung und Verarbeitung der Mitteilung, durch
selektives Behalten und Erinnern ihres Inhalts."[372] Dies führt in der
Regel nicht zu Meinungsänderungen, sondern zur Verstärkung bereits
bestehender Meinungen (*Verstärker-Hypothese*). Die Wirkung der
Medien ist demzufolge limitiert.

In *A Theory of Cognitive Dissonance* wies Leon Festinger 1957   442
auf die Tendenz des Rezipienten hin, solche Informationen, die seinen
aufgrund seiner Voreinstellungen gewonnenen Meinungen widersprechen, umzudeuten, in ihrer Relevanz abzustufen oder sie schlichtweg
zu ignorieren.[373] Neuere Forschungsergebnisse relativieren diese Annahme: Dissonanz zwischen Informationen und Meinungen führt nur
dann zu selektiver Wahrnehmung, wenn es sich um positive Botschaften handelt, bei Negativem wird der

> „Schutzschild der Selektivität des Rezipienten (...) durchbrochen (...). Bei negativen
> Sachverhalten schauen alle hin, hören alle zu, lesen alle den entsprechenden Beitrag."[374]

Paul F. Lazarsfeld leitete aus Beobachtungen, aufgrund welcher Prozesse Wähler zu Wahlentscheidung gelangen,[375] die *These des Zwei-*   443

---

[371] Brosius (1997): 13 (Hervorhebung im Original)
[372] Schulz (1995): 166
[373] Vgl. hierzu Festinger (1957)
[374] Brosius (1997): 37
[375] Vgl. hierzu Lazarsfeld / Berelson / Gaudet (1968)

Stufen-Flusses der Kommunikation (two-step flow of communication)
ab. Danach sind es sogenannte Meinungsführer (opinion leader), die
als „zentrale Knotenpunkte im System von Kommunikation"[376] die
massenmedial vermittelten Kommunikationsbotschaften aufnehmen
und an den Endrezipienten weitergeben. Die hier angenommene indi-
rekte Beeinflussung der Masse durch Meinungsführer erfuhr im Bereich der politischen Kommunikation nur eingeschränkte Bestäti-
gung.[377]

444   *Grafik 4.3.2: Zwei-Stufen-Fluss der Kommunikation*

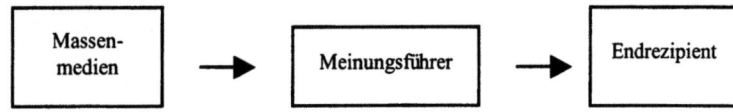

Eigene Darstellung

Annahme der selektiven Medienwirkung

445   Ansätze der Phase der selektiven Medienwirkungen schließlich beto-
nen besonders differenzierende Aspekte.

> „Einige Medienbotschaften führen bei einigen Rezipienten unter einigen Umstän-
> den und zu gewissen Zeiten zu einer Wirkung. Es ist also von der Art der Botschaft,
> dem Medium, der Art der Präsentation, den Voreinstellungen der Rezipienten und
> den zeitlichen Umständen abhängig, ob eine Wirkung auftritt oder nicht.[378]

446   Die Beeinflussung des Themenstrukturierungsprozesses in der öffentlichen Meinung durch die Selektion und Definition politischer Themen und Themenhierarchien greift der *Thematisierungsansatz*[379] (*a-
genda-setting*) auf.[380] Dieser besagt, dass Medien durch die Förderung
und Vernachlässigung bestimmter Themen eine Tagesordnung (Agenda) der Themen setzen, die „vom Rezipienten übernommen"[381] wird.
Je intensiver und häufiger ein Thema in den Medien behandelt wird,
desto weiter oben ist es in der Themenhierarchie des Rezipienten
angesiedelt. Der Einfluss der Medien auf die öffentliche Meinung
leitet sich u. a. aus dieser Thematisierungsfunktion ab.

---

[376] Brosius (1997): 41
[377] Vgl. Brosius (1997): 41
[378] Brosius (1997): 17
[379] Vgl. allg. Brosius (1994)
[380] Vgl. hierzu Schenk (1987): 14 ff
[381] Brosius (1997): 20

Der Journalist wirkt als *gate-keeper*, der darüber entscheidet, was   447
wie in den Massenmedien behandelt wird. Zur Erklärung der Nach-
richtenauswahl gibt es verschiedene Ansätze: *gate-keeper-Ansatz*,
Nachrichtenwert-Forschung sowie *news-bias-Ansatz*.[382] In Erinnerung
zu rufen ist hierbei auch, dass nach dem *Thomas-Theorem* die kreierte
Medienrealität in ihren Folgen real sein kann.[383]

Elisabeth Noelle-Neumanns *Theorie der Schweigespirale* verbin-   448
det die Zusammenhänge zwischen der Perzeption gesellschaftlicher
Kräfteverteilungen durch das Individuum, der Berichterstattung durch
die Massenmedien und gruppendynamischen Effekten. Die „soziale
Natur (...) des Menschen, die Absonderung zu fürchten, unter anderen
Menschen geachtet und beliebt sein zu wollen,"[384] ist dafür verantwortlich, dass Individuen permanent das sie umgebende Meinungsklima auf Mehrheits- und Minderheitsmeinungen hin analysieren.
Stellt die eigene Meinung die Mehrheitsmeinung dar, so vertritt es
diese selbstbewusst, ist sie in der Minderheit, schweigt es.

> „Und indem so die einen Ansichten überall stark zu hören sind und die anderen
> immer weniger vertreten werden, kommt die Schweigespirale in Gang, bis die vom
> Schweigen verschluckten Ansichten in der öffentlichen Meinung ganz untergehen."[385]

Da das Meinungsklima mit der Verteilung von Mehrheits- und Min-   449
derheitsmeinungen ganz entscheidend durch und über die Massenmedien geprägt wird, ist es möglich, dass eine durch die Medien geför-
derte Minderheitsmeinung das Meinungsklima dominiert. Die Mehrheit verfällt in Schweigen, die Minderheitsmeinung wird u. a. durch
das ‚Aufspringen auf den fahrenden Zug' der wahrgenommenen
Mehrheitsmeinung (*band-wagon*-Effekt[386]) sukzessive zur Mehrheit.
Die empirischen Befunde zur Überprüfung der einzelnen Bestandteile
der Theorie sind ambivalent, „eine Überprüfung der kompletten Theorie steht noch aus."[387]

---

[382] Vgl. zu diesen Ansätzen allg. Brettschneider (1996): 575-580
[383] Vgl. hierzu Noelle-Neumann (1996): 214 f
[384] Noelle-Neumann (1996): 64
[385] Noelle-Neumann (1990): 13
[386] Vgl. grundlegend Asch (1952): insb. 388 ff
[387] Brettschneider (1996): 588

450   Die *Wissenskluft-Hypothese* (*knowledge-gap*) bzw. „Bewußt-
seinskluft-Hypothese"[388] thematisiert den Aspekt der medienbedingten
Ungleichheit sozio-ökonomischer Gruppen. Sie geht davon aus, dass
die massenmedial vermittelten, quantitativ zunehmenden Wissensbe-
stände von den verschiedenen sozialen Gruppen unterschiedlich verarbeitet und genutzt werden.

> „Im Laufe der Diskussion über ein allgemeines Thema (kein Fach- oder Sensati-
> onsthema) öffnet sich die bereits anfangs vorhandene Wissenslücke zwischen Per-
> sonen mit hohem sozio-ökonomischen Status und Personen mit geringem sozio-
> ökonomischen Status noch weiter. Zwar erlangen beide neues Wissen – jeder ver-
> zeichnet einen Wissenszuwachs –, jedoch liegt er in den oberen sozialen Schichten
> über dem in den unteren sozialen Schichten."[389]

451   Dies wird durch unterschiedliche Medienkompetenz (z. B. Nutzungs-
kompetenz für das Internet), differierende Informationsselektions- und
-verarbeitungskompetenz, einen unterschiedlichen Stand an Vor- und
Orientierungswissen sowie über eine für den Zuwachs an Wissen
relevante Sozialkontakthäufigkeit hervorgerufen. Hermann Meyn
kommt zu dem Schluss, dass

> „die zunehmende Ungleichverteilung des Wissens (...) zu etwas Ähnlichem wie ei-
> ner Teilung der Gesellschaft in zwei Hälften [führt] (...) mit der Informations-Elite
> auf der einen und den Informations-Parias auf der anderen Seite."[390]

4.3.4   Verfassungsrechtliche Verankerung

452   Welch zentraler Stellenwert der Meinungs- und Pressefreiheit im Verfassungssystem Deutschlands zugeschrieben wird, geht aus Art. 5
Abs. 1 GG hervor.

> „Jeder hat das Recht, seine Meinung in Wort, Schrift und Bild frei zu äußern und zu
> verbreiten und sich aus allgemein zugänglichen Quellen ungehindert zu unterrich-
> ten. Die Pressefreiheit und die Freiheit der Berichterstattung durch Rundfunk und
> Film werden gewährleistet. Eine Zensur findet nicht statt."

453   Diese Freiheit wird lediglich dort begrenzt, wo nach Art. 5 Abs. 2 GG

> „... Vorschriften der allgemeinen Gesetze, (...) gesetzliche Bestimmungen zum
> Schutze der Jugend und [das] Recht der persönlichen Ehre"

---

[388] Schulz (1987): 136
[389] Brettschneider (1996): 592
[390] Meyn (1994): 210

zur Anwendung kommen. Die große Bedeutung, die dem Grundrecht auf freie Kommunikation im pluralistischen System Deutschlands beigemessen wird, brachte auch wiederholt die Rechtsprechung des Bundesverfassungsgerichts zum Ausdruck:

> „Das Grundrecht auf freie Meinungsäußerung ist als unmittelbarster Ausdruck der menschlichen Persönlichkeit in der Gesellschaft eines der vornehmsten Menschenrechte überhaupt (...) Für eine freiheitlich-demokratische Staatsordnung ist es schlechthin konstitutierend, denn es ermöglicht erst die ständige geistige Auseinandersetzung, den Kampf der Meinungen, der ihr Lebenselement ist (...). Es ist in gewissem Sinn die Grundlage jeder Freiheit überhaupt ...“[391]

4.3.5 Grundzüge der deutschen Medienlandschaft

War die Presselandschaft von Beginn der Bundesrepublik an privatrechtlich organisiert, so ist diese Rechtsform im Hörfunk- und Fernsehbereich erst seit 1984 mit dem Aufkommen des *Dualen Rundfunksystems* anzutreffen. Bis dahin hatten die an der BBC (British Broadcasting Company) orientierten öffentlich-rechtlichen Rundfunkanstalten den Hörfunkbereich monopolisiert. Anders als das nahezu vollständig privatisierte US-amerikanische Mediensystem oder das verstaatlichte Hörfunk- und Fernsehsystem Frankreichs gehört „die deutsche Lösung sicherlich zu den ausbalanciertesten der Welt.“[392]

In ihr stehen sich öffentlich-rechtliche Rundfunkanstalten und private Anstalten gegenüber. Da der Rundfunk als kulturelles Gut unter die Hoheit der Länder fällt, besteht der öffentliche Sektor aus regional gegliederten Anstalten (z. B. Mitteldeutscher Rundfunk, Bayerischer Rundfunk), „die sich überwiegend durch Gebühreneinnahmen von allen Rundfunk- und Fernsehbenutzern ihres Gebiets finanzieren.“[393] 1950 bildeten die einzelnen Anstalten eine Dachorganisation, in deren Programm sie bestimmte Programmanteile einspeisen: die Arbeitsgemeinschaft der öffentlich-rechtlichen Rundfunkanstalten Deutschlands (ARD). 1963 kam das Zweite Deutsche Fernsehen (ZDF) als eine von „allen Ländern getragene zentrale Fernsehanstalt“[394] hinzu. Die Struktur zwischen den einzelnen Anstalten wird in Staatsverträgen geregelt. Analog dem Länderfinanzausgleich existiert auch zwischen

454

455

---

[391] BVerfGE 7, 208
[392] Rudzio (1996⁴): 464
[393] Rudzio (1996⁴): 469
[394] Vgl. hierzu Chill / Meyn (1998): 27

den einzelnen Anstalten ein Finanzausgleich. Rundfunkräte, deren Zusammensetzung sich entsprechend der verfassungsrechtlichen Forderung nach pluraler Gruppeninteressenberücksichtigung richten muss, sind für die Kontrolle der Programmgestaltung zuständig. Den öffentlich-rechtlichen Anstalten obliegt die sogenannte Grundversorgung aller Bürger mit Informationen, Bildung, Kultur und Unterhaltung, weshalb auch die Teilfinanzierung aus Gebühren als legitim erachtet wird.[395] Gleiches gilt für den öffentlich-rechtlichen Hörfunk. Deutsche Welle und DeutschlandRadio stehen als Bundesrundfunkanstalten außerhalb dieses Verbundes.

456　　Privatsender im Fernseh- und Rundfunkbereich finanzieren sich ausschließlich aus Werbeeinnahmen. Inzwischen gibt es eine Vielzahl landesweiter und regionaler privater Hörfunk- sowie Fernsehsender. Ergänzt wird dieses Angebot durch eine Reihe von sogenannten Offenen Fernseh- und Hörfunkkanälen, die lokal oder regional nichtprofessionelle Beiträge aus der Bevölkerung verbreiten und von Landesmedienanstalten getragen werden.[396]

457　　Ein Blick auf die Verteilung der Zuschaueranteile verdeutlicht die Verschiebungen zwischen dem öffentlich-rechtlichen und dem privaten Fernsehsektor sowie gravierende Unterschiede zwischen West und Ost.

458　　Radio-Télé-Luxembourg (RTL) hat inzwischen deutschlandweit in der Zuschauergunst die Spitzenreiterposition vor der ARD gefestigt, die genauso wie das ZDF besonders in Ostdeutschland hinter RTL, SAT 1 und Pro 7 zurückgefallen ist. Einzig die regionalen Anstalten der ARD in den neuen Bundesländern, der Mitteldeutsche Rundfunk (MDR) sowie der Ostdeutsche Rundfunk Brandenburg (ORB) kommen auf höhere Werte als jene im Westen der Republik.

459　　Trotz des enormen Zuschauerzuspruchs bei den privaten Sendern arbeiten bisher aber nur zwei, RTL und Pro 7, kostendeckend; vor allem die regionalen Sender können ihre Kosten nicht durch Werbeeinnahmen abdecken.[397]

---

[395] Vgl. hierzu Chill / Meyn (1998): 27 f
[396] Vgl. hierzu Rudzio (1996[4]): 472 und am Beispiel von Rheinland-Pfalz Gellner / Koellmer / Roemer (1996)
[397] Vgl. hierzu Chill / Meyn (1998): 34

Tabelle 4.3.3: Anteil am Fernsehkonsum der Zuschauer ab drei Jahre nach Fernseh-						460
sendern (1995 und 1997) in Prozent und West : Ost						
	1995	1997		1995	1997	
ARD	14,6 (15,7 : 11.0)	14,7 (15,8 : 10,9)	PRO 7	9,9 (9,5 : 11,3)	9,4 (8,8 : 11,3)	
ZDF	14,7 (15,4 : 12,3)	13,4 (14,4 : 10,2)	RTL 2	4,5 (4,3 : 5,6)	4,0 (3,7 : 4,9)	
ARD (Dritte)	9,7 (9,3 : 10,9)	11,6 (11,3 : 12,7)	VOX	3,0 (2,5 : 2,7)	3,0 (2,9 : 3,6)	
SAT 1	14,7 (14,2 : 16,6)	12,8 (12,5 : 13,8)	Kabel 1	3,6 (3,2 : 2,3)	3,8 (3,7 : 4,5)	
RTL	17,6 (16,9 : 19,6)	16,1 (15,6 : 17,7)	Super RTL	2,1 (1,0 : 1,6)	2,3 (2,1 : 3,0)	
Media Perspektiven (1998): Daten zur Mediensituation in Deutschland 1998: 73						

Das Zeitungsangebot in Deutschland ist im internationalen Vergleich   461
mit nahezu 1 600 Zeitungsausgaben sehr vielfältig. Hierbei darf allerdings nicht übersehen werden, dass viele Zeitungen nur den Lokalteil
selbst redaktionell erstellen, alle anderen als sogenannte Mantelteile
von Zentralredaktionen übernehmen. An der Zahl der Vollredaktionen
ist der Konzentrationsprozess ablesbar: Gab es 1954 noch 225 Vollredaktionen, so sank ihre Zahl bis 1989 auf 119, stieg nach dem Beitritt
der DDR wieder auf 158 (1991), um bis 1997 erneut auf 135 abzusin-
ken.[398]

Die Vielzahl der – politisch relevanten – Zeitungen kann folgen-   462
dermaßen unterteilt werden:

- Tageszeitungen lassen sich nach ihrem Verbreitungsgebiet in lokale, regionale, mehr
  oder weniger politisches Profil entwickelnde (z. B. Ostsee Zeitung (Tagesauflage I.
  Quartal 1997: 207 600),[399] Passauer Neue Presse (162 900)) und überregionale, eine
  mitunter akzentuierte politische Linie vertretende Zeitungen unterscheiden (z. B. die
  linksliberale Süddeutsche Zeitung (SZ, 404 500) und die liberal-konservative Frankfurter Allgemeine Zeitung (FAZ, 1998: 400 400)). Letztere gelten gemeinhin als
  „wichtigste Träger der argumentativen öffentlichen Meinung auf nationaler Ebene.[400]
- Blätter der Boulevardpresse, wie die auflagenstarke Bild-Zeitung (4 412 000), spielen
  eine nicht zu unterschätzende Rolle in der politischen Meinungsbildung. Dabei werden populäre Themen mit geringem Informationsgehalt in auffälliger Aufmachung
  vermarktet.

---

[398] Zahlen in Chill / Meyn (1998): 15
[399] Die Zahlen beziehen sich, soweit nicht anders vermerkt, alle auf das I. Quartal 1997.
Media Perspektiven (1998): Daten zur Mediensituation in Deutschland 1998: 48-51
[400] Rudzio (1996⁴): 465

- Wochenzeitungen wie Die Zeit und politische Magazine wie Der Spiegel ordnen Tagesereignisse in größere Zusammenhänge ein, vermitteln Hintergrundinformationen und gehören zu den meinungsführenden Blättern Deutschlands.
- Die Parteipresse hat in der Bundesrepublik untergeordnete Bedeutung. Nachdem die SPD ihre Wochenzeitung Vorwärts aus Kostengründen einstellte, verfügen nur noch die CSU (Bayernkurier) und die PDS (Neues Deutschland mit einer Auflage von 70 100) über eigene Presseorgane.

463   Da in Ostdeutschland die großen überregionalen Blätter erheblich geringere Verkaufszahlen erzielen als im Westen, kommt den ostdeutschen Regionalzeitungen eine stärkere Stellung bei der Meinungsbildung zu.

4.3.6   Problemfelder und Diskussionspunkte

„Mediatisierung der Politik"[401] *und Politisierung der Medien*

464   Massenmedien haben als Vermittlungsagenturen zwischen dem politischen und dem gesellschaftlichen System großen Einfluss auf die öffentliche Meinung. Dadurch sind sie in der Lage, politische Prozesse sowie personalpolitische Fragen entscheidend zu beeinflussen. Das Schlagwort von der „Vierte[n] Gewalt"[402] im Staat verdeutlicht die Gratwanderung, die die Medien dabei zwischen ihrer Kontroll- und Kritikfunktion einerseits sowie deren Überschreitung andererseits zu absolvieren haben. Zu bedenken ist hierbei, dass Medien über eine *Macht ohne Mandat* verfügen, d. h. nur in wenigen Fällen direkt zur Verantwortung gezogen werden können.

465   Die zunehmende Konzentration der Macht ist auch Folge der Medienkonzentration. Darunter ist die Konzentration von Medienanbietern bezogen auf ihren Marktanteil sowie der Grad der Verflechtung zwischen einzelnen Mediensegmenten zu verstehen. Im Zeitungssektor beispielsweise kam die Axel-Springer-Verlagsgruppe 1997 auf einen Marktanteil von 23,7 Prozent.[403] Verflechtungen zwischen Verlagen, Radio- und Fernsehsendern sind inzwischen großflächig vorzufinden.[404] Daraus kann eine Bedrohung für die Sicherstellung des Meinungspluralismus abgeleitet werden. Denn kommen beim öffent-

---

[401] Oberreuter (1989a)
[402] Bergsdorf (1980)
[403] Media Perspektiven (1998): Daten zur Mediensituation in Deutschland 1998: 52
[404] Beispiele (Bertelsmann-Konzern, Kirch-Gruppe, Springer-Konzern etc.) in: Media Perspektiven (1998): Daten zur Mediensituation in Deutschland 1998: 29-43

lich-rechtlichen Rundfunk dem Prinzip des Binnenpluralismus folgend „innerhalb des Gesamtprogramms eines Senders möglichst alle Meinungen zu Wort",[405] so soll Meinungspluralismus im privaten Fernseh- und im Printmedienbereich durch die Konkurrenz verschiedener Sender oder Publikationsorgane (Außenpluralismus) gesichert werden. Ziel ist die Gewährleistung eines „*ständigen Prozess[es] von Äußerung und Gegenäußerung, von wechselseitiger Korrektur und Kontrolle.*"[406]

Das Verhältnis zwischen Politik und Medien ist symbiotisch angelegt: Politiker brauchen Medien, um im öffentlichen Raum überhaupt wirken zu können; Journalisten brauchen die Politik, weil diese der Gegenstand ist, mit dem sie arbeiten und Geld verdienen. *Mediatisierung der Politik* meint nun, dass sich Politiker den Eigengesetzlichkeiten der Medien – insbesondere denen des „*Leitmediums*"[407] Fernsehen – beugen.   466

> „Damit entfalten sich in der Politik zwei Ebenen: die Entscheidungs- und die Darstellungebene. Auf beiden Ebenen wird unterschiedlichen Rationalitäten gefolgt. Hinsichtlich der Entscheidungsebene wird erwartet, daß das Handeln sachgerecht ist, auf der Darstellungsebene muß es mediengerecht sein."[408]

Da die Entwicklungen im Mediensystem zur Bedeutungszunahme der Darstellungsebene führt, gewinnen *symbolische Politik*[409] und Formen des *political marketing* einen immer größeren Stellenwert. Die „dramaturgischen Notwendigkeiten – Spannung, Verkürzung, Simplifizierung"[410] führen dazu, dass Rationalität und Kontinuität immer mehr vernachlässigt werden.   467

Der Vorwurf der *Politisierung der Medien* beinhaltet im Kern, die Parteien würden via Rundfunkräte die öffentlich-rechtlichen Rundfunkanstalten beherrschen. Der Rundfunkrat des WDR beispielsweise setzt sich aus zwölf, vom Landtag Nordrhein-Westfalens nach dem Mehrheitsverhältnis der Fraktionen entsandten Mitgliedern, 17 von gesellschaftlichen Gruppen (Religionsgemeinschaften, Gewerkschaften, Verbraucher- und Wohlfahrtsverbänden etc.) sowie aus neun Mit-   468

---

[405] Brettschneider (1996): 561
[406] Rudzio (1996⁴): 461 (Hervorhebung im Original)
[407] Hoffmann / Sarcinelli (1999): 722 (Hervorhebung im Original)
[408] Brettschneider (1996): 578
[409] Vgl. grundlegend Edelman (1988)
[410] Oberreuter (1989a): 37

gliedern der Bereiche Publizistik, Kultur, Kunst und Wissenschaft zusammen.[411] Gibt es auch immer wieder einzelne Fälle von politischem Druck auf Journalisten sowie Versuche der verdeckten Beeinflussung der Programmstruktur, so ist die grundsätzliche Beteiligung der Parteien an den Kontrollorganen durchaus legitim. Mit welcher Begründung sollte den Parteien in einem politischen System, in dem sie eine so zentrale Rolle spielen und breite Bevölkerungsinteressen vertreten, der Zugang zu diesen, „für die gesamte Gesellschaft wichtigen Gremien"[412] verwehrt werden?

Infotainment und Negativismus

469   In seinem 1985 erschienenen Buch *Wir amüsieren uns zu Tode* beklagt der US-amerikanische Kommunikationswissenschaftler Neil Postman die kompromisslose Unterordnung der Politik unter das Diktat des Entertainments:

> „Weitgehend ohne Protest und ohne daß die Öffentlichkeit auch nur Notiz davon genommen hätte, haben sich Politik, Religion, Nachrichten, Sport, Erziehungswesen und Wirtschaft in kongeniale Anhängsel des Showbusiness verwandelt. Wir sind im Zuge dieser Entwicklung zu einem Volk geworden, das im Begriffe ist, sich zu Tode zu amüsieren."[413]

470   Politische Inhalte haben sich in einer mediatisierten Politik den Eigengesetzlichkeiten der Medien zu beugen. Folglich gilt für den Politiker, seine Inhalte so zu präsentieren, dass sie die Selektionskriterien der gate-keeper erfüllen und in die verschiedenen Medienformate passen. Simplizität und Sensationsgrad[414] der Ereignisse sind deshalb zu berücksichtigen; bewusstes Ereignismanagement und Medieninszenierungen wie spektakuläre Demonstrationen (z. B. Besetzung von Industrie-Schornsteinen durch Greenpeace) oder Parteitage werden nicht nur zu Wahlkampfzeiten immer wichtiger. Weniger attraktive Themen haben weitgehend nur dann die Chance auf Publizität, wenn sie spektakulär präsentiert werden. Diese Entwicklung wird besonders durch das Leitmedium Fernsehen, in dem der Diskurs über den Austausch von Bildern und nicht von Worten erfolgt, forciert. „Seine Form arbeitet gegen den Inhalt",[415] resümiert Postman und weist wei-

---

[411] Vgl. hierzu Rudzio (1996⁴): 470 f
[412] Chill / Meyn (1998): 31
[413] Postman (1998¹¹): 12
[414] Vgl. grundlegend Östgaard (1965): 39-63
[415] Postman (1998¹¹): 16

ter darauf hin, dass Information nur noch im Gewande der Unterhaltung („Infotainment"[416]) zu verkaufen sei. Die Verflachung der Infor-
mationsqualität sei die unausweichliche Konsequenz.

Inhaltsanalytische Untersuchungen[417] belegen, dass zwischen den   471
öffentlich-rechtlichen Fernsehsendern und den privaten Anbietern
erhebliche Unterschiede in der Darstellung des politischen Prozesses
und politischer Strukturen bestehen. Während letztere bei politischen
Beiträgen lediglich die Hälfte des Sendevolumens auf den institutio-
nalisierten politischen Prozess und dessen Akteure (Regierung, Parlament, Verwaltung) verwenden, sind es bei ARD und ZDF immerhin
knapp drei Viertel. Folgt man der *Konvergenzhypothese*, wonach beide
Anbietergruppen bestrebt sind, möglichst hohe Einschaltquoten in der
Hauptsendezeit zu erzielen, wird es über kurz oder lang zu einer An-
gleichung in Richtung eines „massenattraktive[n], unterhaltungsorien-
tierte[n] Mischprogramm[s]"[418] kommen.

Als Produzenten und Distributoren von Informationen und Mei-   472
nungen kommt den Massenmedien in der Informationsgesellschaft
eine wichtige Position zu. Der zunehmende Wettbewerb verstärkt
dabei Tendenzen, die die Kluft zwischen Medienwirklichkeit und
Realität vertiefen. Durch die Dominanz negativer Meldungen (*Negativismus*: Gewalt, Skandale, Konflikte) entsteht bei den Rezipienten
durch die Medien ein Fernbild von der Umwelt, das in der Regel sehr
viel negativer geprägt ist als das positivere Nahbild. Diese Erscheinung, die z. B. bei Umfragen nach der persönlichen Lage (positiv) und
der Einschätzung der allgemeinen Lage (negativ) festzustellen ist,
wird als „pluralistic ignorance"[419] bezeichnet. Diese Wirkmechanismen haben entsprechende Konsequenzen bezüglich der Einschätzung
der Problemlösungskompetenz und damit der Legitimität des politischen Systems schlechthin.

„Cyberdemokratie"?[420]

Seit dem Beginn der flächendeckenden Ausbreitung des world wide   473
webs Anfang der neunziger Jahre kommt die Diskussion über dessen

---

[416] Vgl. hierzu Dörner (1999)
[417] Vgl. beispielsweise Pfetsch (1991): 103 f
[418] Brettschneider (1996): 572
[419] Vgl. hierzu Brettschneider (1996): 588
[420] Sarcinelli (1997): 336, vgl. auch Hague / Loader (Hrsg.) (1999) sowie Gellner /
Korff, von (Hrsg.) (1998)

Folgen für das politische System nicht mehr zur Ruhe. Sehen die Befürworter eine Chance, „in völlig neue Dimensionen politischer Beteiligung vorzustoßen", verweisen Skeptiker auf die Verschärfung der Wissenskluft zwischen denjenigen, die die Möglichkeiten moderner Information und Kommunikation nicht zu nutzen verstünden und der „Informationselite".[421]

474   Elektronische Medien vermindern „die Bedeutung räumlicher Distanz als Kommunikationshürde weitgehend und entscheidend."[422] Dies bewirkt die Ausweitung der „Menge verfügbarer Informationen" und das gesteigerte Tempo des Informationsflusses, sowie der „Interaktivität" und der „Multimedialität"[423] des Mediums. Diese Zusammenhänge gelten potentiell in einem repräsentativ angelegten System auch für das Verhältnis zwischen Repräsentierten und Repräsentanten. Daraus resultiert aber nicht zwingend eine neue, intensivierte Form demokratischer Partizipation. Der gegenwärtige Stand der Forschung lässt hierzu fundierte Kenntnisse noch nicht zu.[424] Vieles spricht dafür, dass das Internet von vielen Akteuren in der Art herkömmlicher Medien nach dem Sender-Empfänger-Schema genutzt wird.[425] Hubertus Buchstein zufolge kann das Netz

> „keine neue Form demokratischer Öffentlichkeit kreieren, sondern eignet sich allenfalls für die Optimierung bestehender Öffentlichkeiten."[426]

475   Versuche wie die schweizerische „Internetpartei", die mit dem Anspruch antrat, stärkste Partei der Schweiz zu werden, politisch neutral (!) zu bleiben und ihr Parteiprogramm per Mausklick von ihren 500 Mitgliedern kreieren zu lassen, scheiterten schon nach kurzer Zeit.[427] Dennoch empfiehlt es sich, die zukünftigen Potentiale dieses neuen Mediums nicht zu unterschätzen, zumal ein Ende der technischen Entwicklung noch nicht abzusehen ist.

---

[421] Sarcinelli (1997): 337
[422] Zittel (1998): 115
[423] Zittel (1998): 115
[424] Vgl. hierzu Zittel (1998): 116
[425] Sarcinelli (1997): 337
[426] Buchstein (1996): 604
[427] Vgl. SZ vom 12.10.1999 (http://www.internetpartei.ch)

4.3.7 Stellung im politischen System

Grafik 4.3.3: Medien: Stellung im politischen System   476

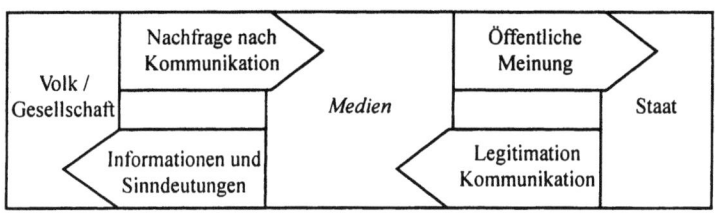

Eigene Darstellung

4.3.8 Informationshinweise zur Einführung

- Chill / Meyn (1998): Massenmedien. ➡️^PolBil *(grundlegende, knappe Einführung und*   📖
  Zusammenfassung der wichtigsten Aspekte zum Thema)
- Noelle-Neumann / Schulz / Wilke (Hrsg.) (1995): Fischer Lexikon: Publizistik,
  Massenkommunikation. *(kommunikationswissenschaftliches Lexikon mit Schwerpunkt*
  auf Aspekten der Kommunikationstheorie und Medienwirkungsforschung)
- Gallus / Lühe (1998): Öffentliche Meinung und Demoskopie. ➡️^PolBil *(guter Überblick*
  über Konzepte der Öffentlichen Meinung und der Entwicklung der Demoskopie)
- Wilke (Hrsg.) (1999): Mediengeschichte der Bundesrepublik Deutschland. ➡️^PolBil
  (detaillierter Überblick über wichtige Aspekte der Geschichte der Mediensysteme der
  BRD und der DDR)

- Media-Perspektiven   📋
- Rundfunk und Fernsehen
- Publizistik. Vierteljahreshefte für Kommunikationsforschung
- Medienpsychologie. Zeitschrift für Individual- und Massenkommunikation
- European Journal of Communication

- http://emedia1.mediainfo.com/emedia *(englischsprachige, weltweite Suchmaschine zu*   💻
  Print- und audiovisuellen Medien)
- http://www.metagrid.de/mags/politics/ *(link-Sammlung zu deutschen und US-*
  amerikanischen Zeitschriften)
- http://www.paperball.de *(übersichtliche Suchmaschine zu deutschen Printmedien)*
- http://www.dradio.de *(DeutschlandRadio)*
- http://www.spiegel.de *(Spiegel-online)*
- http://www.sueddeutsche.de *(Süddeutsche Zeitung)*
- http://www.faz.de *(Frankfurter Allgemeine Zeitung)*

5. Akteure im Zentralen Politischen Entscheidungssystem

5.1 Parlament

477   Leistete sich das nationalsozialistische Hitler-Regime den Reichstag und schmückte sich die DDR mit der Volkskammer, so ist der Bundestag aus dem politischen System der Bundesrepublik nicht wegzudenken. Ein Blick auf die Stellung dieser Parlamente im jeweiligen politischen System sowie auf ihre Funktionen zeigt, dass wir es hier mit sehr unterschiedlichen Arten von Parlamenten zu tun haben. Ein sehr weit gefasster Parlamentarismusbegriff, der alle politischen Systeme, in denen ein Parlament existiert – „gleich welche Position das jeweilige Parlament einnimmt und welche Funktionen es erfüllt"[428] – umfasst, ist hier folglich wenig brauchbar.

478   Eine Definition von *Parlamentarismus* muss sich nach Kriterien jenseits der bloßen Existenz „eines machtlosen, die jeweiligen Herrschaftsgruppen nur ‚legitimierenden' Parlaments"[429] richten. In der Parlamentarismuskonzeption der westlichen Demokratien,[430] die nach den Grundsätzen der freiheitlichen demokratischen Grundordnung organisiert sind, kommt dem Parlament eine eigenständige und substantielle Rolle zu. Es ist neben der Regierung und den rechtsprechenden Organen Bestandteil des Zentralen Politischen Entscheidungssystems (ZPES) und damit in besonderer Weise für die Herstellung allgemeinverbindlicher Entscheidungen zuständig.

5.1.1 Definition

479   Von Parlamentarismus spricht man bei politischen Systemen, in denen ein Parlament existiert, das bestimmte qualitative Merkmale aufweist. Unter einem Parlament versteht man eine Vertretungskörperschaft der repräsentativen Demokratie, die aus freien Wahlen hervorgeht und

---

[428] Hübner (1995): 13
[429] Hübner (1995): 13
[430] Vgl. hierzu generell Beyme, von (1999a)

über exklusive, substantielle Rechte in bestimmten politisch relevanten Bereichen – wie z. B. der Gesetzgebung oder der Regierungskontrolle – verfügt und damit ein eigenständiges Machtzentrum im politischen Willensbildungs- und Entscheidungsprozess darstellt.[431]

Diese Parlamentsdefinition trifft nun noch keine Aussage über die   480
unterschiedlichen Regierungssysteme westlicher Demokratien. Deshalb ist dieser Parlamentarismusbegriff nicht mit dem Begriff *parlamentarisches Regierungssystem* identisch, obwohl diese Gleichsetzung nicht nur im alltäglichen Sprachgebrauch immer wieder anzutreffen ist.[432] Parlamentarismus ist eine Oberkategorie, unter deren
Dach sich so verschiedene Regierungssysteme wie das Präsidialsystem der USA, das semipräsidentielle Regierungssystem Frankreichs
oder das parlamentarische Regierungssystem Großbritanniens ver-
sammeln.

5.1.2   *Parlamentarische und präsidentielle Regierungssysteme*

Parlamente sind Vertretungskörperschaften und somit Kernbestand-   481
teile repräsentativer Demokratien. Diese organisieren – im Gegensatz
zu Systemen direkter Demokratie mit unmittelbarer Herrschaftsaus-
übung des Volkes – die Volkssouveränität mittelbar durch die Wahl
von Repräsentanten.

Je nachdem wie nun die Verteilung der staatlichen Macht zwischen   482
den einzelnen Machtträgern (Regierung, Parlament, Verfassungsgerichtsbarkeit) organisiert ist, kommt es zur Ausbildung verschiedener
Typen. Regierungssysteme, in denen mehr der Aspekt der Gewaltenverschränkung berücksichtigt wird, nähern sich dem Grundtyp des
parlamentarischen Regierungssystems an, Regierungssysteme, bei
denen mehr der Aspekt der Gewaltentrennung (*separation of powers*)
und der gegenseitigen Hemmung und Balancierung der Machtträger
(*checks and balances*) im Vordergrund steht, sind dem Grundtyp *präsidentielles Regierungssystem* zu subsumieren. Bei der Zuordnung ist
das Verhältnis zwischen Regierung und Parlament von ausschlagge-
bender Bedeutung.

---

[431] Definition auf der Grundlage von Hübner (1995): 13 und Oberreuter (1978²): 11
[432] Vgl. hierzu z. B. Alemann, von (1996a): 493

483

Tabelle 5.1.1: Regierungssysteme des Parlamentarismus

Gewaltenverschränkung ◄— Parlamentarismus —▶ „separation of powers",
„checks and balances"

parlamentarisches Regierungssystem		Mischformen		präsidentielles Regierungssystem / Präsidialsystem
		Parl.-Präs. Regierungssystem (Mischform)	Direktorialverfassung	
Staatsform Republik: Deutschland	Staatsform parl. Monarchie: Großbritannien	Frankreich (semipräsidentielles Reg. System)	Schweiz	USA Lateinamerik. Länder

Eigene Darstellung

484   Die beiden Grundtypen parlamentarisches und präsidentielles Regierungssystem können anhand folgender Merkmale verglichen und unterschieden werden:[433]

485   • *Legitimationskette*: Während im US-amerikanischen Präsidialsystem Präsident und Kongress in getrennten Wahlen bestellt werden, also über ein jeweils eigenes Elektorat und damit direkte Legitimation vom Wahlvolk verfügen, entscheidet im parlamentarischen Regierungssystem eine einzige Wahl über die Zusammensetzung von Parlament und Regierung. Das Parlament verfügt also als einziges Staatsorgan über die direkte Legitimation durch das Wahlvolk. Der Regierungschef steht in Ländern mit einem Zweiparteiensystem wie Großbritannien nach der Wahl fest (de facto-Plebiszit), in Mehr- oder Vielparteiensystemen wie z. B. Deutschland kommt es hingegen – falls keine der Parteien die absolute Mandatsmehrheit erreicht – in der Regel zu Koalitionsverhandlungen.

486   • *Gegenseitige Abhängigkeit Parlament-Regierung*: Im parlamentarischen Regierungssystem wird die Regierung vom Parlament de facto bestellt und kann auch wieder abberufen werden. „Der Regierungschef oder die Minister sind also direkt oder indirekt dem Parlament verantwortlich.'[434] Andersherum formuliert: Die Regierung geht aus dem Parlament hervor und muss – um Bestand zu haben – von der Mehrheit permanent gestützt werden. Die Regierung ist also vom Vertrauen der Parlamentsmehrheit abhängig, dadurch aber auch im Parlament verankert. Der Kongress hingegen kann den Präsidenten aus politischen Gründen nicht stürzen. Nur bei strafrechtlich relevanten Vergehen kann er zum Rücktritt gezwungen werden (Impeachment). Im Gegenzug verfügt der Präsident aber auch nicht über die Möglichkeit das Parlament aufzulösen, während dies dem Regierungschef im parlamentarischen Regierungssystem entweder ohne rechtliche Einschränkung (Großbritannien) oder mit gewissen rechtlichen Einschränkungen (Deutschland) zusteht. Resümierend resultiert daraus eine starke gegenseitige Abhängigkeit von Parlament und Regierung im parlamentarischen Regierungssystem und eine schwache im präsidentiellen Regierungssystem,

---

[433] Vgl. Hübner (1995): 14-17
[434] Hübner ı

wenn auch der US-Präsident im Rahmen des Gesetzgebungsprozesses gewissen Kooperationserfordernissen unterworfen ist.

Tabelle 5.1.2: Parlamentarisches und präsidentielles Regierungssystem   487

Merkmal	parlamentarisches Regierungssystem	präsidentielles Regierungssystem
Legitimationskette	Wahlvolk → Parlament → Regierung	• Wahlvolk → Präsident • Wahlvolk → Parlament
Gegenseitige Abhängigkeit Parlament – Regierung	stark	schwach
zeigt sich in: Kreation und Bestellung der Regierung durch das Parlament	gegeben	nicht gegeben
Abberufbarkeit der Regierung aus politischen Gründen	gegeben	nicht gegeben
Parlamentsauflösung durch die Regierung	möglich	untersagt
Kompatibilität von Regierungsamt und Parlamentsmandat	unterschiedlich geregelt (GB: vorgeschrieben)	untersagt
Gesetzesinitiativrecht der Regierung	gegeben	nicht gegeben
Vetorecht der Regierung	nur bei Ausgabengesetzen	gegeben
Fraktionsdisziplin	ausgeprägt	gering

Eigene Darstellung auf der Basis von Hübner (1995): 14-17 und Steffani (1983): 392 f sowie Fraenkel (1964): 240

• *Kompatibilität von Amt und Mandat*: Finden sich bei den verschiedenen parlamentarischen Regierungssystemen unterschiedliche Regelungen bezüglich der Vereinbarkeit bzw. Unvereinbarkeit von Regierungsamt und Mandat (Deutschland nicht vorgeschrieben, Großbritannien vorgeschrieben), „verlangt die Verfassung der Vereinigten Staaten, daß der Präsident und seine Regierungsmitglieder – mit Ausnahme des Vizepräsidenten, der gleichzeitig Vorsitzender des Senates ist – keinen Sitz im Kongreß innehaben dürfen."[435]   488

• *Gesetzesinitiativ- und Vetorecht*: Während im parlamentarischen Regierungssystem der Regierung das Recht zur Gesetzesinitiative eingeräumt wird, ist dem US-Präsidenten formal – die Praxis weist einige Auswege – diese Möglichkeit verwehrt. Der Präsident verfügt über das Vetorecht, d. h., er kann Gesetzesbeschlüsse des Kon-   489

---

[435] Hübner (1995): 16

gresses mit einem Einspruch blockieren, der allerdings mit einer 2/3-Mehrheit in beiden Häusern überstimmt werden kann. Aber auch die Regierung im parlamentarischen Regierungssystem hat „– was beim Vergleich der beiden Regierungssysteme
nicht selten unerwähnt bleibt – teilweise auch, wie z. B. in Großbritannien oder in der
Bundesrepublik, ein absolutes Vetorecht gegen Ausgabengesetze.[436]

490   • *Fraktionsdisziplin*: Aufgrund der Funktionslogik präsidentieller Regierungssysteme
        (relative Unabhängigkeit zwischen Regierung und Parlament) neigen Parlamente we-
        gen der daraus resultierenden mangelhaften Fraktionsdisziplin zu „innerparlamentari-
        scher Dezentralisation."[437] Demgegenüber produziert die Funktionslogik des parla-
        mentarischen Regierungssystems mit seiner engen Verbindung zwischen der Regie-
        rung und der diese tragenden Parlamentsmehrheit eine ausgeprägte und belastbare
        Fraktionsdisziplin.

491   Parlamentarisches wie präsidentielles Regierungssystem funktionieren
        entlang einer spezifischen dualistischen Funktionslogik: Im Präsidial-
        system ist die politische Trenn- und Konfrontationslinie trotz einiger
        Berührungspunkte zwischen der Regierung und dem Parlament zu fin-

492   *Grafik 5.1.1: Parlam. und präsid. Regierungssystem: Funktionslogik*

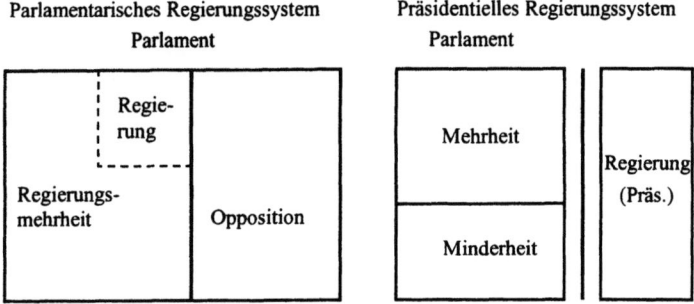

Eigene Darstellung

den. Im parlamentarischen Regierungssystem stehen sich dagegen
Regierung und parlamentarische Regierungsmehrheit auf der einen
Seite sowie die Opposition auf der anderen Seite als Funktions- und
Aktionseinheiten gegenüber.

493   Neben diesen beiden Grundtypen existieren zwei Mischformen,
        die Direktorialverfassung,[438] die in der Schweiz zu finden ist, und das
        semipräsidentielle Regierungssystem, nach dem beispielsweise die

---

[436] Hübner (1995): 16 f
[437] Steffani (1983): 393
[438] Vgl. hierzu Hübner (1995): 17 f

meisten Staaten Osteuropas sowie die französische V. Republik organisiert sind. Letztere weist folgende charakteristische Merkmale auf:

• Der Präsident wird analog dem präsidentiellen Regierungssystem direkt vom Wahlvolk gewählt und ist mit umfassenden eigenen Rechten (z. B. in der Außenpolitik) ausgestattet. In Abweichung vom präsidentiellen System ist die Exekutive aber nicht in einer Person vereinigt, sondern zwischen dem Präsidenten und der Regierung aufgeteilt.
• Die Regierung steht in doppelter Verantwortung. Einerseits ist sie vom Staatspräsidenten abhängig, der den Regierungschef in eigener Verantwortung ernennt. Andererseits ist sie dem Parlament gegenüber verantwortlich „und von ihm absetzbar."[439]
• Die Regierung kann im Normalfall zusammen mit dem Präsidenten das Parlament auflösen.
• Neben dem Parlament steht auch der Exekutive in den meisten Fällen das Gesetzesinitiativrecht zu.
• Analog den parlamentarischen Regierungssystemen ist die Kompatibilitätsregelung ganz unterschiedlich; Frankreich beispielsweise schreibt die Unvereinbarkeit von Amt und Mandat vor.

Eine zentrale Rolle für die Bewertung des semipräsidentiellen Regierungssystems spielen die parteipolitischen Stärkeverhältnisse. In Zeiten, in denen die Partei, welcher der französische Präsident angehört, die Parlamentsmehrheit innehat und damit auch die Regierung stützt, tritt verstärkt das präsidentielle Moment hervor. Gehört der Präsident hingegen einer Partei an, die sich in der Nationalversammlung in der Opposition befindet (cohabitation), ist der von der parlamentarischen Mehrheit unterstützte Premierminister der stärkste Machtfaktor. Das Regierungssystem nimmt dann „den Charakter eines parlamentarischen Systems an."[440]   494

5.1.3 Opposition

Auf der Grundlage der Funktionslogik des parlamentarischen Regierungssystems bedeutet der Begriff Opposition   495

„eine als legitim anerkannte politische Gegenkraft (...) aus einer oder mehreren Parteien, die nicht in Regierungsverantwortung stehen, diese in Konkurrenz mit anderen Parteien zunächst anstreben und im Parlament der Regierung und der/den sie tragenden Mehrheitsfraktion(en) gegenüberstehen."[441]

---

[439] Hübner (1995): 18
[440] Jesse / Nohlen (1996): 617
[441] Euchner (1986): 322

Diese politikwissenschaftliche, eng gefasste Definition des Oppositionsbegriffes beinhaltet also ausschließlich die systemloyale parlamentarische Opposition.

496   In parlamentarischen Regierungssystemen tritt die Opposition in ihrer systematisch-permanenten Variante auf und ist in Großbritannien sogar als *Her Majesty's Loyal Opposition* fest institutionalisiert. Bezüglich der Strategievarianten kann dabei in kompetitive, d. h. den Konflikt betonende und kooperative, d. h. den Kompromiss akzentuierende Oppositionsformen unterschieden werden.[442]

497   Die Opposition wendet in der Praxis zumeist beide Verhaltensmuster kombiniert an, auch wenn die kompetitive, also konkurrenzorientierte Variante typisch für Zweiparteiensysteme nach britischem Muster ist. Zuweilen kommt es auch vor, dass auf verschiedenen Politikfeldern unterschiedliche Strategien zum Tragen kommen. Setzt die Opposition z. B. auf dem außenpolitischen Politikfeld auf Zusammenarbeit mit der Regierung, um einen Teil ihrer Vorstellungen einfließen lassen zu können, kann sie auf dem sozial- und wirtschaftspolitischen Feld einen kompromisslosen Konfrontationskurs folgen, um beispielsweise ihr sozialpolitisches Profil zu schärfen und damit der Öffentlichkeit klare Alternativen zu demonstrieren.

498   In präsidentiellen Regierungssystemen mit deren charakteristischen Aufteilung der Macht zwischen Präsident und Parlament dominiert demgegenüber die issue-orientierte ad-hoc-Opposition: Je nach Situation und Sachfrage werden im politischen Willensbildungsprozess von den verschiedenen Akteuren „Mehrheits- und Minderheitspositionen fluktuierend eingenommen."[443] Daraus bildet sich eine Art „diffuse" Opposition.

Trotz dieser Unterschiede ist die legitime parlamentarische Minorität ein integraler Bestandteil parlamentarischer wie präsidentieller Systeme.

5.1.4   Parlamentsfunktionen

499   Vor dem Hintergrund der dargelegten Differenzierung im parlamentarischen Regierungssystem nach Mehrheit und Minderheit greift es zu kurz, im parlamentarischen Regierungssystem von *den* Funktionen des

---

[442] Vgl. hierzu Dahl (1966): bes. 336 ff, ebenso Dahl (1976)
[443] Oberreuter (1996): 485

Parlaments als Einheit zu sprechen. Vielmehr ist mit Uwe Kranenpohl davon auszugehen, dass Parlamentsmehrheit und Opposition teilweise unterschiedliche funktionale Beiträge zu den Gesamtfunktionen des Parlaments leisten.[444]

- *Kreation und Wahl*: Unter der Kreationsfunktion ist nicht nur der Legitimationsakt, sprich die Wahl des Regierungschefs zu fassen, sondern auch die dauerhafte Unterstützung der Regierung in den verschiedenen parlamentarischen Abstimmungen. Sie wird durch die Parlamentsmehrheit gesichert. Die Opposition hingegen verfolgt das Ziel die Regierung abzulösen und bietet hierfür personelle Alternativen an. Parlamentarische Kreationsfunktion und oppositionelle Alternativfunktion sind somit „zwei Seiten einer Medaille."[445]   500

- *Rekrutierung*: Während die Parlamentsmehrheit das Regierungspersonal in der Regel aus ihren Reihen stellt, hält die Opposition eine potentielle Regierungsmannschaft (britisches Unterhaus: Schattenkabinett) zur Ablösung der Regierung bereit.   501

- *Gesetzgebung*: Obgleich die überwiegende Mehrzahl der verkündeten Gesetze von der Regierung initiiert wird, kann daraus nicht geschlossen werden, das Parlament komme seiner Gesetzgebungsaufgabe nicht mehr nach. Zum einen bestehen zwischen der initiierenden Regierung und der Parlamentsmehrheit eine gemeinsame programmatische Basis durch die Partei- bzw. Koalitionszugehörigkeit sowie enge Verbindungen, die der regierungstragenden Mehrheit vielfältige Wege der mitsteuernden Einflussnahme[446] sichern. Schließlich ist die Regierung auf die Unterstützung der parlamentarischen Mehrheit angewiesen, um ihre Vorstellungen im Parlament durchzusetzen. Zum anderen ist die Opposition in ganz erheblichem Maße damit erfolgreich,[447] über eigene Gesetzesinitiativen Problempunkte oder Lösungsansätze zu thematisieren. Insofern ergänzen sich Gesetzgebungsfunktion und oppositionelle Thematisierungsfunktion.   502

- *Kontrolle*: Die weit verbreitete Meinung, es sei ausschließlich die Opposition, welche die Regierung kontrolliere, geht zwar von der richtigen Annahme aus, dass die Parlamentsmehrheit durch ihre enge Verzahnung mit der Regierung eine eigene Funktionseinheit bilde, deren primäres Ziel es ist, die Regierung an der Macht zu halten, basiert aber auf einem zu eng gefassten Kontrollbegriff. Kontrolle erschöpft sich nicht in nachheriger Aufsicht (*ex-post Kontrolle*), sondern umfasst verschiedene Formen von mitsteuernder und begleitender Einflussnahme, beispielsweise im Gesetzgebungsprozess. Oppositionelle Kontrolle ist mehr auf die öffentliche Kritik an der Regierungspolitik ausgerichtet, vorgetragen beispielsweise durch formale Instrumente (Plenumsdebatten, Fragestunden etc.). Die Parlamentsmehrheit hingegen bevorzugt interne, nicht-öffentliche sowie informale Formen von Kontrolle und Mitsteuerung. Damit ist sie in der Sache oft wirkungsvoller als die Opposition. Der von Karl Loewenstein geprägte und von Robert Leicht modifizierte Begriff *Intraorgankontrolle* beschreibt diese Kontrollbeziehung zwischen Regierung und Regierungsmehrheit. Versagt diese Kontrolle, so kann es vorkommen, dass die *Intra-* in die *Interorgankon-*   503

---

[444] Vgl. hierzu Kranenpohl (1999): 24-30
[445] Kranenpohl (1999): 25
[446] Vgl. zum Begriff Mitsteuerung Abschnitt 5.2.2
[447] Vgl. Sebaldt (1992): 209-211

trolle umschlägt.[448] Damit ist die Kontrollbeziehung zwischen dem Parlament in toto einerseits und der Regierung andererseits gemeint. Theodor Eschenburg trifft eine weitere Unterscheidung und spricht von *Sach-/Leistungskontrolle* und *Richtungskontrolle*. Bei letzterer ist die grundsätzliche politische Linie Gegenstand der Kontrolle; erstere zielt auf konkrete Sachfragen oder Leistungsdefizite im Verwaltungsapparat ab.[449] Bei der *Effizienzkontrolle*, die Emil Hübner und Heinrich Oberreuter von der *Evidenzkontrolle* abheben, muss „der Kontrolleur auch die Möglichkeit zur Durchsetzung seiner Beschwerden haben."[450] Diese Form von Kontrolle vollzieht sich in erster Linie nicht-öffentlich zwischen Abgeordneten der Regierungsfraktionen und der Regierung. *Evidenzkontrolle* hingegen zielt auf die öffentliche Zurechenschaftziehung der Regierung vor allem durch die Opposition. Dabei ergibt sich folgender Zusammenhang: „[D]ie in der Öffentlichkeit sichtbare Kontrolle der Opposition ist in der Regel nicht effizient, und die effiziente Kontrolle im Schoß der Mehrheit ist in der Regel in der Öffentlichkeit nicht sichtbar."[451] Kontrolle kann auch nach dem Zeitpunkt ihres Einsatzes unterteilt werden: Meint der Begriff *ex-post-Kontrolle* eher die nachherige Aufsicht, so zielt *ex-ante-Kontrolle* vornehmlich auf begleitende Mitwirkung von Entscheidungsprozessen.[452]

504   • *Repräsentation*:[453] Die Repräsentationsfunktion umfasst die beiden Subfunktionen *politische Führung* und *Responsivität*. Unter ersterer ist die Aufgabe zu verstehen neue Themen auf die Agenda zu setzen und für den Gesetzes-output in der Öffentlichkeit zu werben. Responsivität hingegen meint Anregungen aus der Bevölkerung aufzunehmen und sie in den parlamentarischen Willensbildungsprozess einfließen zu lassen. Dabei nimmt nicht nur das Gesamtparlament, sondern jeder einzelne Mandatsträger z. B. während der Arbeit im Wahlkreis sowie „Gruppen von Abgeordneten wie [die] Fraktionen"[454] diese Subfunktionen wahr.

505   • *Kommunikation*: Repräsentation, Kontrolle, Gesetzgebung sind nur zu leisten, wenn eine funktionierende Binnen- und Außenkommunikation des Parlaments und jedes einzelnen Abgeordneten gewährleistet ist. Zu letzterer trägt der persönliche Kontakt zum Bürger in der Abgeordnetensprechstunde oder die medial vermittelte Plenumsdebatte genauso bei wie die Öffentlichkeitsarbeit des Bundestages.

506   • *Legitimation*: In parlamentarischen Regierungssystemen ist die Volksvertretung „die einzige direkt legitimierte staatliche Institution."[455] Für die Legitimation der Parlamentsmehrheit ist entscheidend, wie sie ihre eigenen gesetzgeberischen Gestaltungsmöglichkeiten nutzt, welche Steuerungsleistung die von ihr getragene Regierung an den Tag legt (Legitimation durch Leistung) und wie sie schließlich die Mehrheitspositionen der Wählerschaft in den Gesamtprozess integriert. Dagegen trägt die parlamentarische Minorität vor allem durch die Einbeziehung (Integration) „abweichender

---

[448] Vgl. hierzu Leicht (1974): 74 f

[449] Vgl. hierzu Eschenburg (1965³): 608 f

[450] Hübner / Oberreuter (1977): 70 f

[451] Oberreuter (1989²): 186

[452] Vgl. hierzu Mandelartz (1982): 8 f

[453] Repräsentation als Begriff der Parlamentarismustheorie ist nicht mit dem der repräsentativen Abbildung bestimmter Bevölkerungsgruppen im Parlament zu verwechseln.

[454] Kranenpohl (1999): 29

[455] Kranenpohl (1999): 29

Positionen in den parlamentarischen Beratungsprozess zur Rechtfertigung des politischen Systems bei."[456]

Tabelle 5.1.3: Parlamentsfunktionen im parlamentarischen Regierungssystem

507

Funktion der Regierungsmehrheit	◄— Parlamentsfunktion —►	Funktion der Opposition
Konstituierung und dauerhafte Stützung der Regierung	Kreation und Wahl	personelle Alternativen
Regierungspersonal	Rekrutierung	potentielles Regierungspersonal
Mitsteuerung und Durchsetzung	Gesetzgebung	sachliche Alternative und Thematisierung
interne Mitsteuerung	Kontrolle der Regierung	öffentliche Kritik
	Repräsentation	
	Kommunikation	
(Mit)Steuerungsleistung und Integration der Wählermehrheit	Legitimation	Integration der Wählerminderheit

Eigene Darstellung auf der Grundlage von Kranenpohl (1999): 24-30 und Sebaldt (1992): 16-19

5.1.5 Das Konzept der Repräsentation

Das Konzept der *Repräsentation* nimmt innerhalb der Parlamentaris- 508
musforschung einen zentralen Stellenwert ein.

Ernst Fraenkel definiert den Begriff Repräsentation folgendermaßen:

> „Repräsentation ist die rechtlich autorisierte Ausübung von Herrschaftsfunktionen durch verfassungsmäßig bestellte, im Namen des Volkes, jedoch ohne dessen bindenden Auftrag handelnde Organe eines Staates oder sonstigen Trägers öffentlicher Gewalt, die ihre Autorität mittelbar oder unmittelbar vom Volk ableiten und mit dem Anspruch legitimieren, dem Gesamtinteresse des Volkes zu dienen und dergestalt dessen wahren Willen zu vollziehen."[457]

So betont Fraenkel in seiner Definition die Unabhängigkeit des Reprä- 509
sentanten vom „bindenden Auftrag" des Volkes und dessen Orientierung am „Gesamtinteresse des Volkes." Weiterhin weist er darauf hin,

---

[456] Kranenpohl (1999): 30
[457] Fraenkel (1991): 153

dass in der Praxis jedes Repräsentativsystem bestrebt ist den Ansichten der Volksmehrheit Rechnung zu tragen, allerdings nur „soweit sich dies mit der Förderung des Gemeinwohls in Einklang bringen läßt."[458] Damit hat Repräsentation wie bereits erwähnt zwei Aufgaben gleichermaßen zu erfüllen: Responsivität, also das Eingehen auf Anliegen der Wähler, und politische Führung.[459]

510   Um die verschiedenen Erscheinungen des Rollenverständnisses der Repräsentanten zu ordnen, trifft man regelmäßig auf einen Typologisierungsansatz, der die beiden Idealtypen „trustee" und „delegate" sowie den Mischtypus „politico" umfasst.[460]

511   Während der trustee nach der Wahl auf der Grundlage eines grundsätzlichen Vertrauensverhältnisses zwischen ihm und den Wählern Vertreter des ganzen Volkes ist, bleibt der delegate im Extremfall durch ein imperatives Mandat an seine spezifische Wählerschaft rückgebunden, die ihm Weisungen erteilen und die Umsetzung kontrollieren sowie den Abgeordneten u. U. sogar abberufen (recall) kann.[461] Auf jeden Fall aber hat er die lokalen und partikularen Interessen seiner Wählerschaft im Parlament zu vertreten.

5.1.6   Parlamentarismus in Deutschland

Parlamentarismus und antiparlamentarisches Denken in Deutschland

512   Nach dem verunglückten Versuch des Paulskirchenparlaments 1848 und ersten Parlamentarisierungstendenzen im Kaiserreich fand der Parlamentarisierungsprozess erst mit dem semipräsidentiellen Regierungssystem der Weimarer Republik 1919 verfassungsrechtlich seinen vorläufigen Abschluss: Der Reichskanzler und jeder einzelne Reichsminister war dem Reichstag verantwortlich (Kontrollfunktion) und von dessen Vertrauen abhängig. Die Mehrheit des Reichstages konnte den Regierungschef zwar nicht wählen, da dieser vom Reichspräsidenten ernannt und entlassen wurde, ihm aber durch die gewährte Unterstützung politische Durchsetzungsmacht verleihen und entziehen. Dem Reichstag, der nahezu ausschließlich über die Gesetzge-

---

[458] Fraenkel (1991): 153
[459] Vgl. hierzu Pitkin (1967): 209 f
[460] Vgl. hierzu Eulau / Wahlke / Buchanan / Ferguson (1978): bes. 118 f, vgl. auch Patzelt (1993a): bes. 63-67
[461] Vgl. hierzu Kempf (1986): 443

bungskompetenz verfügte, war als Gegengewicht ein starker Reichspräsident gegenübergestellt.

> „Der gelegentlich als ‚Ersatzkaiser' charakterisierte Reichspräsident ernannte und entließ den Kanzler, er konnte den Reichstag jederzeit auflösen, verfügte über ein ausgeprägtes Notverordnungsrecht (Art. 48) und besaß den Oberbefehl über die Reichswehr."[462]

In den selteneren Perioden stabiler Parteien- und Fraktionskoalitionen kam die Funktionslogik des parlamentarischen Regierungssystems zum Tragen; in Zeiten großer parteipolitischer Instabilität konzentrierte sich die Macht zwangsläufig beim Präsidenten. Dieser Befund traf besonders auf die Zeit der sogenannten Präsidialkabinette zu, die alleine durch das Vertrauen des Reichspräsidenten Hindenburg im Amt gehalten wurden und immer mehr die parlamentarische Verankerung einbüßten.   513

Im Grundgesetz der Bundesrepublik ist – auch aufgrund der Weimarer Erfahrungen – das parlamentarische Regierungssystem fest verankert: Nach Art. 63 Abs. 1 GG wird der Bundeskanzler auf Vorschlag des Bundespräsidenten vom Bundestag gewählt und kann von letzterem durch ein konstruktives Misstrauensvotum wieder abberufen werden (Art. 67 Abs. 1 GG). Andererseits ist es möglich den Bundestag durch eine abgelehnte Vertrauensfrage mit Einverständnis des Bundespräsidenten aufzulösen (Art. 68 Abs. 1 GG). Weiterhin stehen dem Bundestag umfassende Kontrollrechte gegenüber der Regierung und – im Zusammenwirken mit Bundesrat und Bundesregierung – das Gesetzgebungsrecht zu. Diese drei Organe sind nach Art. 76 GG auch berechtigt Gesetzesvorlagen einzubringen. Der Bundestag verfügt somit über substantielle Kompetenzen und gilt als zentrales Staatsorgan.   514

Die Geschichte des deutschen Parlamentarismus ist eng verbunden mit der Geschichte eines tief verwurzelten antiparlamentarischen Denkens von links wie von rechts. Das folgende Verdikt Oswald Spenglers in seiner Zwischenbilanz nach fünf Jahren Weimarer Reichsverfassung verdeutlicht dieses Denken exemplarisch: 515

> „So ist der deutsche Parlamentarismus: Seit fünf Jahren keine Tat, kein Entschluß, kein Gedanke, nicht einmal eine Haltung ..."[463]

---

[462] Jesse (1993): 17
[463] Spengler (1933): 194

516

Tabelle 5.1.4: Grundzüge des antiparlamentarischen Denkens in Deutschland		
Variable	linke Parlamentarismuskritik	rechte Parlamentarismuskritik
Staatsver-ständnis	Staat als „Ausschuß, der die gemeinschaftlichen Geschäfte der ganzen Bourgeoisieklasse verwaltet" (Marx)	Staat verfügt über eigene Dignität und steht als das Allgemeine über den Interessen und Parteien als dem Besonderen (Hegel)
Wesen des Parlaments	Instrument der herrschenden Klasse zur Unterdrückung des Volkes	Forum des Parteienzwistes und des Parteienhaders („Schwatzbude")
Funktion des Parlaments	„Verschleierung" der wahren Machtverhältnisse im Staat (z. B. Lenin)	Verhinderung eines homogenen und einheitlichen Volkswillens (z. B. Carl Schmitt)
Instrumentali-sierung des Parlaments	Parlament als Bühne für Agitation (W. Liebknecht)	Parlament als Bühne für Agitation (J. Goebbels)
Alternativen zum Parlament	„sozialistische Demokratie", Räterepublik, APO, „herrschaftsfreier Diskurs" (Habermas)	Ersetzung oder Ergänzung durch ständisch geprägte Organisationen, Führerstaat
Eigene Darstellung, auf der Grundlage von Sontheimer (1978[4]): 147-155 und Hübner (1995): 259-272 sowie Wasser (1976)		

517   In einer oft zitierten Passage seines Werkes *Deutschland und die westlichen Demokratien* ging Ernst Fraenkel 1964 auf die Kritiker des parlamentarischen Regierungssystems der Bundesrepublik ein:

> „Das kritikbedürftigste Moment des Bonner Parlamentarismus scheint mir die landläufige Kritik zu sein, die an ihm geübt wird. Sie ist reaktionär und schizophren. Sie sehnt sich heimlich nach einer starken Regierung und bekennt sich öffentlich zu der Herrschaft eines allmächtigen Parlaments. Sie beschimpft den Abgeordneten, wenn es zu einer Regierungskrise kommt, und verhöhnt ihn, wenn er getreulich die Fraktionsparole befolgt. Sie verkennt die notwendigerweise repräsentative Natur eines jeden funktionierenden Parlamentarismus und verfälscht seinen Charakter, indem sie ihn plebiszitär zu interpretieren versucht.[464]

Bundestag: Parlamentsorganisation

518   Auf der Basis des vertretenen Parlamentarismusbegriffs stellt der Bundesrat als die Vertretung der Länder keinen Bestandteil des deutschen Parlaments dar. Zwar übt er im Rahmen der Gesetzgebung, der Kontrolle und der Haushaltsentscheidung substantielle Mitwirkungsbefugnisse aus, doch ist er seiner Struktur nach eine Versammlung von

---

[464] Fraenkel (1991): 77

Mitgliedern der Landesregierungen. Die Vertreter der einzelnen Länder sind somit nicht frei gewählt und an die Weisungen und Aufträge ihrer Landesregierungen gebunden.[465]

Die immense Aufgabenfülle, der sich der Bundestag seit 1949 gegenübersieht, ist nur mit arbeitsteiligen Strukturen zu bewältigen. Diese sind einerseits entlang politischer, andererseits entlang fachlicher Kriterien organisiert.   519

Die verbreitete Klassifizierung des Bundestages als „Fraktionenparlament"[466] macht schon deutlich, welch zentraler Stellenwert diesen Gremien zukommt. Fraktionen sind nach § 10 Abs. 1 der Geschäftsordnung des Bundestages (GOBT)[467]   520

> „... Vereinigungen von mindestens fünf vom Hundert der Mitglieder des Bundestages, die derselben Partei oder solchen Parteien angehören, die aufgrund gleichgerichteter politischer Ziele in keinem anderen Land miteinander im Wettbewerb stehen."

Da sich die fraktionsinterne Willensbildung und Entscheidungsfindung besonders in den großen, mehrere Hundert Mitglieder umfassenden Fraktionen nur über Prozesse arbeitsteiliger Vorstrukturierung effizient organisieren lässt, sind sie in Arbeitsgruppen (SPD, CDU/CSU) bzw. Arbeitskreise (FDP, Bündnis 90/Die GRÜNEN, PDS) untergliedert. Diese umfassen die zentralen Politikfelder und decken sich – zumindest bei den größeren Fraktionen – mit den Gebieten der ständigen Ausschüsse des Bundestages. Den Experten der Fraktionen wächst auf dem Feld, für das sie „zuständig" sind und auf dem sie sich Fachkompetenz erworben haben, mitunter ein ganz erhebliches Einflusspotential auf der Fraktions- und Parlamentsebene zu (Meinungsführerschaft). Das zentrale Beschlussgremium ist die Fraktionsversammlung. Dieser obliegt es auch das Leitungsgremium, den Fraktionsvorstand mit dem Fraktionsvorsitzenden an der Spitze, zu wählen. Führungsmitglieder einer regierungstragenden Fraktion sind qua Funktion erheblich intensiver in die verschiedenen Abstimmungsprozesse mit der Regierung eingebunden als Nichtführungsmitglieder.   521

---

[465] Vgl. hierzu Steffani (1987): 24 ff, vgl. auch Abschnitt 2.3.5
[466] So z. B. Ismayr (1992): 37
[467] In der Geschäftsordnung des Deutschen Bundestages (GOBT) finden sich detaillierte Angaben über Rechte und Pflichten der Mandatsträger sowie zur Gesamtorganisation des Bundestages und seiner Gliederungen.

522   Das zentrale Beschlussorgan des Bundestages ist das Plenum. Die eigentlichen Arbeitsgremien sind die ständigen Ausschüsse des Bundestages (Vgl. § 54 - 74 GOBT), die entsprechend den Mehrheitsverhältnissen im Plenum besetzt sind. Dort tauschen die Fachexperten ihre Argumente aus, dort stoßen aber auch unterschiedliche politische Bewertungen aufeinander. Nach eingehenden Beratungen wird schließlich über die sogenannte Beschlussempfehlung des Ausschusses an das Plenum abgestimmt. Die ständigen Ausschüsse dienen folglich als „vorbereitende Beschlußorgane".[468]

523   Dem Bundestag sitzt ein Präsidium mit dem Bundestagspräsidenten an der Spitze vor. Neben der Repräsentation des Bundestages nach außen obliegt diesem Gremium die Leitung der Bundestagssitzungen. Der Bundestagspräsident hat das Hausrecht inne.

524   Die formalen, im GG und verschiedenen Geschäftsordnungen geregelten Strukturen durchzieht ein dicht geknüpftes Netz an informalen Strukturen[469] und Prozessabläufen, deren funktionaler Beitrag für die Gesamtorganisation von großer Bedeutung ist. Dieses Netz umfasst innerfraktionelle politische Richtungsgruppierungen, interfraktionelle Zusammenschlüsse wie die sogenannte Küstengang (Abgeordnete, denen an der Stabilisierung der Schiffsbauindustrie gelegen ist) sowie eine unübersehbare Vielzahl persönlicher Kontakte zwischen den verschiedenen Akteuren.

525   Im Falle von Koalitionsregierungen kommen die verschiedenen Koalitionsgremien, die nicht nur Erscheinungen wie die legendäre Elefantenrunde (Kohl, Strauß, Genscher) umfassen, sondern eben auch Koalitionsrunden z. B. auf der Ebene der Fraktionsexperten, hinzu.

526   All diesen informalen Gremien und Prozessen wird immer wieder ihre mangelnde Transparenz vorgehalten. Dies erschwert unzweifelhaft beispielsweise die Zuordnung von Verantwortlichkeit. Dennoch ist anzumerken, dass gerade in der Nicht-Öffentlichkeit solcher Strukturen ihre Effizienzentfaltung begründet ist.

---

[468] Hübner / Neuss / Sebaldt (1995): 15
[469] Vgl. Rudzio (1996[4]): 233 und 276

Bundestagsabgeordnete: Urteile und Vorurteile

Analog zu Umfrageergebnissen, die vom stetigen Niedergang des
Images von Politikern künden,[470] gehen auch die Zustimmungswerte
auf die Frage, ob man denn große Fähigkeiten haben müsse, um Bun-
destagsabgeordneter zu werden, ständig zurück. Antwortete bis Ende
der siebziger Jahre hinein eine Mehrheit von über 50 % mit „Ja",
liegen die Zustimmungswerte inzwischen (1997) in Westdeutschland
bei 27 % (58 % „Nein") und in Ostdeutschland bei 25 % (60 %
„Nein").[471]

527

Neben anderen Gründen liegt ein zentraler Erklärungsansatz für
diese Entwicklung darin, dass der Bürger über die Funktionslogik des
parlamentarischen Regierungssystems nicht hinreichend Bescheid
weiß. Dadurch bauen sich unrealistische Erwartungshaltungen auf, die
letztlich nicht erfüllt werden können und deren Enttäuschung dann
nicht selten zu Systemfrustration führt.[472]

528

Erstens ist das Vorurteil weit verbreitet, mit der Arbeitsmoral der
Abgeordneten sei es nicht weit her. Als Beleg dient das leere Plenum.
Ein Blick auf das wöchentliche Arbeitspensum der Abgeordneten
zeigt aber, dass dem nicht so ist. Die durchschnittlich 78 Stunden
Arbeitszeit in Sitzungswochen verteilen sich auf folgende zentrale
Bereiche: etwa 36 % Sitzungen (Ausschüsse, Fraktionsarbeitsgremien,
Plenum etc.), 24 % auf Information und Kontaktpflege (Pressegesprä-
che, Diskussionen, Besucher), etwa 20 % auf Verwaltung und Routine
(Posterledigung etc.) und 20 % auf sonstige Tätigkeiten.[473] Dass der
Abgeordnete nicht zu allen Zeiten im Plenum anwesend ist, hängt vor
allem damit zusammen, dass die Hauptarbeit in den Fraktionsarbeits-
gruppen und den Ausschüssen geleistet wird. Das Plenum ist demgegenüber mehr der Ort notarieller Beglaubigung, an dem

529

„die Entscheidungen des Bundestages nicht ausgehandelt [werden], [sondern] an-
derswo – in den Fraktionen oder Ausschüssen – gefallene Entscheidungen nach-
vollzogen [werden]."[474]

---

[470] Vgl. z. B. Rheinischer Merkur vom 12.3.1999: 11
[471] Vgl. hierzu Noelle-Neumann (1999): 43
[472] Vgl. hierzu allg. Patzelt (1999)
[473] Vgl. hierzu Hübner / Neuss / Sebaldt (1995): 15
[474] Hübner / Neuss / Sebaldt (1995): 18

530   Das Plenum ist also nicht Forum der Nation wie das britische Unter-
       haus. Der Bundestag weist generell mehr Charakteristika eines „Ar-
       beitsparlaments" als eines „Redeparlaments"[475] auf. Um dem Ein-
       druck des leeren Plenums entgegenzutreten, wurde 1995 die Plenar-
       Kernzeit eingeführt: Damit sind Donnerstagvormittag alle parallelen
       Sitzungen anderer Gremien verboten und grundlegende Themen wer-
       den bei starker Präsenz der Abgeordneten im Plenum vor laufenden
       Kameras diskutiert.

531   Zweitens wird regelmäßig beklagt, der Bundestag verfüge über zu
       viele Mitglieder. Dies führte schließlich dazu, dass 1996 eine Reduzie-
       rung auf 598 Abgeordnete vom Jahr 2002 an beschlossen wurde.

532   *Tabelle 5.1.5: Verkleinerung des Bundestages*

Argumente pro Verkleinerung	Argumente contra Verkleinerung
Effizienzsteigerung der Parlamentsarbeit durch kleinere Gremien	kleine Fraktionen sind aus personellen Gründen nicht mehr in der Lage alle Gremien zu besetzen
Vergrößerung der Wahlkreise wegen parlamentarischer Vertretung im föderalen System tolerabel	Vergrößerung der Wahlkreise führt zu Verlust an Bürgernähe
Zeichen gegen Wucherung des Parteienstaates	Gefährdung der flächenmäßigen Repräsentanz bei kleinen Fraktionen
Kostenersparnis	Bundestag ist von der Größe her im internationalen Durchschnitt
Eigene Darstellung auf der Basis von Peter Schmitt (1996): „Stichwort Parlamentsreform. Nur bedingt ein Konsens." in Das Parlament vom 18.10.1996: 11	

533   Der Vergleich der Repräsentationsverhältnisse westlicher Systeme
       zeigt in der Tat, dass der Bundestag – abgesehen vom amerikanischen
       Repräsentantenhaus, in dem ein Abgeordneter ca. 590 000 Einwohner
       vertritt – mit aktuell etwa 121 000 Einwohnern (nach der Verkleine-
       rung: eins : ca. 136 000 Einwohner) pro Mandatsträger über dem briti-
       schen Unterhaus (eins : ca. 89 000), der französischen Nationalver-
       sammlung (eins : ca. 100 000) und der italienischen Abgeordneten-
       kammer (eins : ca. 91 000) liegt.[476]

534   Drittens wird bemängelt, dass die Abgeordneten zum einen zu viel
       verdienen und zum anderen auch noch über die Entschädigungshöhe
       selbst bestimmen. Laut GG haben „die Abgeordneten (...) Anspruch

---

[475] Vgl. hierzu Steffani (1979): 332 f
[476] Zahlen aus Das Parlament vom 18.10.1996: 1

auf eine angemessene, ihre Unabhängigkeit sichernde Entschädigung." (Art. 48 Abs. 3 GG). Während 1977 die (ab diesem Jahr zu versteuernden) Diäten der Abgeordneten mit 7 500 DM in etwa den Einkünften eines Richters an einem obersten Gerichtshof des Bundes (Besoldungsgruppe R 6) entsprachen, liegen sie heute nach zehn „Nullrunden" in den letzten 22 Jahren mit 12 875 DM (Stand 1.1.1999) rund 1000 DM unter dem entsprechenden Richtereinkommen. Individuell verschieden sind die zusätzlichen Einkünfte aus Nebentätigkeiten der Abgeordneten. Daneben gewährt der Bundestag seit 1969 einen Zuschuss für die Beschäftigung von Mitarbeitern zur Unterstützung bei der parlamentarischen Arbeit und im Wahlkreis von zur Zeit 14 052 DM monatlich.[477]

Tabelle 5.1.6: Bundestagsabgeordneter: Gesetzliche Einkünfte und Verwendung			535
Stand: 1.1.1999	Höhe in DM pro Monat	davon mandatsbedingte Ausgaben	
Abgeordneten-entschädigung („Diäten")	12 875 (zu versteuern, kein 13. Monatsgehalt, Urlaubs- oder Weihnachtsgeld)	• freiwillige Beiträge an Parteien oder andere Organisationen • Wahlkämpfe	
Kosten-pauschale	6 459	• Zweitwohnung am Parlamentssitz • Büro im Wahlkreis, Telefonkosten im Wahlkreis, Fachliteratur • Spenden an Vereine und Verbände • Repräsentationskosten	
http://www.bundestag.de/mdb14/mdbinfo/1333.htm und ...1334.htm(Stand: 8.9.1999)			

Viertens schließlich, so die vielfach vertretene Meinung, verfüge der Abgeordnete über keinen freien Willen, ist er doch dem Fraktionszwang unterworfen. Die Abgeordneten stehen in der Tat in einem Spannungsfeld: Einerseits sind sie – verfassungsrechtlich in Art. 38 Abs. 1 verbrieft – „Vertreter des ganzen Volkes, an Aufträge und Weisungen nicht gebunden und nur ihrem Gewissen unterworfen", andererseits aber Bestandteil einer Funktions- und Aktionsgemeinschaft, die gemäß der Funktionslogik des parlamentarischen Regierungssystems handelt. Die Entscheidungs- und Handlungsfähigkeit wird mit der „Disziplinierung und Mediatisierung der Abgeordneten durch ihre Fraktionen erkauft."[478]

536

---

[477] Zahlen aus: http://www.bundestag.de/mdb14/mdbinfo/1338.htm (Stand: 8.9.1999)
[478] Rudzio (1996⁴): 232, vgl. allg. auch Hübner / Neuss / Sebaldt (1995): 7-15

Zu diesem Spannungsverhältnis ist folgendes anzumerken:[479]

537
* Es greift zu kurz, die absolute Machtlosigkeit des einzelnen Abgeordneten sowie dessen totale Unterwerfung unter den Fraktionszwang bzw. unter die -disziplin zu konstatieren. Trotz der Hierarchisierung der Willensbildung verbleiben auch den Nichtführungsmitgliedern in Partei-, Fraktions- und Parlamentsstrukturen Möglichkeiten auf die Willensbildung Einfluss zu nehmen. Dass sich diese Einflussnahme in erster Linie unspektakulär im nichtöffentlichen und vorformalen Raum vollzieht und sich nur in Ausnahmefällen in spektakulären Abstimmungsniederlagen der Regierung widerspiegelt, ändert nichts an ihrer Effektivität.

538
* Kommt es zu solchen Abstimmungsniederlagen, so sind diese weniger ein Zeichen für funktionierenden Parlamentarismus, vielmehr handelt es sich dann um Symptome einer gestörten kommunikativen Beziehung zwischen Leitungsebene und übrigen Abgeordneten. Dieser Zustand der ausgetrockneten Kommunikationskanäle ist für beide Seiten nachteilig.

539
* Des Weiteren zeigen demoskopische Befunde deutlich, dass „der Wähler Zerstrittenheit nicht schätzt, sondern sie als Unsicherheit über die zentralen politischen Ziele kritisiert und davon betroffenen Parteien sein Vertrauen entzieht.[480]

540
Einerseits den frei entscheidenden und völlig ungebundenen Abgeordneten zu fordern, andererseits aber die zwangsläufige Konsequenz daraus, nämlich mangelnde Geschlossenheit der regierungstragenden Fraktion, als ein Zeichen von Führungsschwäche der Regierung zu deuten und deswegen dieser das Vertrauen zu entziehen, grenzt an Schizophrenie, wie schon Fraenkel zurecht konstatierte.

5.1.7   Stellung im politischen System

541
Grafik 5.1.2: Parlament: Stellung im politischen System

Gesellschaftliches System   Geamtsteuerung und Staats-
und Vermittlungsagenturen   willensbildung (ZPES)

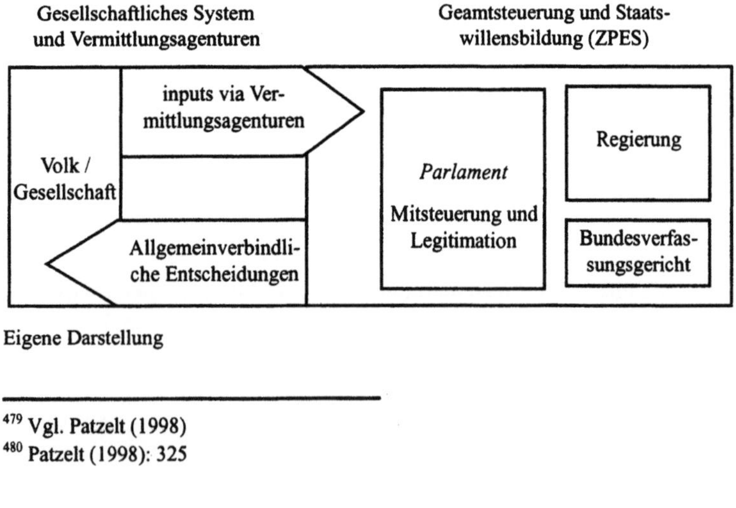

Eigene Darstellung

---

[479] Vgl. Patzelt (1998)
[480] Patzelt (1998): 325

5.1.8 Informationshinweise zur Einführung

- Hübner / Jesse (1993): Parlamentarische Demokratie 1. ☞^PolBil *(grundlegende Einführung in und Geschichte des modernen Parlamentarismus)* 📖
- Hübner / Sebaldt / Neuss (1995): Parlamentarische Demokratie 2. ☞^PolBil *(systematische Einführung in die Organisation und die Funktionen von Bundestag, Landtagen und Europäischem Parlament sowie in die Schwerpunkte der Parlamentskritik)*
- Hübner (1995): Parlament und Regierung in der Bundesrepublik Deutschland ☞^PolBil *(grundlegende, überaus systematische Einführung in die relevanten Fragestellungen des Parlamentarismus am Beispiel Deutschlands)*
- Ismayr (1992): Der Deutsche Bundestag. Funktionen, Willensbildung, Reformansätze. *(detaillierte empirische Studie über die Willensbildungsstrukturen und die Reformansätze des Deutschen Bundestages Ende der achtziger Jahre)*

- Zeitschrift für Parlamentsfragen (ZParl) 📄
- Legislative Studies Quarterly (LSQ)
- Parliamentary Affairs
- Das Parlament (Wochenzeitung mit der Beilage APuZ)
- Deutscher Bundestag (Hrsg.): Blickpunkt Bundestag. Forum der Demokratie. *(monatliche, kostenlos zu beziehende Zeitschrift des Deutschen Bundestages mit aktuellen Berichten aus den Gremien; Texte auch über die homepage des Bundestages abrufbar)*
- http://www.ipu.org *(Verzeichnis aller in der Inter Parliamentary Union registrierten nationalen Parlamente mit Datenbanken (Parline database) und links zu den websites nationaler Parlamente)* 💻
- http://www.bundestag.de *(Deutscher Bundestag mit links zu den Fraktionen, umfangreichen Datenbanken zu vielen Aspekten parlamentarischer Arbeit, Abgeordnetenbiografien etc.)*
- http://www.dagmar-freitag.de *(Beispiel für Offenlegung der Vermögensverhältnisse einer Bundestagsabgeordneten)*
- http://www.burks.de/mdb.html *(Bewertung der homepages der Abgeordneten des Deutschen Bundestages)*
- http://www.bundesrat.de *(Deutscher Bundesrat mit links zu allen Landtagen der deutschen Bundesländer)*
- http://www.jura.uni-sb.de/BGBl/ *(Bundesgesetzblatt online)*
- http://www.assemblee-nationale.fr/ *(Französische Nationalversammlung)*
- http://www.house.gov *(USA: Repräsentantenhaus)*
- http://senate.gov *(USA: Senat)*
- http://www.parliament.uk *(Britisches Parlament)*

5.2 Regierung

542   Bei der Behandlung der Funktionen des Parlaments im parlamentarischen Regierungssystem fand bereits der Begriff *Mitsteuerung* Erwähnung. Dabei wurde deutlich, dass das Parlament – insbesondere die regierungstragende Mehrheit – Anteil hat an der Steuerung des Staates. Die Institution Regierung erfüllt im Rahmen des Zentralen Politischen Entscheidungssystems die primäre Steuerungsaufgabe. Nach einer klassischen Formel von Ernst Friesenhahn steht

> „die *Staatsleitung* (...) Regierung und Parlament gewissermaßen zur gesamten Hand [zu].“[481]

5.2.1   Definition

Folglich sind bei der Definition des Begriffs *Regierung* zwei Bedeutungsinhalte auseinander zu halten:

543   a) Der *funktionelle* Regierungsbegriff umschließt die steuernden (initiierenden, planenden, gestaltenden, politisch führenden) Tätigkeiten der beiden Institutionen Regierung und Parlament, die gemeinsam die Staatsleitung innehaben.

Der englische Begriff *government* steht für ein derartiges, funktionales Verständnis von Regierung im Sinne der Aufgabe des Regierens.[482] Der Begriff Exekutive verweist hingegen ausschließlich auf den ausführenden Teil der Staatsgewalt, was angesichts der Steuerungsaufgabe der Regierung und auch der Beteiligung des Parlaments (Legislative) an der Gesamtsteuerungsaufgabe zu kurz greift.

544   b) Der *institutionelle* Regierungsbegriff bezeichnet jene Institutionen, denen in Abgrenzung von anderen öffentlichen Gewalten und politischen Funktionen die primäre Steuerungsaufgabe und die Durchführung obliegt. Das Steuerungszentrum bildet das Kabinett, ein Kollegialorgan aus Regierungschef und Ministern.

545   Neben dem Kabinett ist auch die Ministerialverwaltung Bestandteil der Regierung. Je nach Kontext finden im Folgenden beide Regierungsbegriffe Verwendung.

---

[481] Friesenhahn (1980): 309 (Hervorhebung im Original)
[482] Vgl. hierzu Scheuner (1952)

5.2.2   Funktionen

Die Regierungsinstitutionen haben zwei Funktionen zu erfüllen:[483]

- *Steuerungsfunktion*: Die politische Steuerungsaufgabe umfasst nach Martin Sebaldt   546
  die „systematische und geplante Lenkung des Prozesses der Vorbereitung, des Tref-
  fens und des Implementierens allgemein verbindlicher Entscheidungen.[484] Sie ist
  einerseits durch eine prozessuale (Koordination des Regierungshandelns, Lenkung
  der Prozesse zur Herstellung allgemeiner Verbindlichkeit), andererseits durch eine
  inhaltliche Komponente (Initiieren und Thematisieren, Richtung geben, Konkretisie-
  rung des politischen Willens der parlamentarischen Mehrheit z. B. in Gesetzesentwür-
  fen und Planung) charakterisiert. Ziel des Regierungshandelns ist dabei eine konsis-
  tente Politik.

- *Durchführungsfunktion*: Damit ist die Durchführung politischer Entscheidungen, d. h.   547
  die Sicherstellung der Umsetzung des Mehrheitswillens (Gesetzesvollzug) „durch
  ergänzende Rechtsetzung (Verordnungen) sowie durch organisatorische, personelle
  und sachliche Maßnahmen‘[485] gemeint.

5.2.3   Strukturprinzipien der Kabinettsregierung

Regierungen in parlamentarischen westlichen Regierungssystemen   548
sind entlang dreier Prinzipien strukturiert. Für die Bundesregierung
lassen sich diese aus Art. 65 S. 1-3 GG herauslesen:

„[1]Der Bundeskanzler bestimmt die Richtlinien der Politik und trägt dafür die Verantwortung. [2]Innerhalb dieser Richtlinien leitet jeder Bundesminister seinen Ge-
schäftsbereich selbständig und unter eigener Verantwortung. [3]Über Meinungsver-
schiedenheiten zwischen den Bundesministern entscheidet die Bundesregierung."

Kommt im ersten Satz das Kanzlerprinzip zum Ausdruck und verweist   549
der zweite Satz auf das Ressortprinzip, so umfasst der dritte Satz das
Kabinettsprinzip.

- *Kanzlerprinzip*: Die Richtlinienkompetenz hebt den Regierungschef unter den Mi-   550
  nistern heraus. Er ist nicht Gleicher unter Gleichen, sondern „die führende Persönlichkeit, die die eigentliche Verantwortung für die Regierungspolitik (...) trägt[486] und
  diese nach einheitlichen Leitlinien ausrichtet. Dazu trägt auch bei, dass er als einziges
  Mitglied des Kabinetts vom Bundestag gewählt wird (Art. 63 GG) und über eine Legitimation durch Parlamentswahl verfügt, alle Minister hingegen werden vom Kanzler ausgewählt. Darüber hinaus verfügt der Bundeskanzler über die Organisationsge-
  walt. Dies bedeutet, dass er Zahl und Geschäftsbereiche der Bundesministerien
  bestimmen kann. Mit dem Bundeskanzleramt steht ihm ein eigener Apparat zur Verfügung, der speziell für die Koordination der Regierungstätigkeit zuständig ist.

---

[483] Vgl. hierzu insgesamt am Beispiel der Bundesregierung Hübner (1995): 235-258
[484] Sebaldt (1992): 39 f
[485] Rudzio (1996⁴): 263
[486] Hübner / Jesse (1993²): 29

551   • *Ressortprinzip*: Jedem Minister obliegt in seinem Amtsbereich die „politische Füh-
           rung, das Weisungs- und Organisationsrecht"[487] im Rahmen der Richtlinien des
           Kanzlers und der Kabinettsentscheidungen. Für seinen Geschäftsbereich trägt er die
           Verantwortung. Um die politische Konsistenz zwischen Minister und Führungsspitze
           des Ministeriums zu gewährleisten, kann er die sogenannten Politischen Beamten
           (Beamtete Staatssekretäre und Ministerialdirektoren) jederzeit ohne Nennung von
           Gründen in den einstweiligen Ruhestand versetzen. Von den Politischen Beamten zu
           unterscheiden sind die dem Minister unterstellten Parlamentarischen Staatssekretäre.
           Dabei handelt es sich um Abgeordnete, die nicht dem Kabinett angehören und die
           insbesondere die Kontakte zwischen Ministerium und Mehrheitsfraktion(en) bzw.
           dem Bundestag insgesamt intensivieren sollen.

552   • *Kabinettsprinzip*: Das Kabinetts- bzw. Kollegialprinzip besagt zum einen, dass das
           Kabinett über kollektive regierungsinterne Kompetenzen verfügt, nämlich bei Mei-
           nungsverschiedenheiten zwischen den Ministern gemeinsam zu entscheiden. Zum
           anderen stehen dem Gremium „*kollektive Handlungsbefugnisse nach außen*"[488] zu:
           darunter z. B. das Gesetzesinitiativrecht (Art. 76 GG) oder das Recht das Bundesver-
           fassungsgericht anzurufen (Art. 93 Abs. 1 GG). In § 15 der Geschäftsordnung der
           Bundesregierung ist ferner festgelegt, dass der Regierung „alle Angelegenheiten von
           allgemeiner innen- und außenpolitischer, wirtschaftlicher, sozialer, finanzieller oder
           kultureller Bedeutung" zur Beratung und Beschlussfassung zu unterbreiten sind. In
           der Regel werden die Beschlüsse des Kabinetts, das einmal wöchentlich tagt, einhel-
           lig gefasst, förmliche Abstimmungen bilden die Ausnahme. Für umfassendere The-
           menkomplexe existieren Kabinettsausschüsse zur Vorberatung.

553   *Tabelle 5.2.1: Strukturprinzipien der deutschen Kabinettsregierung*

Strukturprinzip	Merkmale
Kanzlerprinzip	• Richtlinienkompetenz • Wahl durch den Bundestag (Legitimation) • Organisationsgewalt • Bundeskanzleramt
Ressortprinzip	• Selbstständige Leitung innerhalb der Richtlinien des Kanzlers • Politische Führung, Weisungs- und Organisationsrecht im Amtsbereich
Kabinettsprinzip	• Gemeinsame Beratung und Beschlussfassung • Kollektive Entscheidung bei Meinungsverschiedenheiten • Kollektive Handlungsbefugnisse nach außen (u. a. Geset-zesinitiative)

Eigene Darstellung auf der Grundlage von Rudzio (1996[4]): 264-273 und Hübner /
Jesse (1993[2]): 29 f

---

[487] Hübner / Jesse (1993[2]): 30
[488] Rudzio (1996[4]): 268 (Hervorhebung im Original)

5.2.4 Regierungsstil und Amtsverständnis

Die Gewichtung zwischen Kanzler-, Kabinetts- und Ressortprinzip   554
hängt in ganz entscheidendem Maße von den jeweiligen Akteuren und
den regierungspolitischen Zusammenhängen ab.

In einem gemäß der fdGO organisierten Staat ist die Machtaus-   555
übung eine „der Gerechtigkeit und dem Gemeinwohl verpflichtete
Aufgabe."[489] Diese Aufgabe wird dem Träger eines Amtes anvertraut.
Bundeskanzler und Minister sind diesem Amtsgedanken als Träger
der Regierungsämter verpflichtet, was z. B. in der Formel des Amtsei-
des (Art. 56 GG) zum Ausdruck kommt.

> „Ich schwöre, daß ich meine Kraft dem Wohle des deutschen Volkes widmen, sei-
> nen Nutzen mehren, Schaden von ihm wenden, das Grundgesetz und die Gesetze
> des Bundes wahren und verteidigen, meine Pflichten gewissenhaft erfüllen und Ge-
> rechtigkeit gegen jedermann üben werde."

Die Regierungsmitglieder stehen in einem „öffentlich-rechtlichen   556
Dienstverhältnis"[490] zur Bundesrepublik Deutschland.

Der Regierungsstil, also die jeweilige Ausgestaltung der Amtsfüh-   557
rung innerhalb des rechtlichen Rahmens, hängt von der Persönlichkeit
der Amtsträger ab. Ein Kanzler, der über eine ausgeprägte Führungs-
kraft verfügt, seine Patronage- und Disziplinierungsmacht im Kabinett
geschickt einsetzt und auf keinerlei koalitionspolitische Restriktionen
Rücksicht nehmen muss, wird dem Kanzlerprinzip ein gewisses Über-
gewicht verleihen. Pflegt ein Regierungschef hingegen mehr den kooperativen Führungsstil und ist er gezwungen auf die Sach- und Per-
sonalinteressen starker innerfraktioneller und innerparteilicher politischer Richtungen Rücksicht zu nehmen, stärkt dies die Stellung des
Kabinetts.

Auch sind die einzelnen Ministerien mit unterschiedlichem Eigen-   558
gewicht ausgestattet. Die klassischen Ministerien (Auswärtiges Amt,
Verteidigungsministerium, Finanzressort, Justiz-, Innen- und Wirt-
schaftsministerium) spielen eine wichtigere Rolle als andere Ressorts.
Das Eigengewicht der Ministerien hat natürlich auch Statusunter-
schiede zwischen den Ministern zur Folge.

Dieses Macht- und Statusgefälle wird in Koalitionsregierungen   559
noch dadurch verstärkt, dass die wichtigsten Minister regelmäßig in

---

[489] Hennis (1973): 12
[490] Patzelt (1996): 188

Koalitionsgremien eingebunden sind. Die „informellen Entscheidungszentren"[491] der oberen Ebene setzen sich aus den wichtigsten
Koalitionspolitikern der Parteien, des Kabinetts sowie der Fraktionen
zusammen. Dem Urteil Wolfgang Rudzios zufolge sichert

> „dieser Teilnehmerkreis (...) den Einigungen, die man dort findet, einen hohen Grad
> faktischer Verbindlichkeit. Kabinett und Koalitionsfraktionen pflegen ihnen zu fol-
> gen."[492]

560   Diese faktische Machtkonzentration auf Seiten der Koalitionsgremien
geht einher mit dem Einflussverlust des Kabinetts, dem aber immer
noch der letztlich verbindliche formale Regierungsbeschluss vorbehalten ist. Hierzu ist anzumerken, dass sich informale Entscheidungszentren aus „funktionalen Bedürfnisse[n]"[493] des parlamentarischen
Regierungssystems (Koordination zwischen Regierung und Regierungsfraktionen) als auch von Regierungskoalitionen (Koordination
zwischen Koalitionsparteien und -fraktionen) ableiten und sich damit
als effektiver erweisen als formale Organe. Denn:

> „Gerade in Demokratien, in denen Entscheidungszentren ein labiles Optimum zwi-
> schen größtmöglicher Konsenssicherung bei gleichzeitig hoher Entscheidungsfä-
> higkeit finden müssen, scheint politische Führung unvermeidlich auch ein hochgra-
> dig informaler Prozeß."[494]

5.2.5   Ministerialbürokratie

Aufbau

561   Die formale Grundorganisation der Ministerien wie auch des Bundes-
kanzleramtes besteht aus verschiedenen, zueinander in einem hierarchischen Verhältnis stehenden Arbeitseinheiten (Referate – Unterab-
teilungen (optional) – Abteilungen). Diese Linienorganisation kann im
Bedarfsfalle durch Arbeitsgruppen und Stäbe „zur Bearbeitung inter-
dependenter Probleme (Querschnittsthemen) ergänzt"[495] werden. Jede
Einheit ist für einen bestimmten Sachbereich zuständig. Formal ver-
läuft die Kommunikation auf dem Dienstweg, wird aber vielfach

---

[491] Rudzio (1996⁴): 276, vgl. auch 279-282
[492] Rudzio (1996⁴): 280 (Hervorhebung im Original)
[493] Rudzio (1996⁴): 281
[494] Rudzio (1996⁴): 282
[495] Rudzio (1996⁴): 283

durch „informelle ‚Querverbindungen'"[496] ergänzt. Insbesondere dem
Kanzleramt kommt die Aufgabe zu, als übergeordnete „Koordinati-
onsinstanz"[497] die Abstimmung zwischen den Ministerien sicherzustellen. Dass dies zuweilen nicht problemlos abläuft wurde z. B. im
Frühjahr 1999 deutlich, als sich Kanzleramtsminister Bodo Hombach
genötigt sah, den Ressortkollegen u. a. mangelnde Kooperationsbe-
reitschaft und Kabinettsdisziplin vorzuhalten.[498]

Wie bereits erwähnt, verfügt der Minister über die Möglichkeit,
die Politischen Beamten (beamtete Staatssekretäre (StS), Abteilungs-
leiter, Presse- und persönliche Referenten der Minister) ohne Angabe

562

Tabelle 5.2.2: Ministerialverwaltung: Mitarbeiter und Aufbau   563

Mitarbeiter aller Ministerien	Zahl (1994)	Grundsätzlicher Aufbau im Überblick
Beamt. Staatssekretäre	33	Bundesminister
Abteilungsleiter	128	
Unterabteilungsleiter	292	
Referatsleiter	1 746	Beamt. StS — Parl. StS — Beamt. StS
Referenten	4 104	
Sachbearbeiter	5 205	
Büro- und Schreibkraft	2 771	Abteilung — Abteilung
Bote, Pförtner etc.:	1 565	
Dazu kamen		(Unterabteilung) — (Unterabteilung)
Angestellte	7 096	
Arbeiter	1 476	
Sonderpositionen	425	Referat — Referat
Gesamt	24841	

Darstellung bzw. Schematisierung auf der Grundlage von Rudzio (1996[4]): 287 und 284 f

von Gründen in den einstweiligen Ruhestand zu versetzen. Davon
wurde in der Vergangenheit besonders nach Regierungswechseln
regelmäßig Gebrauch gemacht, was genauso regelmäßig zu Kritik von
Opposition und Steuerzahlerbund führte. 1982/83 wurden beispielsweise beim Übergang von der sozial-liberalen zur christlich-liberalen

---

[496] Rudzio (1996[4]): 283
[497] Murswieck (1998): 637
[498] Vgl. hierzu Christoph Schwennicke: „Regieanweisung und Gardinenpredigt" in SZ vom 26.2.1999

Koalition 48 Spitzenbeamte ausgetauscht.[499] Ein solcher Austausch dient vor allem dazu, die Konformität der politischen Führungsspitze des Ministeriums sicherzustellen, denn die beamteten Staatssekretäre sind schließlich die Vorgesetzten aller Beamten des Ministeriums, sie vertreten den Minister nach innen und führen die Geschäfte des Ministeriums.[500]

564   1967 wurde die Position des Parlamentarischen Staatssekretärs (PSt) eingeführt. Hierbei handelt es sich um einen Abgeordneten einer Regierungsfraktion, der u. a. die Aufgabe hat den Minister bei seiner Amtsführung zu unterstützen. Die jeweilige Einbindung des PSt vollzieht sich je nach Amtsverständnis, Kompetenz und Persönlichkeit in unterschiedlichem Maße und in unterschiedlicher Form: Sie kann von der intensiven Einbindung in die Programmentwicklung und Entscheidungsvorbereitung des Ministeriums und der Kommunikation mit Parlaments- und Fraktionsgremien bis hin zur bloßen Stellvertretung des Ministers bei repräsentativen Anlässen reichen. In Koalitionsregierungen, in denen das sogenannte „Kreuzstichverfahren"[501] (Minister Partei A – PSt Partei B) eine gewisse Bedeutung erlangt, spielen sie zuweilen auch „die Rolle eines Aufpassers des Koalitionspartners."[502]

Funktionen

565   Galt der Politikwissenschaft die Verwaltung generell lange Zeit nur als „unpolitisches Ausführungsinstrument",[503] so setzte sich – und für die Ministerialverwaltung trifft dies im Besonderen zu – die Ansicht durch, dass neben der Ausführungsfunktion eine Reihe von weiteren Funktionen zu berücksichtigen sind.

566   • *Steuerungsfunktion*: Nicht selten kommt es vor, dass aufgrund permanenter Kontakte mit Bürgern und gesellschaftlichen Gruppierungen (Interessengruppen, Parteien) aus der Ministerialverwaltung heraus Anstöße (withinputs) zur Gesetzgebung erwachsen (*Thematisierung*).[504] Auch wenn die Planungseuphorie der späten sechziger Jahre weitgehend verflogen ist, kommt der Ministerialverwaltung in gewissem Umfang die Aufgabe zu, „längerfristig orientiertes, koordiniertes Handeln"[505] zu planen (*Pla-*

[499] Vgl. hierzu Rudzio (1996⁴): 286
[500] Patzelt (1996): 191 f
[501] Manow (1996): 98
[502] Hübner / Jesse (1993²): 30
[503] Naßmacher (1998³): 58
[504] Vgl. hierzu und zu den folgenden Punkten Mayntz (1985³): 181-187
[505] Rudzio (1996⁴): 290

nung). Eine wichtige Aufgabe der Ministerialverwaltung ist zudem die Ausarbeitung der Vorgaben der politischen Führung in umsetzbare Programme (*Programmentwicklung und -ausarbeitung*). Damit ist sie an maßgeblicher Stelle in den Vorbereitungsprozeß von Entscheidungen, wie etwa legislativer Akte, eingebunden (*Entscheidungsvorbereitung*). Dies ist zum einen durch die Erarbeitung von Vorlagen wie z. B. Referentenentwürfen der Fall, was in der Regel in Zusammenarbeit mit anderen beteiligten Ministerien, betroffenen Interessengruppen und unter partieller Miteinbeziehung von Abgeordneten der Regierungsfraktionen geschieht.[506] Zum anderen verfügt die Ministerialverwaltung über konzentrierte Informationsbestände und Sachverstand, die bei der sachgerechten Beurteilung von Gesetzesvorhaben unabdingbar sind (*Informationen und Sachverstand*). Mit der Erfüllung dieser Teilaufgaben sind eine Reihe von Möglichkeiten verbunden die Richtung des Regierungshandelns zu beeinflussen bzw. mitzusteuern.

- *Durchführungsfunktion*: Es obliegt der Ministerialverwaltung, legislatorische Akte so zu konkretisieren (Verordnungen, Ausführungsbestimmungen etc.),[507] dass sie für die nachgeordneten Verwaltungsbehörden handhabbar werden. Damit kommt ihr die Aufgabe zu, für die Durchführung der Entscheidungen Sorge zu tragen. In eingeschränktem Maße ist ihr auch die Funktion übertragen, „die nachgeordnete Bundesverwaltung bei der Ausführung der Bundesgesetze zu leiten und zu überwachen.[508]

Tabelle 5.2.3: Funktionen der Ministerialbürokratie

Funktion	Komponenten
Steuerung	Thematisierung, Planung, Programentwicklung und -ausarbeitung, Entscheidungsvorbereitung, Informationen und Sachverstand
Durchführung	Konkretisierung legislatorischer Akte durch ergänzende Rechtsetzung, Leitung und Überwachung der Bundesverwaltung
Eigene Darstellung	

Problemfelder und Diskussionspunkte

Politisierung und Parteipolitisierung

Wie Untersuchungen belegen, nimmt der Anteil an Ministerialbeamten, insbesondere jener der Leitungsebene, die Mitglieder einer politischen Partei sind, stetig zu.[509] Diese Entwicklung ist nicht automatisch mit parteipolitischer Aktivität gleichzusetzen – tatsächlich trifft dies

567

568

569

---

[506] Vgl. zur Rolle der Ministerialbürokratie im Gesetzgebungsverfahren Gemeinsame Geschäftsordnung der Bundesministerien. Besonderer Teil (GGO II), II Kapitel: „Weg der Gesetzgebung."

[507] Vgl. Gemeinsame Geschäftsordnung der Bundesministerien. Besonderer Teil (GGO II), III. Kapitel: „Besondere Bestimmungen für den Erlaß von Verordnungen und allgemeinen Verwaltungsvorschriften."

[508] Hübner (1995): 256

[509] Vgl. hierzu Rudzio (1996⁴): 288

nur auf wenige Spitzenbeamte zu – sie geht aber einher mit einem
Wandel des Selbstverständnisses vom sich unpolitisch-neutral verste-
henden „klassischen Bürokraten" hin zum „politischen Bürokraten."[510]

> „Der ‚politische Bürokrat' steht der Welt der Politik offen gegenüber, er hält die
> Berücksichtigung politischer Gesichtspunkte bei der Programmentwicklung in der
> Ministerialverwaltung für legitim und ist selber durchsetzungsorientiert und bereit,
> für seine Entwürfe zu kämpfen. Verglichen mit den ‚klassischen Bürokraten' sehen
> die ‚politischen Bürokraten' ihre Aufgaben auch nicht mehr primär in der Geset-
> zesanwendung, ihre politischen Einstellungen sind eher progressiv, und sie pflegen
> relativ engen Kontakt mit Parlamentsmitgliedern, anderen Politikern und Vertretern
> von Interessenverbänden."[511]

570   Nach Rudzio ist erst durch diese *„kompetente, politiknahe, in ihrer
Karriere mit Parteien verbundene Führungsschicht"*[512] gewährleistet,
dass die parteipolitischen Vorstellungen konkretisiert und umgesetzt
werden können. Erst damit wird also die politische Führung des Re-
gierungsapparates in die Lage versetzt ihre Steuerungsfunktion auszuüben.

571   Problematisch wird die Parteipolitisierung, wenn infolge der Par-
teipatronage bei der Programmentwicklung und Entscheidungsvorbereitung alternative Lösungskonzepte aus parteipolitischem Kalkül von
vornherein ausgeblendet werden. Fehlende Alternativlösungen bedeuten aber einen Verlust an Sachrationalität. Des Weiteren führt Par-
teipatronage zur „Demotivierung der Parteiungebundenen",[513] da
diesen Karrierechancen aufgrund falscher oder fehlender Parteizuge-
hörigkeit vorenthalten werden, was zur Beeinträchtigung der Loyali-
tätsbindung gegenüber der politischen Leitungsebene führt.

Intra- und interministerielle Kommunikation

572   Die ansteigende Komplexität legislativer Vorhaben und die zunehmende Regelungsdichte im Zuge des Sozial- und Fürsorgestaates
bringen einen erheblichen Anstieg der notwendigen Kommunikations-
akte sowohl innerhalb als auch zwischen den Ministerien sowie gegenüber sonstigen Akteuren mit sich. Diese Entwicklung wird auch
dadurch zum Ausdruck gebracht, dass im Zuge der inneren Ausdiffe-
renzierung die Zahl der Referate aller Ministerien von 213 im Jahre

---

[510] Vgl. hierzu Putnam (1973): 281 ff
[511] Mayntz (1985³): 198
[512] Rudzio (1996⁴): 289 (Hervorhebung im Original)
[513] Rudzio (1996⁴): 289

1963 auf etwa 1 800 Anfang der neunziger Jahre angestiegen ist.[514]
Jene Flut von Kommunikationsakten ist alleine nach den Vorgaben des
Dienstweges nicht zu bewältigen, zumal dann nicht, wenn die Lei-
tungsebene vor allem mit Koordinationsaufgaben überfrachtet wird.
Deshalb haben sich neben dem Dienstweg

> „allgemein akzeptierte bzw. tolerierte halbformale und informelle Strukturen aus-
> gebildet. So ist es angesichts der dargestellten Aufgabenvielfalt heute üblich, daß
> Ministerialreferenten bei Vorarbeiten zu Gesetzesentwürfen (...) etc. (...) mit (still-
> schweigender) Billigung des direkten Vorgesetzten Kontakt mit Referenten, Unter-
> abteilungsleitern, anderen Abteilungen des eigenen Hauses oder eines anderen Mi-
> nisteriums oder auch mit Persönlichen Referenten des Ministers oder eines (Parla-
> mentarischen) Staatssekretärs aufnehmen.'[615]

Einige Mechanismen führen dennoch dazu, dass der Austausch von   573
Informationen und Sinndeutungen innerhalb und zwischen Ministerien
suboptimal ausgestaltet ist. Dazu gehört z. B. der Ressortpartikularis-
mus, womit gemeint ist, dass sich verschiedene Ressorts, die zusammen an einer komplexen Problemlösung arbeiten sollen, hauptsächlich
um ihren eigenen Problemausschnitt kümmern. Somit unterbleibt ein
reger Informationsaustausch.[516] Besonders zwischen Ministerien,
deren Verhältnis durch Rivalität gekennzeichnet ist kann es auch zu
bewussten Informationsblockaden kommen (Ressortegoismus).

5.2.6   Stellung im politischen System

Grafik 5.2.1: Regierung: Stellung im politischen System   574

Gesellschaftliches System und Vermittlungsagenturen		Geamtsteuerung und Staatswillensbildung (ZPES)	
	inputs via Vermittlungsagenturen		Regierung Steuerung und Durchführung
Volk / Gesellschaft		Parlament	
	Allgemeinverbindliche Entscheidungen		Bundesverfassungsgericht

Eigene Darstellung

---

[514] Vgl. hierzu Ismayr (1992): 282
[515] Ismayr (1992): 282 f
[516] Vgl. hierzu Sebaldt (1992): 46 f

5.2.7   Informationshinweise zur Einführung

- Hübner (1995): Parlament und Regierung in der Bundesrepublik Deutschland. bes. 235-258 ☞PolBil *(problemorientierte Darstellung der Wirkmechanismen innerhalb der Regierung und zwischen Regierung und Regierungssfraktion(en) bes. am Beispiel des Gesetzgebungsprozesses)*
- Patzelt (1996): Regierung. *(knappe Einführung in die Struktur der Regierung und in die Praxis der Regierungsarbeit)*
- Norton (Hrsg.): (1998): Parliaments and Governments in Western Europe. *(knappe Darstellungen der Charakteristika westeuropäischer Regierungen)*
- Mayntz (1985³): Soziologie der öffentlichen Verwaltung. *(grundlegende Einführung zur öffentlichen Verwaltung allgemein und zu Strukturen, Prozessen und Problemen der Ministerialverwaltung)*

- Government and Opposition
- Archiv des öffentlichen Rechts (AöR)
- Zeitschrift für Gesetzgebung *(Forum für alle Fragen der Rechtsetzung, ihrer Planung und des Gesetzesvollzugs)*

- http://www.agora.stm.it/politic/ *(umfangreiche, international angelegte und nach Ländern geordnete link-Sammlung u. a. zu den Themen Regierung, Ministerien, Bundesbehörden)*
- http://www.bundesregierung.de *(deutsche Bundesregierung mit links zu allen Bundesministerien, Bundeskanzleramt etc.)*
- http://www.bundeskanzler.de/home.html *(homepage des deutschen Bundeskanzlers)*
- http://www.bundesrat.de *(über die website des Bundesrates sind alle Regierungen der deutschen Bundesländer erreichbar)*
- http://www.whitehouse.gov/WH/Welcome.html *(homepage des US-Präsidenten)*
- http://www.number-10.gov.uk/index.html *(Büro des britischen Premierministers)*
- http://www.cabinet-office.gov.uk *(Kabinettskanzlei der britischen Regierung mit links zu allen Ministerien)*

5.3 Verfassungsgerichtsbarkeit

575   Im Gegensatz beispielsweise zum sozialistischen Rechtsbegriff, der Recht als ein

> „staatliches Instrument, um die aus den objektiven Gesetzen abgeleiteten und in den Parteibeschlüssen formulierten Aufgaben beim Aufbau und bei der Gestaltung der sozialistischen Gesellschaft allgemeinverbindlich durchzusetzen"[517]

definiert, zeichnen sich politische Systeme, die gemäß den Grundsätzen der fdGO organisiert sind durch das *Rechtsstaatsprinzip* (rechtsstaatliche Herrschaftsordnung) aus. Darunter ist zu verstehen, dass sich die Ausübung staatlicher Macht in formeller (verfahrenstechnischer) wie materieller (inhaltlicher) Hinsicht ausschließlich auf dem

---

[517] Böhme u. a. (Autorenkollektiv) (1998): 813

Boden der Verfassung und den sonstigen Rechtsnormen vollzieht, mit dem Ziel, Menschenwürde, Freiheit, Gerechtigkeit und Rechtssicherheit zu gewährleisten.[518] Die staatliche Gewalt unterwirft sich also dem Recht und der Rechtskontrolle und sieht „den Schutz der Rechte des Bürgers als seine Aufgabe"[519] an.

Zwischen Recht und Politik bestehen nach Patzelt folgende grundlegende Zusammenhänge:[520]   576

- *Recht ist der Zweck von Politik*: Zweck (Funktion) von Politik ist es, Recht (allgemeinverbindliche Entscheidungen) herzustellen.
- *Recht ist das Produkt von Politik*: Politik (besonders das ZPES) produziert Recht (allgemeinverbindliche Entscheidungen) in Form von Gesetzesoutputs.
- *Recht ist das Werkzeug von Politik*: Politik steuert gesellschaftliche Prozesse durch allgemeinverbindliche Regelungen (Recht).
- *Recht ist der Rahmen von Politik*: Die Herstellung allgemeinverbindlicher Regelungen (Politik) ist an das Verfassungsrecht gebunden, das gewisse Schranken setzt.
- *Recht ist der Maßstab von Politik*: Politik muß sich an das Recht halten und Rechtssicherheit gewährleisten.

5.3.1   Verfassung: Definition und Funktion

Die Materie, mit der sich die Verfassungsgerichtsbarkeit beschäftigt,   577
ist die Verfassung eines Staates. In ihr sind die grundlegenden Wertorientierungen und Ordnungsprinzipien versammelt, nach denen ein Staat organisiert ist. Darüber hinaus ist sie eine Sammlung von „grundlegenden Rechtssätze[n] über Organisation und Funktionsweise der Staatsgewalt und über die Rechtsstellung der einzelnen."[521]

Die Verfassung eines demokratischen Staates hält Antworten auf die   578
zwei Kernfragen bereit:

1) Was darf der Staat nicht tun?
2) Was muss der Staat tun?

Kommt in der ersten Frage die übergeordnete Geltung der individuellen Freiheitsrechte und die Begrenzung des staatlichen Gestaltungsan-

---

[518] Vgl. hierzu Säcker (1998[5]): 19

[519] Clemens (1995): 13

[520] Auflistung von Werner J. Patzelt: Unveröffentlichtes Seminarmanuskript zum Grundkurs „Einführung in das Studium der politischen Systeme." Universität Passau 1989

[521] Badura (1987): Spalte 3737, vgl. auch Stern (1980): 944

spruches zum Ausdruck, so verweist die zweite Frage auf die Aufgaben des Staates und seine organisatorischen Grundlagen.

579   Ist von der formellen Verfassung die Rede, meint man damit das Verfassungsgesetz, zusammengestellt in der Verfassungsurkunde. Spricht man von materieller Verfassung, kommen zu den, in der Verfassungsurkunde schriftlich fixierten Regelungen, Verfassungsgewohnheiten und ungeschriebene Verfassungsgrundsätze und -rechtssätze hinzu. Hierbei ist hervorzuheben, dass

> „... normalerweise nur für die in der Verfassungsurkunde enthaltenen Rechtssätze ein durch erschwerte Formen der Änderung gesicherter höherer Geltungsrang kennzeichnend ist."[622]

So ist beispielsweise das deutsche Grundgesetz nur mit einer qualifizierten Mehrheit (zwei Drittel in Bundestag wie Bundesrat) zu ändern.

580   Legt man den materiellen Verfassungsbegriff zugrunde, verfügt auch Großbritannien über eine Verfassung, auch wenn diese „partwritten but uncodified",[523] also nicht in einer Verfassungsurkunde kodifiziert vorliegt.

5.3.2   Verfassungsgerichtsbarkeit: Definition

581   Verfassungsnormen sind oberste Rechtsnormen, denen alle anderen Normen (einfache Gesetze, Rechtsverordnungen, Verwaltungsvorschriften) untergeordnet sind. Sie gelten als der letztgültige Prüfungsmaßstab nachgeordneter Rechtsnormen.

582   Daraus folgt das Problem der Rechtskonkretisierung und Konformitätsprüfung der Rechtssätze anhand der in der Verfassung bereitgestellten Maßstäbe. Abgesehen von der britischen Rechtstradition, in der dem Parlament aufgrund der Überordnung über alle anderen Verfassungsorgane (parliamentary souvereignity) alleine das letzte Wort vorbehalten ist,[524] ergibt sich in anderen Systemen die Notwendigkeit eine Institution zu bestimmen, die dieses leistet.

---

[522] Friedrich (1986): 543

[523] Norton (1991): 72

[524] Vgl. hierzu Oberreuter (1998): 821

Verfassungsgerichtsbarkeit ist somit die 583

„Institutionalisierung der Idee," in einem gerichtlichen Verfahren den Vorrang des Verfassungsrechts als letztverbindlicher Norm „gegenüber einfachen Gesetzen und gegenüber dem einfachen Gesetzgeber zu sichern."[525]

5.3.3 Grundtypen

In den westlichen Demokratien hat sich die Idee der Überordnung und 584
Bindung allen Rechts an die Verfassung und – Großbritannien ausge-

Tabelle 5.3.1: Verfassungsgerichtsbarkeit: Grundtypen 585

Kriterium	Grundtyp 1	Grundtyp 2
institutionelle Stellung	selbstständiges Gericht, nur für Verfassungsrechtsfragen zuständig	höchstes Berufungsgericht, Verfassungsrechtsfragen nur ein Rechtsgebiet
Verfassungsgerichtskompetenz	erste und letzte Instanz, letztverbindliche Entscheidung, jedoch keine Superrevisionsinstanz	jedes Gericht hat verfassungsgerichtliche Kompetenzen, Supreme Court trägt Sorge für Einheit des Rechts
Zusammensetzung und Rekrutierung	zwei Senate zu je acht Richtern, eine Hälfte vom Bundestagswahlmännerausschuss, die andere Hälfte vom Bundesrat gewählt	neun Richter, Ernennung durch den Präsidenten nach Zustimmung des Senats
Amtsdauer der Verfassungsrichter	maximal zwölf Jahre, keine Wiederwahl	auf Lebenszeit
Themenbreite	Auslegung und Schutz der Verfassung	vornehmlich Berufungsinstanz, nur konkrete Rechtsstreitfälle
Entscheidungspflicht	gegeben	political question-doctrine
Kompatibilität	weder Mitglied von BReg, BRat, BTag noch entsprechender Länderorgane	weder Mitglied von Regierung, Kongress noch entsprechender Organe der Bundesstaaten
Beispiel	Bundesverfassungsgericht	Supreme Court (USA)

Eigene Darstellung auf der Grundlage von Steffani (1987): 31-33 sowie Stern (1980): 933-967

nommen – die Notwendigkeit, ein „Oberstes Gericht zum letztinstanzlich entscheidenden Hüter in allen Streitigkeiten unter der Ver-

---

[525] Oberreuter (1998): 820

fassung einzusetzen,"[526] (judicial review) durchgesetzt. Die konkrete Ausgestaltung der Verfassungsgerichtsbarkeit differiert aber erheblich. Anhand der Beispiele des US-amerikanischen Supreme Courts und des deutschen Bundesverfassungsgerichts (BVerfG) lassen sich die beiden Grundtypen herausarbeiten (vgl. Tabelle 5.3.1).

5.3.4 Funktion

586   Die Generalfunktion der Verfassungsgerichtsbarkeit liegt in der Durchsetzung des Verfassungsrechts gegenüber nachgeordneten Rechtsnormen. Oder anders herum formuliert:

> „Das Bundesverfassungsgericht in Karlsruhe wacht über die Einhaltung des Grundgesetzes für die Bundesrepublik Deutschland."[527]

587   Um den „Schutz der Verfassung"[528] zu gewährleisten, ist das Gericht mit umfangreichen Kompetenzen ausgestattet. So ist nur das Bundesverfassungsgericht in der Lage, „verfassungswidrige Akte der [Parlaments-]Mehrheit zu ‚kassieren'".[529] Versagt die parlamentarische Selbstkontrolle,[530] dann schreitet das Verfassungsgericht auf Antrag ein und stellt die Rückbindung des Gesetzgebers und der Regierung an die in der Verfassung festgelegten Wertentscheidungen und Normen wieder her.

588   Die Kontrolle des Bundesverfassungsgerichts wirkt nach Stern in zweierlei Form: zum einen durch die abschreckende Wirkung möglicher Kontrolle „präventiv-hemmend", zum anderen durch das Verwerfen und „Einkassieren" von Entscheidungen des Gesetzgebers „repressiv-vernichtend".[531] Im Zuge der Kontrolle des Gesetzgebers und der Regierung auf die Verfassungsmäßigkeit ihres Handelns kommt es zu Prozessen der „Rechtskonkretisation".[532] In diesen wächst

---

[526] Steffani (1987): 31
[527] http://www.bundesverfassungsgericht.de/texte/deutsch/aufgaben1.html (Stand: 23.9. 1999)
[528] Stern (1980): 952
[529] Stern (1980): 955
[530] Vgl. hierzu Stern (1980): 953
[531] Stern (1980): 965
[532] Stern (1980): 946

„der Gerichtsbarkeit naturgemäß ein schöpferisches, ein rechtsbildendes und fort-
entwickelndes, d. h. ein gestaltendes Element zu."[533]

Vor diesem Hintergrund kann von gewissen Mitsteuerungseffekten   589
und einem „Anteil [der Verfassungsgerichtsbarkeit] an der Staatsleitung"[534] gesprochen werden. Hierbei ist allerdings anzumerken, dass
im Unterschied zu Parlament und Regierung Mitsteuerung nur sehr
punktuell und ausschließlich orientiert am Maßstab des Rechts und
nicht politischer Erwägungen stattfindet.

5.3.5 Verfassungsrechtliche Verankerung

Hatte der Weimarer Staatsgerichtshof aufgrund seiner eingeschränkten   590
Zuständigkeitsbereiche, die vor allem Streitigkeiten zwischen dem
Reich und einem Land umfassten, noch keine das Verfassungsleben
maßgeblich beeinflussende Rolle gespielt, trifft dies für das Bundesverfassungsgericht zweifellos zu.

„Ein mit solch einzigartiger Machtfülle zum Zwecke eines lückenlosen Verfas-
sungsrechtsschutzes ausgestatteter Verfassungsgerichtshof ist ein Novum in der
deutschen Verfassungsgeschichte."[635]

Diese wichtige Position im Verfassungsgefüge wird auch in der Ver-   591
ankerung des Bundesverfassungsgerichts im Grundgesetz deutlich.
Als Teil der rechtsprechenden Gewalt (Art. 92 GG) weist ihm Art. 93
GG eine Reihe von Zuständigkeitsbereichen zu (vgl. Tabelle 5.3.2).
Darüber hinaus wird es bei Verbotsanträgen von Parteien (Art. 21
GG), Grundrechteverwirkungsanträgen (Art. 18 GG) sowie Fällen
konkreter Normenkontrolle (Art. 100 Abs. 1 GG) eingeschaltet. Nach
Art. 97 GG sind die Richter „unabhängig und nur dem Gesetz unter-
worfen." Detailliertere Bestimmungen zum Wahlverfahren (vgl. Art.
94 Abs. 1 GG), zur Organisation des Gerichts usw. finden sich im
Gesetz über das Bundesverfassungsgericht (BVerfGG)[536] sowie der
Geschäftsordnung des Bundesverfassungsgerichts (GOBVerfG).

---

[533] Stern (1980): 946
[534] Stern (1980): 951
[535] Säcker (1998⁵): 18
[536] Vgl. hierzu Säcker (1998⁵): 218-231

5.3.6   Bundesverfassungsgericht: Organisation, Verfahrensarten

592   Das Bundesverfassungsgericht mit Sitz in Karlsruhe verfügt gemäß
BVerfGG über zwei Senate mit unterschiedlichen Zuständigkeitsbereichen. Der 1. Senat wird gemeinhin als Grundrechtssenat (zuständig
für Normenkontrolle und Verfassungsbeschwerden v. a. im Grund-
rechtsbereich), der 2. Senat als Staatsrechtssenat bezeichnet.

593   Die 16 Verfassungsrichter beider Senate werden je zur Hälfte vom
Bundestag und durch den Bundesrat gewählt. Die Wahl durch den
Bundestag erfolgt indirekt, d. h. durch einen gemäß den Mehrheitsverhältnissen der im Bundestag vertretenen Parteien zusammenge-
setzten Richter-Wahlausschuss aus zwölf Abgeordneten. Den Präsidenten und den Vizepräsidenten wählen „Bundestag und Bundesrat im
Wechsel aus den Reihen der bereits im Amt befindlichen oder der
neugewählten Richter."[537]

594   Die Zuständigkeitsbereiche des Bundesverfassungsgerichts sind in
Tabelle 5.3.2 zusammengefasst.[538] Verfassungsbeschwerden, welche
die Prüfung von Recht und Entscheidungen auf Grundgesetzkonfor-
mität beinhalten und von jedermann nach Ausschöpfung des normalen
Rechtsweges erhoben werden können, dominieren zahlenmäßig bei
weitem. Von allen 101 268 (Zahlen bis zum 31.12.1997: 114 094[539])
Verfahren bis zum 31.12.1994 gingen 97 007 (109 642 bis
31.12.1997) auf Verfassungsbeschwerden zurück, wovon 2,75 % (2,65
% bis 31.12.1997) erfolgreich waren.[540] Der Rest verteilt sich folgendermaßen: Verfahren konkreter Normenkontrolle, also der Prüfung der
Vereinbarkeit von Rechtsnormen mit dem Grundgesetz anhand eines
konkreten Falles waren 2 901-mal zu verzeichnen. Abstrakte Normenkontrolle, bei der die grundsätzliche Vereinbarkeit von Rechtsnormen mit der Verfassung überprüft wird, übten die Verfassungsrichter in 124 Fällen aus. Dem gegenüber standen 216 Fälle von Ver-
fassungsstreitigkeiten (Organstreitigkeiten, Bund-Länder Streitigkeiten und Streitigkeiten innerhalb eines Landes), 89 Wahl- und Man-

---

[537] Säcker (1998[5]): 50, vgl. allgemein zur Organisation und Wahl 46-54
[538] Vgl. hierzu detailliert Säcker (1998[5]): 55-85
[539] Für die Zahlenangaben bis zum 31.12.1997 Säcker (1998[5]): 80, vgl. auch 81 ff
[540] Vgl. hierzu Rudzio (1996[4]): 312, der enorme Anfall an Verfassungsbeschwerden hat
schon 1956 zur Einrichtung von dreiköpfigen Vorprüfungsausschüssen geführt, die
unzulässige und materiell aussichtslose Beschwerden zurückweisen können, vgl.
Plöhn (1996): 371

datsprüfungen sowie fünf Verbotsverfahren von Parteien und vier
Grundrechteverwirkungsverfahren.[541]

Tabelle 5.3.2: Zentrale Zuständigkeiten des Bundesverfassungsgerichts   595

Zuständigkeit	Art des Verfahrens (mit Beispielen)	Antrags-berechtigt
Kontrolle des Gesetzgebers	Konkrete Normenkontrolle (Urteil zur friedlichen Nutzung von Kernergie, Urteil vom 8.8.1978; BVerfGE 49, S. 89 ff)	jedes Gericht
	Abstrakte Normenkontrolle (Grundlagenvertragsurteil vom 31.7.1973; BVerfGE 36, S. 1)	BReg, LReg, 1/3 des BTags
	Verfassungsbeschwerde (Urteil zum informationellen Selbstbestimmungsrecht – Volkszählungsurteil vom 15.12.1983; BVerfGE 65, S. 1 ff.); Kruzifix-Urteil vom 16.5.1995, BVerfGE 93, S. 1 ff)	jedermann
Kontrolle von Behörden und Gerichten	Verfassungsbeschwerde	jedermann
Entscheidung über Verfassungsstreitigkeiten zwischen staatlichen Organen	Organstreitigkeiten (Urteil zur Vertrauensfrage als Auflösungsverfahren für den Bundestag vom 16.2.1983; BverfGE 62, S. 1 ff.)	BTag, BRat, BReg, BPräs, BTagsfraktionen, einzelne MdB
	Bund-Länder-Streit (Fernsehurteil vom 28.2.1961; BVerfGE 12, S. 205 ff)	BReg, LReg
Entscheidung über	Beschwerden im Wahlprüfungsverfahren des BTags	u. a. der betroffene Abgeordnete
	Parteiverbote (Verbot der SRP vom 23.10.1952; BVerfGE 2, S. 1 ff)	BTag, BRat, BReg
	Verwirkung von Grundrechten	BTag, BReg, LReg
	Anklage gegen den Bundespräsidenten	2/3-Mehrheit von BTag und BRat
	Anklage gegen Bundes- und Landesrichter	BTag bzw. LTag
Darstellung auf der Grundlage von Landfried (1984): 233		

---

[541] Zahlen aus Rudzio (1996[4]): 313

5.3.7   Problemfelder

Justizialisierung der Politik?

596   Die andauernde Diskussion um das Thema Justizialisierung der Politik[542] kreist im Kern um die Frage, welche Rolle das Bundesverfassungsgericht im politischen Willensbildungs- und Entscheidungsprozess spielt. Zugespitzt formuliert: Ist das BVerfG zum „Ober-Gesetzgeber"[543] avanciert und trägt es somit zur „Entmündigung des Parlaments"[544] bei?

597   Die Auseinandersetzung – geführt vor dem Hintergrund unterschiedlicher Demokratiemodelle und Gewaltenteilungsverständnisse – hat seinen Ausgangspunkt in der letztverbindlichen Bindungswirkung von Entscheidungen des BVerfG. Nach § 31 Abs. 1 BVerfGG haben die Entscheidungen des Bundesverfassungsgerichts

> „eine über den Einzelfall und die an ihm Beteiligten hinausgehende Bindungswirkung, denn die aus dem Entscheidungssatz und den tragenden Gründen folgenden Grundsätze für die Auslegung der Verfassung müssen in allen künftigen Fällen von allen Gerichten und Behörden beachtet werden. (...) Die Entscheidung des Bundesverfassungsgerichts darüber, ob eine von ihm geprüfte Norm mit dem Grundgesetz vereinbar ist, hat Gesetzeskraft."[545]

598   Besonders deutlich wird die politische Wirkung des Bundesverfassungsgerichts, wenn „das Gericht ein Gesetz für verfassungswidrig erklärt."[546] Aber auch im Setzen vorläufiger Übergangsregelungen an Stelle des nichtigen Gesetzes sowie in der verfassungsgemäßen Auslegung durch Interpretation kann sich die politische Dimension verfassungsgerichtlichen Handelns äußern. Dennoch ist das Bundesverfassungsgericht *kein* explizit politisches Organ. Sein Maßstab ist allein das Verfassungsrecht.

---

[542] Vgl. hierzu allg. Gralher (1980) sowie Scholz (1999)
[543] „Übergriffe auf Bonner Hoheitsgebiet" in SZ vom 20.2.1999
[544] So der Verfassungsexperte Rüdiger Zuck in SZ vom 20.2.1999
[545] Säcker (1998[5]): 89
[546] http://www.bundesverfassungsgericht.de/texte/deutsch/aufgaben1.html (Stand: 23.9. 1999), alleine bis Ende 1988 hatte das BVerfG 216 Gesetze und Verordnungen des Bundes bzw. der Länder insgesamt oder in Teilen für nichtig erklärt, vgl. hierzu Rudzio (1996[4]): 314

Sich auf diesen Maßstab zu beschränken, ist Inhalt des Grundsatzes der richterlichen Selbstbeschränkung (judicial self-restraint[547]). Damit ist die Selbstbeschränkung des Gerichts angesprochen nicht Politik zu treiben. Die Möglichkeit, Streitigkeiten als originär politisch zu beurteilen und demzufolge abzulehnen (political question-doctrine[548] des Supreme Court), ist dem BVerfG jedoch nicht gegeben. Darüber hinaus wäre die Einstufung einer Frage als politisch oder nicht politisch zumeist mit erheblichen Schwierigkeiten verbunden. Das Bundesverfassungsgericht hat nicht das Recht selbst Themen zum Gegenstand von Verfahren zu machen. Auch diese Regelung wirkt einer aktiven politischen Rolle des Gerichts entgegen.

599

Die Analyse der Urteile gerade in den neunziger Jahren zeigt allerdings deutlich, dass die Vorgaben des Gerichts gegenüber dem Gesetzgeber „zunehmend detaillierter, zunehmend enger, zunehmend spezieller"[549] geworden sind. So forderte der 2. Senat im Zusammenhang mit dem Familienurteil im November 1998 genau bezifferte Freibeträge für Kinder, ein erhöhtes Kindergeld und für kinderreiche Beamte eine höhere Besoldung. Dem Gesetzgeber wurde eine Frist bis zum 1.1.2000 eingeräumt, ansonsten würden die Festlegungen des Urteils gelten.[550] Damit ist natürlich eine stärkere Determinierung des politischen Handlungsspielraums verbunden, die von Seiten des Gerichts u. a. mit dem Versagen präventiv-hemmender Kontrolle des Gesetzgebers begründet wird.

600

Politisierung der Verfassungsgerichtsbarkeit?

Dieses Problemfeld weist zwei Dimensionen auf: zum einen die Tendenz politischer Akteure, politische Konflikte nach der Ausschöpfung politischer mit juristischen Mitteln weiterzuführen und zum anderen die Parteipolitisierung des Verfassungsgerichts.

601

Insbesondere das Instrument der abstrakten Normenkontrolle wird in erster Linie von der unterlegenen Minderheit dafür verwendet, „einen politischen Konflikt (...) unmittelbar in ein verfassungsgerichtliches Verfahren zu überführen."[551] Dieses *Abschieben nach Karlsruhe*

602

---

[547] Vgl. hierzu Stern (1980): 958 ff

[548] Vgl. hierzu Stern (1980): 961

[549] Staatsrechtler Peter Badura, zitiert in SZ vom 20.2.1999

[550] Vgl. hierzu BVerfG, 2 BvR 1057 / 91 vom 10.11.1998, Beschlußpunkt 5, http://www.bverfg.de/ (Stand: 17.11.1999)

[551] Rudzio (1996⁴): 314

war z. B. beim Verfahren über die out of area-Einsätze der Bundes-
wehr 1994[552] der Fall. Das Familienurteil von 1998 hingegen ist ein
Beispiel für den fehlenden Willen des Gesetzgebers, zur Entscheidung
zu kommen. Stattdessen verfuhr man aus Opportunitätsgründen nach
dem Motto *Warten auf Karlsruhe*.

603   Der wirkmächtigere Vorwurf richtet sich gegen das stark parteipo-
litisierte Verfahren der Richter(aus)wahl. In einer Kungelrunde würden die beiden großen Parteien ihnen genehme Kandidaten aushandeln
und zwar in einem Verfahren, das gelegentlich mit der Papstwahl
verglichen wird: „ebenso geheim, aber nicht so demokratisch."[553]
Hierzu ist folgendes anzumerken:

604   Richter sind nur in den seltensten Fällen unpolitische Fachleute;
vielmehr haben sie „bestimmte politisch-soziale Grundanschauungen,
aufgrund derer sie spezifische ethisch-politische Wertungen vornehmen."[554] Konsequenterweise kann es nicht darum gehen, ein unpolitisches Gremium von Fachleuten zu bilden, sondern die verschiedenen
Strömungen der Gesellschaft durch die personelle Zusammensetzung
einfließen zu lassen. Da jeder einzelne Richter zu seiner Wahl einer
2/3-Mehrheit (acht von zwölf Stimmen) bedarf, muss zwischen den
beiden großen Parteien im Wahlmännergremium Konsens hergestellt
werden. Darin liegt der Grund, weshalb sich die beiden großen Partei-
en die „faktischen Vorschlagsrechte je zur Hälfte teilen."[555] Auch
wenn sich die parteipolitischen Kräfte durchaus in vielen Richtersprü-
chen widerspiegeln, belegen die Urteile die große Autonomie der
Richter. Im Übrigen überwiegen die

> „kompromißhaften, nicht immer eleganten, aber friedensstiftenden Urteile. (...)
> [Das Bundesverfassungsgericht] hat sich damit auf einer Linie der Mitte bewegt
> und häufig als eine Art ‚Vermittlungsausschuß' zwischen den großen gesellschaft-
> lich-politischen Kräften fungiert."[656]

---

[552] BVerfGE 90, 286 ff
[553] Helmut Kerscher: „Selbst die Papstwahl ist demokratischer" in SZ vom 5.12.1998
[554] Säcker (1998[5]): 52
[555] Rudzio (1996[4]): 320
[556] Rudzio (1996[4]): 320

5.3.8   Stellung im politischen System

Grafik 5.3.1: Bundesverfasungsgericht: Stellung im politischen System   605

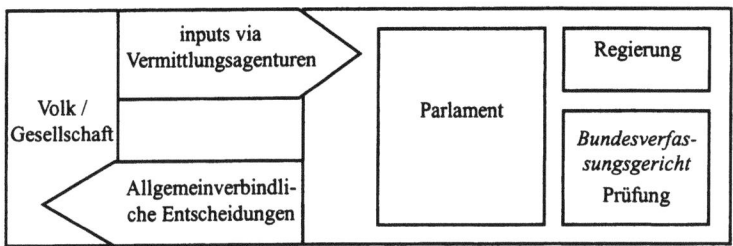

Gesellschaftliches System   Geamtsteuerung und Staats-
und Vermittlungsagenturen   willensbildung (ZPES)

inputs via Vermittlungsagenturen

Volk / Gesellschaft

Parlament

Regierung

Bundesverfassungsgericht Prüfung

Allgemeinverbindliche Entscheidungen

Eigene Darstellung

5.3.9   Informationshinweise zur Einführung

- Säcker (1998[5]): Das Bundesverfassungsgericht. ☞[PolBil] *(grundlegende Einführung in die wichtigsten Aspekte zum Bundesverfassungsgericht mit umfangreichem Anhang)*
- Stern (1980): Das Staatsrecht der Bundesrepublik Deutschland: 933-967*(Einführung in das Thema Verfassungsgerichtsbarkeit)*
- Piazolo (Hrsg.) (1995): Das Bundesverfassungsgericht. *(problemorientierte Artikel zum Spannungsverhältnis zwischen Recht und Politik am Beispiel des Bundesverfassungsgerichts)*

- Archiv des öffentlichen Rechts (AöR)
- Recht und Politik (RuP)
- Neue Juristische Wochenschrift (NJW)
- Staat und Recht (SuR)
- Jahrbuch des öffentlichen Rechts (JöR)
- Mitglieder des Bundesverfassungsgerichts (Hrsg.) (versch. Jahre): Entscheidungen des Bundesverfassungsgerichts. Versch. Bände.
- APuZ, Heft B 16 / 1999 *(Beiträge zur Rolle des Bundesverfassungsgerichts nach 50 Jahren Grundgesetz)*

- http://www.bundesverfassungsgericht.de *(homepage des Bundesverfassungsgerichts mit links zu Verfassungsgerichten anderer Staaten und internationalen Gerichtshöfen sowie den Verfassungsgerichten der deutschen Bundesländer; BVerfGE ab 1998 abrufbar plus Basisinformationen zu Organisation und Selbstverständnis des BVerfG)*

6. Ausblick

In dieser Einführung sind auf der Grundlage eines politikwissenschaftlichen Systemmodells die wesentlichen Strukturen und Prozesse eines modernen politischen Systems dargestellt. Bei der Beschreibung und Analyse lag der Schwerpunkt auf dem politischen System der Bundesrepublik Deutschland. Die dabei aufgeworfenen grundsätzlichen politikwissenschaftlichen Fragestellungen und Problemfelder können jedoch wie an vielen Stellen gezeigt auch auf andere politische Systeme übertragen werden. Die eingehendere Beschäftigung mit anderen politischen Systemen sowie der Vergleich zwischen ihnen bilden folglich die nächsten Schritte im Studium der politischen Systeme.

Für einen ersten Einstieg eignen sich unserer Ansicht nach insbesondere folgende Publikationen.

- Mit Ismayr (Hrsg.) (1999²) gewinnt man einen guten Überblick über die verschiedenen politischen Systeme Westeuropas, eine Darstellung der politischen Systeme Osteuropas ist angekündigt: Ismayr (Hrsg.) (2000). In Gabriel / Brettschneider (Hrsg.) (1994²)[PolBil] hingegen steht mehr der komparative Aspekt im Vordergund. Hier werden die EU-Staaten hinsichtlich ihrer Strukturen, Prozesse und Politikinhalte verglichen.

- An Einführungen in das politische System Deutschlands ist vor allem Rudzio (1996⁴) zu empfehlen, dessen Stärke u. a. in der breiten Einbeziehung informaler Strukturen und Prozesse zu sehen ist. Aber auch Naßmacher (1998³), Beyme, von (1999⁹) sowie für die deutschen Bundesländer Hartmann (Hrsg.) (1994²)[PolBil] bieten sich als Einstiegslektüre an.

- Kurz und prägnant führen Hübner / Münch (1998) sowie der Sammelband von Jones (Hrsg.) (1994²) in die Grundzüge des politischen Systems Großbritanniens ein. Darüber hinaus ist das Heft Sturm (1999)[PolBil] sowie der Länderbericht Kastendieck / Rohe / Volle (Hrsg.) (1998)[PolBil] empfehlenswert.

- Gleiches gilt für den Länderbericht Adams / Lösche (Hrsg.) (1998³)[PolBil] und für das Heft Heckel / Wasser (1997)[PolBil] das politische System der USA betreffend. Einen guten Überblick gibt auch Hübner (1993[3]).

• Für Frankreich bieten sich das Heft Menyesch / Uterwedde (1994)[~PolBil], die knappe Einführung Müller-Brandeck-Bocquet / Moreau (1998)[~PolBil] sowie besonders Kempf (1997[3]) an.

• Chiellino / Marchio / Rongoni (1995) beleuchten das politische System Italiens und Nohlen / Hildenbrand (1992) vermitteln einen guten ersten Einblick in das Spaniens.

• Schneider (1999) stellt die Grundzüge des politischen Systems der Russischen Föderation dar.

Die wissenschaftliche Beschäftigung mit den einzelnen politischen Systemen fächert sich entlang der im Grundkurs behandelten System-strukturen in unterschiedliche Forschungsfelder auf:[557]

• Allgemeine Systemgrundlagen: Historische Entwicklung, wirt-schaftliche und soziale Grundlagen sowie verfassungsrechtliche Fundamente (grundsätzlicher Staatsaufbau, z. B. demokratisch oder diktatorisch, zentralistisch oder föderalistisch, präsidentiell oder parlamentarisch),

• Entwicklung politischer Systeme: Veränderungen in der politischen Kultur, den Systemumwelten und Transformation,

• Individuum: Politische Kultur, politische Sozialisation, Formen des politischen Engagements (z. B. Verhalten bei Wahlen und Abstim-mungen, Partei- und Verbandsmitgliedschaft, Ad-hoc-Engagements wie Teilnahme an Demonstrationen oder Mediennutzung),

• Interessengruppen: Struktur der Verbändelandschaft und Einfluss-möglichkeiten von Interessengruppen, Bürgerinitiativen und Ad-hoc-Bewegungen,

• Parteien: Struktur (z. B. innerparteiliche Willensbildung) der Partei-en und des Parteiensystems, Funktionen der Parteien im politischen System, Elitenrekrutierung (Mandatsträger und Führungspersonal) sowie Wahlkampf,

• Medien: Stellung der Medien im und Einfluss auf das politische System, Strukturierung des Mediensystems, Medienwirkung,

• Parlament: Theoretische und rechtliche Grundlagen (Parlamentaris-mustheorie, verfassungsrechtliche Bestimmungen, Geschäftsord-

---

[557] Vgl. hierzu auch Patzelt (1993[7]): 142 ff

nungen) des Parlaments sowie seiner Fraktionen und Abgeordneten
und Parlamentspraxis (z. B. informale Strukturen),

• Regierung: Organisationsstrukturen und Arbeitsweise der Regierungen und der Ministerialverwaltungen (z. B. Kooperation mit dem Parlament, den Parteien und Verbänden),

• Rechtsprechung: Einfluss und Aufbau vor allem der Verfassungsgerichtsbarkeit.

Diese Auflistung ist bei weitem nicht vollständig; sie gibt jedoch einen ersten Eindruck von der Breite und Vielfalt des Teilgebietes politische Systeme. Die einzelnen Forschungsfelder sind eng miteinander verzahnt. Forscht man beispielsweise über die Parteien in einem System, dürfen gesellschaftliche Entwicklungen, verfassungsrechtliche Grundlagen oder die Einflussmöglichkeiten auf das ZPES nicht außer Acht gelassen werden.

Darüber hinaus gehört zum Grundstudium der Politikwissenschaft ebenso die Beschäftigung mit den anderen Teilgebieten des Faches: Politische Theorie und Internationale Politik. Beide Bereiche verfügen über ihre eigenen Fragestellungen und Methoden. Sie sind allerdings auch eng mit dem Studium der politischen Systeme verbunden. Die politische Theorie beschäftigt sich im Hinblick auf die politischen Systeme mit den ideengeschichtlichen Fundamenten des jeweiligen Systems (z. B. den in der fdGO aufgelisteten Minimalanforderungen wie Achtung der Menschenrechte, Volkssouveränität und Gewaltenteilung) oder den demokratietheoretischen Grundlagen (z. B. Pluralismus, Konkordanzdemokratie, Elitenkonzepte etc.). Die internationale Politik ist ebenfalls auf vielfältige Weise mit den politischen Systemen verflochten. So werden außenpolitische Entscheidungen oftmals von den innenpolitischen Verhältnissen bestimmt und Entwicklungen im internationalen System können wiederum zu Veränderungen innerhalb des politischen Systems führen.

Die gründliche Einarbeitung in alle drei Teilgebiete stellt deshalb für jeden Studierenden der Politikwissenschaft die Basis dar, auf der erst eine Spezialisierung im Hauptstudium aufbauen kann.

7. Kontrollfragen

Den Kontrollfragen folgen jeweils in eckigen Klammern die Randnummern der Abschnitte, die zur Lösung herangezogen werden können.

Zu 1.1 Politik, Wissenschaft, Politikwissenschaft

• Definieren und erläutern Sie den empirisch-analytischen Politikbegriff! [16, 17]

• Welche anderen Politikbegriffe sind Ihnen bekannt? Erläutern Sie diese vergleichend! [3-15, 19]

• Was ist das MINK-Schema? Benennen und erklären Sie dessen zentrale Begriffe! [20-25]

• Was versteht man unter der Aufteilung der Politik in polity, politics und policy? [27, 28]

• Wenden Sie beide politikwissenschaftlichen Analyseraster auf eine Politikmeldung in einer Tageszeitung an! [26, 29]

• Was ist Wissenschaft? [33]

• Welche Regeln der Wissenschaft sind bei der Produktion von wissenschaftlichen Aussagen zu beachten? [36]

• Benennen und erläutern Sie vergleichend unterschiedliche Methoden der Wissenschaft! [38]

• Definieren Sie den Begriff Politikwissenschaft! [40]

• Welche politikwissenschaftlichen ‚Schulen' können Sie benennen? Stellen Sie deren Grundaussagen vergleichend dar! [42-47]

• Skizzieren Sie die grundlegenden Entwicklungen des Faches Politikwissenschaft in Deutschland! [48, 49]

Zu 1.2 Herrschaft, Macht und Legitimität

• Definieren Sie die Begriffe Herrschaft, Macht und Legitimität! [53, 64, 74, 76]

• Welche Funktionen erfüllen Herrschaft, Macht und Legitimität in einem politischen System? [55, 66, 75, 76]

• Welche Herrschaftsformen werden schon in der antiken Philosophie analysiert? [56, 57, 76]

- Welche Herrschaftstypen bilden für Max Weber Formen der legitimen Herrschaft? In welchem Entwicklungszusammenhang stellt er sie dar? [58-62, 76]
- „Macht an sich ist Böse"![558] Setzen Sie sich mit dieser Aussage Jacob Burckhardts kritisch auseinander! [63]
- Welche Formen von Macht sind Ihnen bekannt? Stellen Sie diese anhand eines praktischen Beispiels dar! [67-69, 76]
- Erläutern Sie die Ihnen geläufigen Strategien zur Legitimierung politischer Regime! [78-80, 76]
- Wie lässt sich Herrschaft kontrollieren? Geben Sie zwei Optionen der institutionellen Einhegung an! [82, 83]
- Welches entscheidende Merkmal hebt Max Weber zur Begründung von Staatlichkeit hervor? [84]
- Diskutieren Sie das Gewaltmonopol des modernen Staates vor dem Hintergrund seiner legitimatorischen Begründung! [85]
- Warum ist Legalität nicht immer ein hinreichendes Kriterium für Legitimität? [86]
- Unter welchen Umständen legitimiert das Grundgesetz das Mittel des Widerstandes? [87]
- Diskutieren Sie den Zusammenhang der Begriffe Herrschaft, Macht und Legitimität anhand eines konkreten Beispiels! [76]

Zu 1.3 Politikwissenschaftliche Systemtheorien

- Was ist ein System? Definieren Sie diesen Begriff! [91]
- Stellen Sie die grundsätzliche Funktionslogik eines Systems am Beispiel ihrer Universität dar! [93-97]
- Auf welchen wissenschaftstheoretischen Grundlagen basiert die politikwissenschaftliche Systemtheorie? [101-103]
- Welchen Vorteil bietet der Begriff Politisches System gegenüber älteren Bezeichnungen? [88]
- Welche allgemeinen Funktionen muss ein soziales System erfüllen? Erläutern Sie das AGIL-Schema am Beispiel der SPD! [105-109]
- Definieren Sie den Begriff Politisches System! [111]
- Welche Rollen und Strukturen lassen sich darin identifizieren? [112-117]

---

[558] Jacob Burckhardt zit. nach Weiß (1995): 311

• Benennen und erläutern Sie die grundsätzlichen Prozesse in einem politischen System jeweils an einem Beispiel! [120-123]

• Warum und wodurch werden Entwicklungen innerhalb eines politischen Systems ausgelöst? [124-126]

• Welchen grundsätzlichen Herausforderungen stehen politische Systeme gegenüber? Diskutieren Sie Ihre Erläuterungen an einem konkreten Beispiel! [128-130]

Zu 1.4 Ein Modell politischer Systeme

• Beschreiben Sie die grundlegenden Elemente und Zusammenhänge eines Modells politischer Systeme! [132-137]

• Stellen Sie ein Modell politischer Systeme grafisch dar! [138]

Zu 2.1 Grundmodelle politischer Ordnung

• Was ist ein Begriff? Welche wissenschaftliche Funktionen erfüllen Begriffe? [141-145]

• Welche Arten von Begriffen kennen Sie? Erläutern Sie diese jeweils an einem Beispiel! [148]

• Definieren sie den Begriff Variable! [149]

• Welche Arten von Variablen kennen Sie? Erläutern Sie diese jeweils an einem Beispiel! [149]

• Was sind Typen? [150]

• Welchen Arten von Typen sind Ihnen bekannt? Erläutern Sie diese jeweils an einem Beispiel! [150]

• Was ist eine Typologie? Welchen wissenschaftlichen Nutzen haben Typologien? [150, 151]

• Welche Variable verwendet Max Weber bei der Konstruktion der reinen Typen der Herrschaft? [59-61]

• Beschreiben und erläutern Sie eine Typologie politischer Systeme und geben Sie für jeden Typ zwei konkrete Beispiele an! [153-159]

• Warum konstruiert Hättich nur sechs Grundmodelle? [157]

• Stellen Sie grafisch die Problematik der Systemgrenzen bei unterschiedlichen Idealtypen dar! [160]

• Was versteht Hättich unter offenen und geschlossenen Strukturen? Geben Sie jeweils ein Beispiel an! [161]

- Geben Sie die Elemente totalitärer Herrschaft an und erläutern Sie diese anhand eines Beispiels! [162-172]
- Geben Sie die Elemente der fdGO an und erläutern Sie diese anhand eines Beispiels! [174]
- In welche ideengeschichtliche Traditionen stellt das Bundesverfassungsgericht die fdGO? [175, 176]
- Warum gibt es laut Bundesverfassungsgericht nur eine fdGO? [177]
- Stellen Sie die Transformation der DDR 1989 / 1990 grafisch dar! [180, 181]
- Vergleichen Sie zusammenfassend die fdGO und ein totalitäres politisches System! [179]

Zu 2.2 Pluralismus und Monismus

- Definieren Sie den Begriff Pluralismus! [185]
- Nennen und erläutern Sie kurz dessen wesentliche Elemente! [187-190]
- Aus welcher Erfahrung heraus sah Fraenkel die Notwendigkeit der Formulierung eines neopluralistischen Ansatzes? [191]
- Wodurch führt der neopluralistische Ansatz über die Pluralismustheorie der Vorkriegszeit hinaus? [192]
- Welche Komponenten enthält der Minimalkonsens? [193]
- Erläutern Sie die Bedeutung eines Minimalkonsenses für die politische Auseinandersetzung! [193]
- Definieren Sie den Begriff Monismus! [195]
- Nennen und erläutern Sie kurz dessen wesentliche Elemente! [197-200]
- Weisen Sie diese anschließend anhand dreier Ihnen geläufiger monistischer Konzeptionen nach! [201-203]
- Arbeiten Sie deren Unterschiede heraus! [201-203]
- Stellen Sie abschließend Pluralismus und Monismus vergleichend gegenüber! [205]

Zu 2.3 Gewaltenteilung

- Definieren Sie den Begriff Gewaltenteilung! Welchen Aspekt betont der politikwissenschaftliche Gebrauch? [207, 208]
- Welche Funktionen erfüllt die Gewaltenteilung in einem politischen System? [210-212]
- Erläutern Sie die grundsätzlichen Elemente der Gewaltenteilungslehren von Montesquieu und der Federalist Papers! [214-216]

- Benennen und erläutern Sie die Elemente des Ansatzes von Steffani! [217-224]
- Wenden Sie Steffanis Ansatz auf drei konkrete politische Systeme an! [225]
- Warum finden sich in diktatorischen und totalitären Systemen keine gewaltenteiligen Strukturen? [163-166]
- Was verstehen Sie unter dem Begriff Föderalismus? Definieren Sie den Begriff und beschreiben Sie dessen Funktionen anhand eines konkreten Beispiels! [228-233]
- Welche Elemente zeichnen ein föderales System aus? [234]
- Welche Typen des Föderalismus können Sie unterscheiden? Geben Sie dafür die jeweiligen Merkmale an? [235, 236]
- Wie ist der Föderalismus im GG verankert? [237]
- Was verstehen Sie unter Politikverflechtung? Geben Sie kurz mögliche Reformstrategien an? [238-240]

Zu 3.1 Politische Kultur

- Welches Ereignis beeinflusste die Entstehung der politischen Kultur-Forschung am nachhaltigsten? [241]
- Was ist politische Kultur? Definieren Sie! [242]
- Beschreiben Sie die Elemente der politischen Kultur und setzen Sie diese grafisch in einen Zusammenhang! [245-249]
- Welche Funktion kommt der politischen Kultur in einem politischen System zu? [243]
- Welche Idealtypen der politischen Kultur beschreiben Almond und Verba? Erläutern Sie kurz! [251-253]
- Was verstehen Sie unter dem Begriff civic culture? [254]
- Warum hat für Almond und Verba der Typus der civic culture eine besondere Funktion im politischen System? [255]
- Welche Auswirkungen auf das politische System verbinden sich mit den Idealtypen der politischen Kultur? [256]
- Beschreiben Sie kurz den Ansatz von Almond und arbeiten Sie dessen Kernthese heraus! [257, 258]
- Skizzieren Sie die Entwicklung der politischen Kultur in Deutschland seit dem Kaiserreich unter Zuhilfenahme der Typologie von Almond / Verba! [259-266]
- Stellen Sie zusammenfassend die politische Kultur im politischen System dar! [138]

Zu 3.2 Wahlsysteme und Wahlverhalten

• Definieren Sie die Begriffe Partizipation, Wahl und Wahlsystem! Setzen Sie dabei die Begriffe zueinander in Beziehung! [268-271]

• Beschreiben Sie die allgemeinen Funktionen von Wahlen in einem politischen System! [272]

• Was verstehen Sie unter kompetitiven, semi-kompetitiven und nicht-kompetitiven Wahlsystemen? Stellen Sie deren Unterschiede vergleichend dar und verwenden Sie bei den kompetitiven und nicht-kompetitiven Wahlsystemen jeweils ein konkretes Beispiel! [274, 275, 284-293]

• Was verstehen Sie unter Verhältniswahl und Mehrheitswahl? Erläutern Sie vergleichend deren Unterschiede anhand konkreter Beispiele! [276-282]

• Welche Wahlgrundsätze sind im GG verankert? Stellen Sie diese kurz dar! [286, 287]

• Beschreiben Sie verschiedene Modelle zur Erklärung des individuellen Wahlverhaltens und stellen Sie deren Kernaussagen vergleichend gegenüber! [295-302]

• Benennen und erläutern Sie einige Tendenzen in der Entwicklung des bundesdeutschen Wahlverhaltens unter Zuhilfenahme der von Ihnen in der vorhergehenden Frage beschriebenen Modelle! [303-305]

• „Nichtwähler lehnen das politische System ab!" Nehmen Sie zu dieser Aussage Stellung! [307]

• „Protestwähler sind systemfeindlich!" Nehmen Sie zu dieser Aussage Stellung! [307]

• Was verstehen Sie unter dem Begriff Amerikanisierung von Wahlkämpfen? Diskutieren Sie kurz die Auswirkungen auf das politische System! [310, 311]

• Stellen Sie zusammenfassend die Stellung der individuellen Wahlentscheidung im politischen System dar! [313]

Zu 4.1 Interessengruppen

• Wie können Interessengruppen definiert werden? [316]

• Welche rechtlichen Rahmenbedingungen sind für deutsche Interessengruppen maßgeblich? [318-320]

• Welche Funktionen üben Interessengruppen in einem freiheitlichen demokratischen System aus? [321-323]

• Anhand welcher Variablen lassen sich Interessengruppen typologisieren? [325-327]

• Auf seiner Nichtmitglieder-homepage wirbt der Allgemeine Deutsche Automobil-Club (ADAC) u. a. mit den neuesten „Test-Ergebnissen aus dem Technik-Bereich", einer „Gebrauchtwagen CD '99" und dem „ADAC-Auslandskrankenschutzbrief".[559] In der August-Ausgabe 1999 der Zeitschrift „ADACmotorwelt" stellt ADAC-Präsident Flimm in einem Kommentar zum Beitrag „Angezapft und abkassiert" auf Seite 24 folgendes heraus: „Falscher Weg. Die geplante Mineralölsteuererhöhung ist der völlig falsche Weg. (...) Überhaupt ist von der versprochenen allgemeinen Energiesteuer praktisch nur die Erhöhung der Mineralölsteuer übrig geblieben. Am Ende zahlt also wieder der Autofahrer die Zeche allein!" Versuchen Sie den ADAC aufgrund dieser Informationen in das Typologisierungsschema der Interessengruppen einzuordnen! [328]

• Erläutern und problematisieren Sie die beiden vorgestellten Erklärungsansätze für die Organisation von Interessen! [330-342]

• Was versteht man unter dem Begriff Neokorporatismus? Erläutern Sie den Terminus unter Verwendung eines Beispiels! [333-335]

• Der Arbeitslosenverband hatte 1995 nur 6 500 Mitglieder, der DGB über elf Millionen. Warum gibt es Unterschiede in der Organisationsfähigkeit von Interessen? [341]

• Was versteht man unter den Begriffen Lobby und pressure group und welche Aktionsformen verbandlicher Einflussnahme gibt es? [343, 344, 348]

• Wie würden Sie zusammenfassend das Arbeitsverhältnis zwischen Verbandsfunktionären und politischen Entscheidungsträgern charakterisieren? [349]

• Charakterisieren Sie die deutsche Interessengruppenlandschaft im Überblick unter besonderer Berücksichtigung von Wandlungstendenzen innerhalb der letzten 25 Jahre! [350-359]

• Wie ist es um den Grundsatz der innerverbandlichen demokratischen Willensbildung bestellt und welche Alternativen hat ein Mitglied, seine Unzufriedenheit zum Ausdruck zu bringen? [360-363]

• Leben wir in einem Verbändestaat? Welche Mechanismen zur Kontrolle und Hemmung der Macht von Interessengruppen kennen Sie? [364, 365, 369]

• Was versteht man unter dem Begriff Lobbyliste? [350]

• Charakterisieren Sie kurz das Bündnis für Arbeit unter Kanzler Gerhard Schröder! [366-368]

---

[559] http://www.adac.de/adac.storefront/1651651328/Product/View/HHNxxxF000000o1 (Stand: 23. 8. 1999)

- Beurteilen Sie zusammenfassend die Funktion von Interessengruppen in einem freiheitlichen demokratischen politischen System! [370]

Zu 4.2 Parteien

- Wie können Parteien definiert werden? [373, 374]
- Welche rechtlichen Rahmenbedingungen sind für deutsche Parteien maßgeblich? [375-377]
- Welche Funktionen üben Parteien in einem freiheitlichen demokratischen politischen System aus? [379, 380]
- Anhand welcher Variablen lassen sich Parteien typologisieren? [382-386]
- Erläutern Sie anhand der aufgeführten Variablen die Entwicklungen des bundesdeutschen Parteiensystems nach der Wiedervereinigung! [393-400]
- Erläutern Sie das Volksparteienkonzept von Kirchheimer? [387-392]
- Aus dem aktuellen Grundsatzprogramm der CDU: „Die Christlich Demokratische Union Deutschlands ist eine Volkspartei. Sie wendet sich an alle Menschen in allen Schichten und Gruppen unseres Landes. Unsere Politik beruht auf dem christlichen Verständnis vom Menschen und seiner Verantwortung vor Gott." Diskutieren Sie diese Programmpassage der CDU vor dem Hintergrund des Volksparteienkonzepts von Otto Kirchheimer! [387-392]
- Was versteht man unter den Begriffen Parteienstaat und Parteiendemokratie? [401-406]
- Welche sind die Grundelemente der bundesdeutschen Parteienfinanzierung? [407-409]
- Die innerparteiliche Demokratie wird im GG als zwingend vorgeschrieben. Wie wird diese in der Parteiorganisation umgesetzt? Diskutieren Sie Ihre Antwort vor dem Hintergrund zweier theoretischer Erklärungsansätze! [411-415]
- „Entgegen der Absicht des Grundgesetzes (das in Art. 21 I nur von einer *Mit*wirkung bei der politischen Willensbildung spricht) haben die Parteien sich mit den Worten des jetzigen Bundespräsidenten [gemeint ist Richard von Weizsäcker, die Verf.] immer mehr zu beherrschenden Organisationen des gesamten öffentlichen Lebens entwickelt. Sie breiten sich ‚fettfleckartig' auch in solche Bereiche aus, in denen sie nach dem Grundgesetz eigentlich nichts zu suchen haben, und vermitteln den Eindruck, das sie sich den Staat vollends ‚zur Beute' machen. Die Gewaltenteilung wird unterlaufen und auch neutrale Gewalten wie Verwaltung, Justiz und Wissenschaft werden zunehmend vereinnahmt."[560] Setzen Sie sich mit dieser Aussage kritisch auseinander! [416-418]

---

[560] Arnim, von (1991): 4 (Hervorhebung im Original)

- Beurteilen Sie zusammenfassend die Funktion von Parteien in einem freiheitlichen demokratischen politischen System! [419]

Zu 4.3 Massenmedien

- Definieren Sie die Begriffe Kommunikation und Massenkommunikation! [423, 424]
- Erläutern Sie die beiden Konzepte von Öffentlicher Meinung? [427-429]
- Welche Funktionen hat Massenkommunikation? [430-432]
- Leiten Sie die wichtigsten Forschungsfelder der Kommunikationswissenschaft aus der Lasswell-Formel ab! [435]
- In welche Phasen lässt sich die Geschichte der Medienwirkungsforschung unterteilen? [437]
- Nennen Sie die Kernaussagen des stimulus-response-Modells! [439, 440]
- Was bedeutet selektive Kommunikationsnutzung? [441]
- Inwieweit wurde die Theorie der kognitiven Dissonanz durch neuere Forschungen relativiert? [442]
- Erläutern Sie die Kernausagen der These des Zwei-Stufen-Flusses der Kommunikation, des Thematisierungsansatzes, der Theorie der Schweigespirale sowie der Wissenskluft-Hypothese! [443-451]
- Wie ist die Presse- und Meinungsfreiheit in Deutschland verfassungsrechtlich verankert? [452, 453]
- Stellen Sie die Grundzüge der deutschen Rundfunklandschaft dar! [454-460]
- Ordnen Sie im Überblick die deutsche Zeitungslandschaft! [461-463]
- Sind die Medien die vierte Gewalt im Staat? Diskutieren Sie diese Frage! [464]
- Welche Auswirkungen auf den Meinungspluralismus hat die stetige Verringerung der Vollredaktionen? [461, 465]
- Was versteht man unter der Mediatisierung der Politik? [466, 467]
- Worin besteht der Vorwurf der Politisierung der Medien? [468]
- Erläutern Sie die Erscheinungen, die u. a. mit dem Begriff Infotainment bezeichnet werden! [469, 470]
- Erläutern Sie die Konvergenzhypothese! [471]
- „Bad news are good news!" Kommentieren Sie! [472]
- Skizzieren Sie Rolle und Bedeutung des Internets für die politische Partizipation und Öffentlichkeit! [473-475]

• Beurteilen Sie zusammenfassend die Funktion von Medien in einem freien demokratischen politischen System! [476]

Zu 5.1 Parlament

• Was versteht man unter Parlamentarismus? [479]

• Benennen Sie die beiden Grundtypen von Regierungssystemen des Parlamentarismus und erläutern Sie deren Unterschiede! [480-490]

• Verdeutlichen Sie die Funktionslogik parlamentarischer und präsidentieller Regierungssysteme! [491, 492]

• Was versteht man unter einem semipräsidentiellen Regierungssystem? [493, 494]

• Definieren Sie den Begriff Opposition! [495]

• Welche Varianten von Opposition kann man unterscheiden? [496-498]

• Erläutern Sie die Funktionen des Parlaments im parlamentarischen Regierungssystem! [500-507]

• Definieren und erläutern Sie den Begriff Repräsentation! [508, 509]

• Wie kann man das Amtsverständnis von Repräsentanten typologisieren? [510, 511]

• Legen Sie in groben Zügen die Entwicklung des Parlamentarismus in Deutschland dar! [512-514]

• Stellen Sie die Grundzüge des antiparlamentarischen Denkens in Deutschland dar! [515-517]

• Beschreiben Sie in Grundzügen die Organisation des Bundestages! [518-526]

• Warum wird der Bundestag als Fraktionenparlament bezeichnet? [520, 521]

• „Abgeordnete sind faul, weil sie nie im Plenum anzutreffen sind!" Nehmen Sie zu dieser Aussage Stellung! [529, 530]

• „Abgeordnete verdienen zu viel und sind ‚Selbstbediener'!" Nehmen Sie zu dieser Aussage Stellung! [534, 535]

• „Abgeordnete haben keinen eigenen Willen, sie kennen nur den ‚Fraktionszwang'!"Nehmen Sie zu dieser Aussage Stellung! [536-540]

• Beurteilen Sie zusammenfassend die Stellung des Parlaments in einem freiheitlichen demokratischen und repräsentativen System! [541]

Zu 5.2 Regierung

• Was bedeutet der Terminus gemeinsame Staatsleitung? [542]

- Welche zwei Bedeutungsinhalte sind bei der Definition des Regierungsbegriffs zu beachten und wie kann Regierung demgemäß definiert werden? [543-545]
- Welche Funktionen haben die Regierungsinstitutionen zu erfüllen? [546, 547]
- Erläutern Sie die drei Strukturprinzipien der Kabinettsregierung in parlamentarischen Regierungssystemen! [550-553]
- Von welchen Einflussfaktoren ist der jeweilige Regierungsstil abhängig? [557-559]
- Kann man das Kabinett als Entscheidungszentrum bezeichnen? [560]
- Stellen Sie die Grundzüge der Organisation von Ministerien dar! [561-563]
- Welche Funktionen hat der Parlamentarische Staatssekretär? [564]
- Erläutern Sie die Funktionen der Ministerialbürokratie! [566-568]
- Diskutieren Sie Vor- und Nachteile der (Partei)Politisierung von Ministerialbeamten! [569-571]
- Auf welche Schwierigkeiten stoßen intra- und interministerielle Kommunikation und worin liegen diese begründet? [572, 573]
- Wie beurteilen Sie abschließend die Stellung der Regierung im politischen System? [574]

Zu 5.3 Verfassungsgerichtsbarkeit

- Worin liegt der grundsätzliche Unterschied zwischen dem sozialistischen Rechtsbegriff und dem Rechtsstaatsprinzip? [575]
- Welche Zusammenhänge existieren zwischen den Bereichen Recht und Politik? [576]
- Definieren Sie den Begriff Verfassung! [577]
- Welche Funktion hat eine Verfassung in der fdGO? [578]
- Verfügt Großbritannien über eine Verfassung? [579, 580]
- Was versteht man unter dem Begriff Verfassungsgerichtsbarkeit? [583]
- Stellen Sie die beiden Grundtypen von Verfassungsgerichtsbarkeit gegenüber! [584, 585]
- Welche Funktion hat die Verfassungsgerichtsbarkeit zu erfüllen? [586, 587]
- „Das Bundesverfassungsgericht hat Anteil an der Staatsleitung!" Diskutieren Sie diese These! [587-589]
- Legen Sie in Grundzügen die Organisation des deutschen Bundesverfassungsgerichts dar und geben Sie einen Überblick über dessen Zuständigkeitsbereiche und Verfahrensarten! [592-595]

- „Wenn (...) ein Gericht berufen würde (...), die Frage zu entscheiden: ist die Verfassung verletzt oder ist sie es nicht?, so wäre dem Richter zugleich die Befugnis des Gesetzgebers zugewiesen; er wäre berufen, die Verfassung authentisch zu interpreteiren oder materiell zu vervollständigen."[561] Setzen Sie sich mit dieser Meinung vor dem Hintergrund der aktuellen Diskussion auseinander! [596-598]

- Was bedeuten die Begriffe judicial self-restraint und political question-doctrine? [599, 600]

- Inwieweit ist es gerechtfertigt, von der Politisierung der Verfassungsgerichtsbarkeit zu sprechen? [601-604]

- Beurteilen Sie abschließend die Stellung der Verfassungsgerichtsbarkeit im Zentralen Politischen Entscheidungssystem! [605]

---

[561] Otto v. Bismarck 1863 vor dem Preußischen Landtag, zit. in Kohl (Hrsg.) (1892): 172

8. Glossar

Das Glossar umfasst die zentralen Begriffe. Die beigefügten Randnummern verweisen auf die entsprechenden Textstellen. Die Markierung → bezieht sich auf andere im Glossar angeführte Begriffe.

Föderalismus: Organisationsprinzip für ein gegliedertes Gemeinwesen, in dem grundsätzlich gleichberechtigte und eigenständige Glieder zu einer übergreifenden politischen Gesamtheit zusammengeschlossen sind. Grundlegendes Merkmal ist dabei, dass sowohl die Glieder als auch die übergreifende Gesamtheit einerseits eigenständig sind und andererseits gleichzeitig miteinander in enger Verbindung stehen (Vielfalt in der Einheit). [228]

Freiheitliche demokratische Grundordnung (fdGO): Rechtsstaatliche Form der → Herrschaft, die unter Ausschluss jeglicher Gewalt- und Willkürherrschaft auf der Grundlage der Selbstbestimmung des Volkes nach dem Willen der jeweiligen Mehrheit und der Freiheit und Gleichheit konzipiert ist. Zu den grundlegenden Prinzipien dieser Ordnung sind mindestens zu rechnen: die Achtung vor den im Grundgesetz konkretisierten Menschenrechten, vor allem vor dem Recht der Persönlichkeit auf Leben und freie Entfaltung, die Volkssouveränität, die → Gewaltenteilung, die Verantwortlichkeit der → Regierung, die Gesetzmäßigkeit der Verwaltung, die Unabhängigkeit der Gerichte, das Mehrparteienprinzip und die Chancengleichheit für alle politischen → Parteien mit dem Recht auf verfassungsmäßige Bildung und Ausübung einer → Opposition. [174]

Gewaltenteilung: Aufteilung der Staatsaufgaben auf sich gegenseitig beeinflussende Organe. Ein modernes Verständnis umfasst horizontale, vertikale, konstitutionelle, temporale, dezisive und soziale Gewaltenteilung. [207, 219-224]

Herrschaft: Chance, für einen Befehl bestimmten Inhalts bei angebbaren Personen Gehorsam zu finden. [53]

Interessengruppen: Organisatorische Zusammenschlüsse auf meist freiwilliger Basis, die zum einen Interessen gegenüber anderen Gruppen mit abweichenden oder entgegengesetzten Interessen wahrnehmen, zum anderen die Interessen ihrer Mitglieder durch Mitwirkung in und Einwirkung auf → Regierung, → Parlament, → Parteien und → öffentliche Meinung im politischen Willensbildungs- und Entscheidungsprozess zur Geltung bringen. [316]

Kommunikation: Austausch von Informationen und Sinndeutungen zwischen Sender (Kommunikator) und Empfänger (Rezipient). [423]

Legitimität: Anerkennung einer politischen Ordnung als rechtens. Sie kann beruhen auf göttlicher Bestimmung (monarchisches Prinzip), geschichtlichem Auftrag oder demokratischer Zustimmung. [74, 78-80]

Macht: Jede Chance, innerhalb einer sozialen Beziehung den eigenen Willen auch gegen Widerstreben durchzusetzen, gleichviel worauf diese Chance beruht. Macht umfasst die Formen Durchsetzungs-, Verhinderungs- und Thematisierungsmacht. [64, 67-69]

Massenkommunikation: Form der → Kommunikation, die öffentlich durch technische Verbreitungsmittel indirekt und einseitig an ein disperses Publikum vermittelt wird. [424]

Massenmedien: Technische Mittel der → Massenkommunikation. [424]

Monismus: Verwirklichung eines einzigen, als allgemein gültig angesehenen Politik- und Gesellschaftsentwurfs (Gemeinwohl a priori). Er kann in verschiedenen politiktheoretischen Zusammenhängen (radikal-demokratisch, konservativ oder totalitär) in Erscheinung treten. [195, 201-203]

Öffentliche Meinung: Nach dem Elitekonzept ist die öffentliche Meinung der Prozess des öffentlichen, rationalen Diskurses zwischen den Gebildeten und Wissenden der Gesellschaft. Öffentliche Meinung stellt hierbei eine qualitative Größe dar. Dem Integrationskonzept zufolge bedeutet öffentliche Meinung hingegen die Verteilung der in Umfragen gemessenen individuellen Einstellungen zu politischen Sachfragen in einem repräsentativen Querschnitt der Bevölkerung. [425-429]

Opposition: Im → parlamentarischen Regierungssystem bezeichnet Opposition eine als legitim anerkannte politische Gegenkraft aus einer oder mehreren → Parteien, die nicht in Regierungsverantwortung stehen, diese in Konkurrenz mit anderen Parteien zunächst anstreben und im → Parlament der → Regierung und der / den sie tragenden Mehrheitsfraktion(en) gegenüberstehen (systematisch-permanente Form). Im → präsidentiellen Regierungssystem dominiert hingegen der Typ der Issue-orientierten Ad-hoc-Opposition (diffuse Form). [495-498]

Parlament: Vertretungskörperschaft der repräsentativen Demokratie, die aus freien → Wahlen hervorgeht und über exklusive, substantielle Rechte in bestimmten politisch relevanten Bereichen – wie z. B. der Gesetzgebung oder der Regierungskontrolle – verfügt und damit ein eigenständiges Machtzentrum im politischen Willensbildungs- und Entscheidungsprozess darstellt. [479]

Parlamentarisches Regierungssystem: Grundtyp von → politischen Systemen der repräsentativen Demokratie (→ Repräsentation), in denen im Verhältnis zwischen → Parlament und → Regierung vor allem der Aspekt der Gewaltenverschränkung hervortritt. Kernmerkmal ist die Herausbildung einer engen Funktions- und Aktionseinheit zwischen → Regierung und der sie tragenden Regierungsmehrheit. Dieser steht die → Opposition gegenüber. [482, 491, 492]

Parlamentarismus: → Politisches System, in dem ein → Parlament existiert, welches im Zentralen Politischen Entscheidungssystem eine zentrale Stellung einnimmt. [479]

Parteien: Auf Dauer angelegte organisatorische Vereinigungen von Personen zur Formulierung und Propagierung politischer Interessen und Ziele, zu deren Umsetzung sie selbst das erforderliche Funktionspersonal stellen. [373]

Partizipation: Alle Tätigkeiten der Bürger, die diese freiwillig mit dem Ziel unternehmen, Entscheidungen auf den verschiedenen Ebenen des → politischen Systems zu beeinflussen. [268]

Pluralismus: Gleichberechtigtes, durch grundrechtliche Garantien geschütztes Nebeneinanderexistieren und -wirken einer Mehrzahl sozialer Gruppen innerhalb eines → Staates (Grundsatz der legitimen Vielfalt). [185]

Politik (empirisch-analytisch): Jenes menschliche Handeln, das auf die Herstellung allgemeiner Verbindlichkeit, v. a. von allgemein verbindlichen Regelungen und Entscheidungen, in und zwischen Gruppen von Menschen abzielt. [17]

Politikwissenschaft: Politikwissenschaft ist diejenige → Wissenschaft, deren Gegenstandsbereich die → Politik darstellt. [40]

Politische Kultur: Art und Umfang politischer Kentnisse (Wissen), emotionale Bindung an das und die Bewertung des → politischen Systems (→ Legitimität) wie auch Art und Intensität politischen Handelns selbst. Sie ist insofern ein Bestandteil der historisch gewachsenen allgemeinen Kultur, als der Gesamtheit aller geistigen und ideellen Traditionen, gesellschaftlichen Normen und Institutionen, Verhaltensstile, etc. [242]

Politisches System: Subsystem des gesellschaftlichen → Systems, das sich zu dem Zweck entwickelt, für eine Gesellschaft allgemeine Verbindlichkeit herzustellen. [111]

Politisch-ökonomische Theorie: Ansatz der politischen Theorie, der auf der Grundlage der Interpretation des Menschen als homo oeconomicus (individuelle Nutzenmaximierung) politisches Handeln als wirtschaftliche Tauschbeziehungen begreift. [337]

Präsidentielles Regierungssystem: Grundtyp von → politischen Systemen der repräsentativen Demokratie (→ Repräsentation), in denen im Verhältnis zwischen → Parlament und → Regierung vor allem der Aspekt der Gewaltentrennung (Separation of powers) und der gegenseitigen Hemmung und Balancierung (Checks and balances) hervortritt. [482, 491, 492]

Regierung: Der institutionelle Regierungsbegriff bezeichnet jene Institutionen, denen in Abgrenzung von anderen öffentlichen Gewalten und politischen Funktionen die primäre Steuerungsaufgabe und die Durchführung obliegt. Der funktionelle Regierungsbegriff umschließt die steuernden (initiierenden, planenden, gestaltenden, politisch führenden) Tätigkeiten der beiden Institutionen Regierung und → Parlament, die gemeinsam die Leitung des → Staates innehaben. [542-545]

Repräsentation: Rechtlich autorisierte Ausübung der Funktionen der → Herrschaft durch verfassungsmäßig bestellte, im Namen des Volkes, jedoch ohne dessen bindenden Auftrag handelnde Organe eines → Staates oder sonstigen Trägers öffentlicher Gewalt, die ihre Autorität mittelbar oder unmittelbar vom Volk ableiten und mit dem Anspruch legitimieren, dem Gesamtinteresse des Volkes zu dienen und dergestalt dessen wahren Willen zu vollziehen. [508]

Staat: Politischer Anstaltsbetrieb, dessen Verwaltungsstab erfolgreich das Monopol des legitimen (→ Legitimität) physischen Zwanges für die Durchführung der Ordnung in Anspruch nimmt. [84]

System: Menge von sich wechselseitig beeinflussenden Elementen, die sich von ihrer Umwelt abgrenzt. [91]

Totalitarismus: → Monistische Herrschaftsordnung, die durch eine starre Ideologie, willkürlichen staatlichen Terror, eine hierarchisch strukturierte Einheitspartei sowie Wirtschafts- und Medienlenkung charakterisiert ist. [163-172]

Typen: Kombination aus verschiedenen Ausprägungen von → Variablen. [150]

Typologie: Systematische Zusammenstellung von aufeinander bezogenen → Typen. [150]

Variable: Oberbegriff, der eine Reihe von Unterbegriffen (Variablenausprägungen bzw. Variablenwerte) gemeinsam anspricht. [149]

Verfassung: Zusammenstellung der grundlegenden Wertorientierungen und Ordnungsprinzipien, nach denen ein → Staat organisiert ist. Darüber hinaus ist sie eine Sammlung von grundlegenden Rechtssätzen über Organisation und Funktionsweise der Staatsgewalt und über die Rechtsstellung der Einzelnen. [577]

Verfassungsgerichtsbarkeit: Institutionalisierung der Idee, in einem gerichtlichen Verfahren den Vorrang des Verfassungsrechts als letztverbindlicher Norm gegenüber einfachen Gesetzen und gegenüber dem einfachen Gesetzgeber zu sichern. [583]

Wahl: Technik, eine Körperschaft zu bilden. [270]

Wahlsystem: Modus, nach welchem die Wähler ihre → Partei- und / oder Kandidatenpräferenz in Stimmen ausdrücken und diese in Mandate übertragen werden. [271]

Wissenschaft: Jenes Handeln, das auf die Herstellung solcher Aussagen abzielt, die jenen Aussagen an empirischem und logischem Wahrheitsgehalt überlegen sind, welche schon mittels der Fähigkeiten des gesunden Menschenverstandes (common sense) formuliert werden können. [33]

9. Literaturverzeichnis

Die mit ⟋PolBil gekennzeichneten Werke sind über die Bundeszentrale für politische Bildung bzw. über eine der Landeszentralen zu beziehen.

An allgemeinen Nachschlagewerken bieten sich das Staatslexikon der Görres-Gesellschaft (versch. Jahre), das Evangelische Staatslexikon (Herzog / Kunst / Schlaich / Schneemelcher (Hrsg.) (1987³)), das historische Lexikon Geschichtliche Grundbegriffe (Brunner u. a. (Hrsg.) (versch. Jahre)) sowie die Enzyklopädie Sowjetsystem und demokratische Gesellschaft (Kernig (Hrsg.) (1966-1972)) an. Empfehlenswerte politikwissenschaftliche Nachschlagewerke sind Nohlen (Hrsg.) (1996 bzw. 1998) ⟋PolBil sowie das von Nohlen herausgegebene Lexikon der Politik (Nohlen (Hrsg.) (versch. Jahre)), von dem inzwischen mehrere Bände (z. B. Nohlen / Schultze (Hrsg.) 1995) oder Nohlen / Schultze / Schüttemeyer (Hrsg.) (1998)) vorliegen. Auch das Handlexikon zur Politikwissenschaft von Mickel (Hrsg.) (1986) ⟋PolBil eignet sich gut für die Erstinformation.

Achterberg, Norbert / Karwietz, Werner (Hrsg.) (1981): Legitimation des modernen Staates. Wiesbaden: Steiner

Adams, Angela / Adams, Willi Paul (Hrsg.) (1994): Alexander Hamilton / James Madison / John Jay: Die Federalist-Artikel. Paderborn / München / Wien: Schöningh

Adams, Willi Paul / Lösche, Peter (Hrsg.) (1998³): Länderbericht USA. Geschichte, Politik, Geographie, Wirtschaft, Gesellschaft, Kultur. Bonn: Bundeszentrale für politische Bildung ⟋PolBil

Alemann, Ulrich von (1985): Der Wandel organisierter Interessen in der Bundesrepublik. Erosion oder Transformation? in: APuZ 35. Heft B 49: 3-21

Alemann, Ulrich von (1987): Organisierte Interessen in der Bundesrepublik Deutschland. Opladen: Leske + Budrich

Alemann, Ulrich von (1989²): Organisierte Interessen in der Bundesrepublik. 2., durchges. Auflage, Opladen: Leske + Budrich

Alemann, Ulrich von (1992): Parteien und Gesellschaft in der Bundesrepublik. Rekrutierung, Konkurrenz und Responsivität. in: Mintzel / Oberreuter (1992²): 89-130

Alemann, Ulrich von (1996): Interessenverbände. Informationen zur politischen Bildung, Heft 253. Bonn: Bundeszentrale für politische Bildung ⟋PolBil

Alemann, Ulrich von (1996a): Stichwort *Parlamentarismus*. in: Nohlen (1996): 493-498

Alemann, Ulrich von (Hrsg.) (1975): Partizipation – Demokratisierung – Mitbestimmung. Problemstellung und Literatur in Politik, Wirtschaft, Bildung und Wissenschaft. Eine Einführung. Opladen: Westdeutscher Verlag

Almond, Gabriel A. (1987): Politische Kultur-Forschung – Rückblick und Ausblick. in: Berg-Schlosser / Schissler (Hrsg.) (1987): 27-38

Almond, Gabriel A. / Powell, G. Bingham (1976): Vergleichende Politikwissenschaft – ein Überblick. (Erstmals 1966) in: Stammen (Hrsg.) (1976): 132-161

Almond, Gabriel A. / Verba, Sidney (1963): The Civic Culture. Political Attitudes and Democracy in Five Nations. Princeton, New Jersey: Princeton University Press

Altenhof, Ralf / Jesse, Eckhard (Koord.) (1995): Das wiedervereinigte Deutschland. Zwischenbilanz und Perspektiven. München: Landeszentrale für politische Bildungsarbeit ⟋PolBil

Andersen, Uwe / Woyke, Wichard (Hrsg.) (1995²): Handwörterbuch des politischen Systems der Bundesrepublik Deutschland. 2., neu bearbeitete Auflage. Bonn: Bundeszentrale für politische Bildung ⟋PolBil

Arendt, Hannah (1962): Elemente und Ursprünge totaler Herrschaft. Frankfurt a. M.: Europäische Verlagsanstalt

Arens, Hans (1982): Kommentar zu Faust I. Heidelberg: Winter

Arnim, Hans Herbert von (1991): Die Partei, der Abgeordnete und das Geld. Mainz: v. Hase & Koehler

Asch, Solomon E. (1952): Social Psychology. New York: Prentice Hall

Bachrach, Peter / Baratz, Morton S. (1963): Decisions and Non-Decisions: an Analytical Framework. in: The American Political Science Review 57. Heft 3: 632-642

Backes, Uwe / Jesse, Eckhard (1996): Parteiendemokratie. Informationen zur politischen Bildung, Heft 207, überarb. Neuauflage. Bonn: Bundeszentrale für politische Bildung ☛PolBil

Badura, Peter (1987): Stichwort *Verfassung* in: Herzog / Kunst / Schlaich / Schneemelcher (Hrsg.) (1987³): Spalte 3737-3760

Bahrdt, Hans Paul (1990⁴): Schlüsselbegriffe der Soziologie. Eine Einführung mit Lehrbeispielen. München: C. H. Beck

Bechtel, Michael (1994): Wahlen `94. Informationen zur politischen Bildung aktuell. März 1994. Bonn: Bundeszentrale für politische Bildung ☛PolBil

Behr, Wolfgang (1985): Willensbildung. in: Jesse (Hrsg.) (1985⁴): 323-329

Behrmann, Günther C. (1990): Politische Kultur: Politischer Sprachgebrauch, Begriffsgeschichte und Forschungsperspektiven. in: Politische Bildung 23. Heft 3: 6-17

Berg-Schlosser, Dirk / Schissler, Jakob (Hrsg.) (1987): Politische Kultur in Deutschland. Bilanz und Perspektiven der Forschung. Opladen: Westdeutscher Verlag

Berg-Schlosser, Dirk / Stammen, Theo (1995⁶): Einführung in die Politikwissenschaft. 6., durchges. Auflage, München: Beck

Bergsdorf, Wolfgang (1980): Die vierte Gewalt. Einführung in die politische Massenkommunikation. Mainz: v. Hase & Koehler

Besson, Waldemar / Jasper, Gotthard (1990): Das Leitbild der modernen Demokratie. Bauelemente einer freiheitlichen Staatsordnung. Überarb. und akt. Neuausgabe. Bonn: Bundeszentrale für politische Bildung ☛PolBil

Beyme, Klaus von (1999³a): Die parlamentarische Demokratie. Entstehung und Funktionsweise 1789-1999. 3., völlig neubearb. Auflage. Wiesbaden: Westdeutscher Verlag.

Beyme, Klaus von (1999⁹): Das politische System der Bundesrepublik Deutschland. Eine Einführung. 9., völlig neubearb. Auflage. Wiesbaden: Westdeutscher Verlag

Beyme, Klaus von / Czempiel, Ernst-Otto / Kielmansegg, Peter Graf / Schmoock, Peter (Hrsg.) (1987): Politikwissenschaft. Eine Grundlegung. Band II: Der demokratische Verfassungsstaat. Stuttgart / Berlin / Köln / Mainz: Kohlhammer

Bleek, Wilhelm / Lietzmann, Hans J. (Hrsg.) (1999): Schulen der deutschen Politikwissenschaft. Opladen: Leske + Budrich

Böckelmann, Frank E. (Hrsg.) (1989): Medienmacht und Politik. Mediatisierte Politik und politischer Wertewandel. Berlin: Spiess

Böhme, Waltraud u. a. (Autorenkollektiv) (1988): Kleines Politisches Wörterbuch. Neuausgabe 1988 der 7. vollständig überarb. Auflage. Stichwort *Recht*. Berlin: Dietz: 813-814

Böhme, Waltraud u. a. (Autorenkollektiv) (1988a): Kleines Politisches Wörterbuch. Neuausgabe 1988 der 7., vollständig überarbeiteten Auflage. Stichwort *Politik*. Berlin: Dietz: 754-756

Böhret, Carl / Jann, Werner / Kronenwett, Eva (1988³): Innenpolitik und politische Theorie. Ein Studienbuch. 3., neubearb. und erw. Auflage. Opladen: Westdeutscher Verlag

Brettschneider, Frank (1995): Öffentliche Meinung und Politik. Eine empirische Studie zur Responsivität des Deutschen Bundestages zwischen 1949 und 1990. Opladen: Westdeutscher Verlag

Brettschneider, Frank (1996): Massenmedien und politische Kommunikation. in: Gabriel / Holtmann (Hrsg.) (1996): 557-595

Briesemeister, Dietrich / Schönberger, Axel (Hrsg.) (1997): Portugal heute. Politik, Wirtschaft, Kultur. Frankfurt a. M.: Vervuert

Brosius, Hans-Bernd (1994): Agenda-Setting nach 25 Jahren Forschungsaktivität: Methodischer und theoretischer Stillstand. in: Publizistik 39. Heft 3: 269-288

Brosius, Hans-Bernd (1997): Modelle und Ansätze der Medienwirkungsforschung – Überblick über ein dynamisches Forschungsfeld. Bonn: ZV ZeitungsVerlags Service

Brunner, Otto u. a. (Hrsg.) (versch. Jahre): Geschichtliche Grundbegriffe. Historisches Lexikon zur politisch-sozialen Sprache in Deutschland. 7 Bände. Stuttgart: Klett-Cotta

Buchstein, Hubertus (1996): Bittere Bytes: Cyberbürger und Demokratietheorie. in: Deutsche Zeitschrift für Philosophie 44. Heft 4: 583-607

Buczylowski, Ulrich (1975): Das „politische System" David Eastons. in: Röhrich (Hrsg.) (1975): 110-124

Bundesministerium des Inneren (Hrsg.) (1957): Rechtliche Ordnung des Parteiwesens. Probleme eines Parteiengesetzes. Bericht der vom Bundesminister des Inneren eingesetzten Parteienrechtskommission, Frankfurt a. M. / Berlin: Metzner-Verlag

Bundeszentrale für politische Bildung (Hrsg.) (1990): Die alltägliche Pressefreiheit. Von der Verantwortung der Zeitungsmacher. Bonn: Bundeszentrale für politische Bildung ☞PolBil

Bürklin, Wilhelm (1995): Die politische Kultur in Ost- und Westdeutschland. in: Lehmbruch (Hrsg.) (1995): 11-24

Bürklin, Wilhelm / Klein, Markus (1998[2]): Wahlen und Wählerverhalten. Eine Einführung. Opladen: Leske + Budrich

Buse, J. Michael / Nelles, Wilfried (1975): Formen und Bedingungen der Partizipation im politisch-administrativen Bereich. in: Alemann, Ulrich von (Hrsg.) (1975): 79-111

Chiellino, Carmine / Marchio, Fernando / Rongoni, Giocondo (1995[3]): Italien. 3., neu bearb. Auflage. München: C. H. Beck

Chill, Hanni / Meyn, Hermann (1998): Massenmedien. Informationen zur politischen Bildung, Heft 260. Bonn: Bundeszentrale für politische Bildung ☞PolBil

Clemens, Detlev (1998): Wahlkampf im Internet. in: Gellner / Korff, von (Hrsg.) (1998): 143-156

Clemens, Thomas (1995): Das Bundesverfassungsgericht im Rechts- und Verfassungsstaat. in: Piazolo (1995) (Hrsg.): 13-31

Czada, Roland (1994): Konjunkturen des Korporatismus. Zur Geschichte eines Paradigmenwechsels in der Verbändeforschung. in: Streeck (Hrsg) (1994): 37-64

Czada, Roland (1996): Stichwort Korporatismus / Neo-Korporatismus in: Nohlen (Hrsg.) (1996): 365-370

Dahl, Robert A. (1966) (Hrsg.): Political Oppositions in Western Democracies. New Haven / London: Yale University Press

Dahl, Robert A. (1966): Patterns of Opposition. in: Dahl (Hrsg.) (1966): 332-347

Dahl, Robert A. (1976): Strukturmuster politischer Opposition. in: Stammen (Hrsg.) (1976): 334-359

Deutsch, Karl W. (1973[3]): Politische Kybernetik. Modelle und Perspektiven. 3., unveränd. Auflage. Freiburg i. Br.: Rombach

Dörner, Andreas (1999): Politik im Unterhaltungsformat. Zur Inszenierung des Politischen in den Bildwelten von Film und Fernsehen. in: APuZ 49. Heft 41: 17-25

Duverger, Maurice (1996[21]): Le système politique français. Paris: Presses Univ. de France

Easton, David (1965): A Systems Analysis of Political Life. New York / London / Sidney: John Wiley & Sons

Easton, David (1978): Grundkategorien zur Analyse politischer Systeme. (Erstmals 1965) in: Türk, Klaus (Hrsg.) (1978): 258-272

Edelman, Murray J. (1988): Constructing the Political Spectacle. Chicago u. a.: University of Chicago Press

Eichener, Volker / Voelzkow, Helmut (Hrsg.) (1994): Europäische Integration und verbandliche Interessenvermittlung. Marburg: Metropolis

Eilfort, Michael (1996): 1994 – auch ein „Super-Nichtwahljahr". in: Oberreuter (Hrsg.) (1996): 77-92

Eisfeld, Rainer (1996): Stichwort *Pluralismus / Pluralismustheorie.* in: Nohlen (Hrsg.) (1996): 537-542

Eldersveld, Samuel J. (1964): Political Parties. A behavioral analysis. Chicago: Rand McNally & Company

Eschenburg, Theodor (1963²): Herrschaft der Verbände? (erstmals 1955) Stuttgart: DVA

Eschenburg, Theodor (1965³): Staat und Gesellschaft in Deutschland. München: Piper

Euchner, Walter (1986): Stichwort *Opposition.* in: Mickel (Hrsg.) (1986): 322-325

Eulau, Heinz / Wahlke, John C. (Hrsg.) (1978): The Politics of Representation. Continuities in Theory and Research. Beverly Hills / London: Sage

Eulau, Heinz / Wahlke, John C. / Buchanan, William / Ferguson, LeRoy (1978): The Role of the Representative: Some Empirical Observations on the Theory of Edmund Burke. in: Eulau / Wahlke (Hrsg.) (1978): 111-126

Falk, Berthold (1987⁵): Montesquieu. in: Maier / Rausch / Denzer (Hrsg.) (1987⁵): 45-57

Falter, Jürgen W. / Fenner, Christian / Greven, Michael Th. (Hrsg.) (1984): Politische Willensbildung und Interessenvermittlung. Verhandlungen der Fachtagung der DVPW am 11.-13. Oktober 1983 in Mannheim. Opladen: Westdeutscher Verlag

Falter, Jürgen W. / Schumann, Siegfried / Winkler, Jürgen (1990): Erklärungsmodelle von Wählerverhalten. in: APuZ 40. B 37-38: 3-13

Fenner, Christian (1996): Stichwort *Politische Kultur.* in: Nohlen (Hrsg.) (1996): 565-572

Fenske, Hans (1993): Politisches Denken im 20. Jahrhundert. in: Lieber (Hrsg.) (1993²): 657-880

Festinger, Leon (1957): A Theory of Cognitive Dissonance. Evanston, Illinois: Row, Peterson and Comp.

Forschungsgruppe Wahlen (1998): Bundestagswahl 1998. Eine Analyse der Wahl vom 27. September 1998. Berichte der Forschungsgruppe Wahlen e. V., Mannheim; 91. Mannheim: Forschungsgruppe Wahlen

Forsthoff, Ernst (1971²): Der Staat der Industriegesellschaft. 2., unveränderte Auflage. München: Beck

Fraenkel, Ernst (1964): Stichwort *Parlamentarisches Regierungssystem.* in: Fraenkel / Bracher (Hrsg.) (1964): 238-243

Fraenkel, Ernst (1991): Deutschland und die westlichen Demokratien. Erweit. Ausgabe der Erstausgabe von 1964. Frankfurt a. M.: Suhrkamp.

Fraenkel, Ernst / Bracher, Karl Dietrich (Hrsg.) (1964): Staat und Politik. Neuausgabe. Frankfurt a. M.: Fischer

Friedrich, Carl Joachim / Brzezinski, Zbigniew (1996): Die allgemeinen Merkmale der totalitären Diktatur. in: Jesse (Hrsg.) (1996): 225-236

Friedrich, Manfred (1986): Stichwort *Verfassung.* in: Mickel (Hrsg.) (1986): 542-545

Friesenhahn, Ernst (1980): Parlament und Regierung im modernen Staat. in: Kluxen (Hrsg.) (1980⁵): 307-319

Gabriel, Oscar W. (1995): Immer mehr Gemeinsamkeiten? – Politische Kultur im vereinigten Deutschland. in: Altenhof / Jesse (Koord.) (1995): 243-274

Gabriel, Oscar W. / Brettschneider, Frank (Hrsg.) (1994²): Die EU-Staaten im Vergleich. Strukturen, Prozesse, Politikinhalte. 2., überarb. und erw. Auflage. Bonn: Bundeszentrale für politische Bildung ▬PolBil

Gabriel, Oscar W. / Holtmann, Everhard (Hrsg.) (1996): Handbuch politisches System der Bundesrepublik Deutschland. München / Wien: Oldenbourg

Gabriel, Oscar W. / Niedermayer, Oskar / Stöss, Richard (Hrsg.) (1997): Parteiendemokratie in Deutschland. Bonn: Bundeszentrale für politische Bildung ▬PolBil

Gallus, Alexander / Lühe, Marion (1998): Öffentliche Meinung und Demoskopie. Sonderauflage. München: Bayerische Landeszentrale für politische Bildungsarbeit. ➤PolBil

Gellner, Winand (1990): Ordnungspolitik im Fernsehwesen. Bundesrepublik Deutschland und Großbritannien. Frankfurt a. M. u. a.: Peter Lang

Gellner, Winand (1995): Ideenagenturen für Politik und Öffentlichkeit. Think Tanks in den USA und in Deutschland. Opladen: Westdeutscher Verlag

Gellner, Winand (1995): Medien und Parteien. Grundmuster politischer Kommunikation. in: Gellner / Veen (Hrsg.) (1995): 17-33

Gellner, Winand (1998): Das Ende der Öffentlichkeit? in: Gellner / Korff, von (Hrsg.) (1998): 11-24

Gellner, Winand / Korff, Fritz von (Hrsg.) (1998): Demokratie und Internet. Baden-Baden: Nomos

Gellner, Winand / Koellmer, Christian / Roemer, Mario (1996): Offene Kanäle und gleichberechtigter Zugang. Abschlussbericht des von der LPR geförderten Forschungsprojekts. Ludwigshafen: Landeszentrale für private Rundfunkveranstalter Rheinland-Pfalz

Gellner, Winand / Veen, Hans-Joachim (Hrsg.) (1995): Umbruch und Wandel in westeuropäischen Parteiensystemen. Frankfurt a. M. u. a.: Peter Lang

Göhler, Gerhard / Klein, Ansgar (1993): Politische Theorien des 19. Jahrhunderts. in: Lieber (Hrsg.) (1993[2]): 259-656

Görres-Gesellschaft (Hrsg.) (1985[7] und 1992): Staatslexikon. Recht, Wirtschaft, Gesellschaft. 7 Bände. 7., völlig neu bearb. Auflage. Freiburg i. Br. / Basel / Wien: Herder

Gralher, Martin (1980): Verrechtlichung der Politik durch die Rechtsprechung des Bundesverfassungsgerichts? in: Voigt (Hrsg.) (1980): 218-231

Greiffenhagen, Martin (1998): Politische Legitimität in Deutschland. Bonn: Bundeszentrale für politische Bildung ➤PolBil

Greiffenhagen, Martin / Greiffenhagen, Sylvia (Hrsg.) (1981): Handwörterbuch zur politischen Kultur in Deutschland: ein Lehr- und Nachschlagewerk. Opladen: Westdeutscher Verlag

Grewe, Hartmut / Niedenhoff, Horst-Udo / Wilke, Manfred (1988): Funktionärskarrieren im DGB. Melle: Knoth

Habermas, Jürgen (1976): Legitimationsprobleme im modernen Staat. in: Kielmansegg (Hrsg.) (1976): 39-61

Haensch, Günther / Tümmers, Hans J. (1991): Frankreich: Politik, Gesellschaft, Wirtschaft. München: C. H. Beck

Hague, Barry N. / Loader, Brian D. (Hrsg.) (1999): Digital Democracy. Discourse and Decision Making in the Information Age. London / New York: Allen & Unwin

Harpe, Maria von (1991): Der Einfluß der Massenmedien auf die amerikanische Politik. in: APuZ, Heft 41. B 51: 32-38

Hättich, Manfred (1969): Lehrbuch der Politikwissenschaft. Band 2: Theorie der politischen Ordnung. Mainz: v. Hase & Koehler

Heckel, Bernhard / Wasser, Hartmut (1997): Politisches System der USA. Informationen zur politischen Bildung, Heft 199. Überarb. Neuauflage. Bonn: Bundeszentrale für politische Bildung ➤PolBil

Hennis, Wilhelm (1973): Die mißverstandene Demokratie. Freiburg i. Br.: Herder

Herzog, Roman / Kunst, Hermann / Schlaich, Klaus / Schneemelcher, Wilhelm (Hrsg.) (1987[3]): Evangelisches Staatslexikon. 3., neu bearb. und erweit. Auflage. Band II. Stuttgart: Kreuz-Verlag

Hirschman, Albert O. (1974): Abwanderung und Widerspruch: Reaktionen auf Leistungsabfall bei Unternehmungen, Organisationen und Staaten. Tübingen: Mohr

Hix, Simon / Lord, Christopher (1997): Political parties in the European Union. Basingstoke u. a.: Macmillan

Hoffmann, Jochen / Sarcinelli, Ulrich (1999): Politische Wirkungen der Medien. in: Wilke (Hrsg.) (1999): 720-748

Holzweissig, Gunter (1991): DDR-Presse unter Parteikontrolle. Analysen und Berichte Nr. 3 / 1991 des Gesamtdeutschen Instituts, Bundesanstalt für gesamtdeutsche Aufgaben

Hübner, Emil (1992): Probleme innerparteilicher Willensbildung. in: Hübner / Oberreuter (Koordination) (1992): 169-185

Hübner, Emil (1993³): Das politische System der USA. München: C. H. Beck

Hübner, Emil (1995): Parlament und Regierung in der Bundesrepublik Deutschland. München: Bayerische Landeszentrale für politische Bildungsarbeit ━▶PolBil

Hübner, Emil / Jesse, Eckhard (1993²): Parlamentarische Demokratie 1. Informationen zur politischen Bildung, Heft 227, 2., akt. Auflage. Bonn: Bundeszentrale für politische Bildung ━▶PolBil

Hübner, Emil / Münch, Ursula (1998): Das politische System Großbritanniens. Eine Einführung. München: C. H. Beck

Hübner, Emil / Neuss, Beate / Sebaldt, Martin (1995): Parlamentarische Demokratie 2. Informationen zur politischen Bildung, Heft 228, überarb. Neuauflage. Bonn: Bundeszentrale für politische Bildung ━▶PolBil

Hübner, Emil / Oberreuter, Heinrich (1977): Parlament und Regierung. Ein Vergleich dreier Regierungssysteme. München: Ehrenwirt

Hübner, Emil / Oberreuter, Heinrich (Koordination) (1992): Parteien in Deutschland zwischen Kontinuität und Wandel. München: Landeszentrale für politische Bildungsarbeit ━▶PolBil

Ismayr, Wolfgang (1992): Der Deutsche Bundestag. Funktionen, Willensbildung, Reformansätze. Opladen: Leske + Budrich

Ismayr, Wolfgang (Hrsg.) (1999²): Die politischen Systeme Westeuropas. 2., akt. Auflage. Opladen: UTB

Ismayr, Wolfgang (Hrsg.) (2000): Die politischen Systeme Osteuropas. Stuttgart: UTB

Jesse, Eckhard (1993): Geschichte des Parlamentarismus in Deutschland. in: Hübner / Jesse (1993²): 12-24

Jesse, Eckhard (Hrsg.) (1985⁴): Bundesrepublik Deutschland und Deutsche Demokratische Republik. Die beiden deutschen Staaten im Vergleich. 4., erw. Auflage. Berlin: Colloquium-Verlag

Jesse, Eckhard (Hrsg.) (1996): Totalitarismus im 20. Jahrhundert. Eine Bilanz der internationalen Forschung. Bonn: Bundeszentrale für politische Bildung ━▶PolBil

Jesse, Eckhard / Nohlen, Dieter (1996): Stichwort *Präsidentialismus / Präsidialsystem*. in: Nohlen (Hrsg.) (1996): 615-617

Jones, Bill (Hrsg.) (1994²): Politics UK. New York, N. Y. u. a.: Harvester Wheatsheaf

Judt, Matthias (Hrsg.) (1989): DDR-Geschichte in Dokumenten: Beschlüsse, Berichte, Interne Materialien und Alltagszeugnisse. Bonn: Bundeszentrale für politische Bildung ━▶PolBil

Jugendwerk der Deutschen Shell (Hrsg.) (1997): Jugend '97: Zukunftsperspektiven, Gesellschaftliches Engagement, Politische Orientierungen. Opladen: Leske + Budrich

Kaase, Max (1983): Sinn oder Unsinn des Konzepts „politische Kultur" für die vergleichende Politikforschung, oder auch: Der Versuch, einen Pudding an die Wand zu nageln. in: Kaase / Klingemann (Hrsg.) (1983): 144-172

Kaase, Max (1996): Stichwort *Massenkommunikation*. in: Nohlen (Hrsg.) (1996): 414-420

Kaase, Max / Klingemann, Hans-Dieter (Hrsg.) (1983): Wahlen und politisches System. Analysen aus Anlaß der Bundestagswahl 1980. Opladen: Westdeutscher Verlag

Karl-Marx-Universität Leipzig, Sektion Journalistik (Hrsg.) (1984): Wörterbuch der sozialistischen Journalistik. Unveränderter Nachdruck der 2., wesentlich veränd. Auflage von 1981

Kastendieck, Hans / Rohe, Karl / Volle, Angelika (Hrsg.) (1998): Länderbericht Großbritannien. Geschichte, Politik, Wirtschaft, Gesellschaft. Akt. und erweit. Auflage. Bonn: Bundeszentrale für politische Bildung ━▶PolBil

Kempf, Udo (1986): Stichwort *Repräsentation*. in: Mickel (Hrsg.) (1986): 441-443

Kempf, Udo (1997³): Von de Gaulle bis Chirac. Das politische System Frankreichs. Wiesbaden: Westdeutscher Verlag

Kernig, Claus D. (Hrsg.) (1966-1972): Sowjetsystem und demokratische Gesellschaft. Eine vergleichende Enzyklopädie. 7 Bände. Freiburg i. Br.: Herder

Key, Vladimir O. jr. (1961): Public Opinion and American Democracy. New York

Kielmansegg, Peter Graf (Hrsg.) (1976): Legitimationsprobleme politischer Systeme. Opladen: Westdeutscher Verlag

Kilper, Heidrose / Lhotta, Roland (1996): Föderalismus in der Bundesrepublik Deutschland. Eine Einführung. Opladen: Leske + Budrich

Kirchheimer, Otto (1965): Der Wandel des westeuropäischen Parteiensystems. in: PVS 6. Heft 1: 20-41

Klaus, Georg / Buhr, Manfred (Hrsg.) (1972): Marxistisch-Leninistisches Wörterbuch der Philosophie. 3 Bände. Reinbek bei Hamburg: Rowohlt

Klein, Ansgar / Schmalz-Bruns, Rainer (Hrsg.) (1997): Politische Beteiligung und Bürgerengagement in Deutschland. Möglichkeiten und Grenzen. Bonn: Bundeszentrale für politische Bildung ⟶PolBil

Kluxen, Kurt (Hrsg.) (1980[5]): Parlamentarismus. 5., erweit. Auflage. Königstein i. T.: Hain

Kmieciak, Peter (1976): Wertstrukturen und Wertewandel in der Bundesrepublik Deutschland. Göttingen: Schwarz

Kohl, Horst (Hrsg.) (1892): Die politischen Reden des Fürsten Bismarck. Bd. 2. Stuttgart: Cotta

Korff, Fritz von (1998): Kommunale Bürgernetze im Internet. in: Gellner / Korff, von (Hrsg.) (1998): 95-107

Kranenpohl, Uwe (1999): Mächtig oder machtlos? Kleine Fraktionen im deutschen Bundestag 1949 bis 1994. Opladen / Wiesbaden: Westdeutscher Verlag

Kremendahl, Hans (1977): Pluralismustheorie in Deutschland. Entstehung, Kritik, Perspektiven. Leverkusen: Heggen

Kremendahl, Hans (1980): Das Unbehagen an der pluralistischen Gesellschaft. in: Oberreuter (Hrsg.) (1980): 204-229

Krockow, Christian Graf von (1986): Wozu brauchen wir eigentlich Parteien? in: Krockow, Graf von / Lösche (Hrsg.) (1986): 10-19

Krockow, Christian Graf von / Lösche, Peter (Hrsg.) (1986): Parteien in der Krise. Das Parteiensystem in der Bundesrepublik und der Aufstand des Bürgerwillens. München: Beck

Landfried, Christine (1984): Das Bundesverfassungsgericht – Hüter oder Herr der Verfassung? Zur politischen Funktion des Bundesverfassungsgerichts in der Bundesrepublik Deutschland. in: Der Bürger im Staat 34. Heft 4: 232-243

Landfried, Christine (1994[2]): Parteifinanzen und politische Macht. Eine vergleichende Studie zur Bundesrepublik Deutschland, zu Italien und den USA. Baden-Baden: Nomos

Lapp, Peter-Joachim (1986): Zur Konstituierung der Volkskammer. 9. Wahlperiode 1986 / 91. in: Deutschland Archiv 19. Heft 7: 680-682

Laufer, Heinz / Münch, Ursula (1997[7]): Das föderative System der Bundesrepublik Deutschland. 7., neu bearb. Auflage. München: Bayerische Landeszentrale für politische Bildungsarbeit ⟶PolBil

Lazarsfeld, Paul F. / Berelson, Bernard / Gaudet, Hazel (1968): The People's Choice. How the Voter makes up his Mind in a Presidential Campaign. (zuerst 1944). New York: Duell, Sloan and Pierce

Leggewie, Claus (1995): Stichwort *Herrschaft*. in: Nohlen / Schultze (Hrsg.) (1995): 180-190

Lehmbruch, Gerhard (1967): Proporzdemokratie. Politisches System und politische Kultur in der Schweiz und in Österreich. Tübingen: Mohr

Lehmbruch, Gerhard (Hrsg.) (1995): Einigung und Zerfall. Deutschland und Europa nach dem Ost-West-Konflikt. Opladen: Leske + Budrich

Leibholz, Gerhard (1967[3]): Strukturprobleme der modernen Demokratie. 3., erweit. Auflage. Karlsruhe: Müller

Leicht, Robert (1974): Grundgesetz und politische Praxis. Parlamentarismus in der Bundesrepublik. München: Carl Hauser Verlag

Lieber, Hans-Joachim (Hrsg.) (1993²): Politische Theorien von der Antike bis zur Gegenwart. 2., durchges. Auflage. Bonn: Bundeszentrale für politische Bildung. ➡PolBil

Liermann, Hans (1932/1933): Partei und Bund. in: Deutsche Blätter für Philosophie, Band V / 1932/33: Heft 2 / 3: 235-247

Lösche, Peter (1989): Amerika in Perspektive. Politik und Gesellschaft der Vereinigten Staaten. Darmstadt: Wissenschaftliche Buchgesellschaft

Luthardt, Wolfgang (1999): Abschied vom deutschen Konsensmodell? Zur Reform des Föderalismus. in: APuZ 49. Heft 13: 12-23

Maier, Hans (1995): Politische Religionen. Die totalitären Regime und das Christentum. Freiburg i. Br.: Herder

Maier, Hans / Rausch, Heinz / Denzer, Horst (Hrsg.) (1987⁵): Klassiker des politischen Denkens. Band 2: Von Locke bis Max Weber. 5., völlig überarb. und um einen Beitag erw. Aufl. München: C. H. Beck

Maletzke, Gerhard (1976): Ziele und Wirkungen der Massenkommunikation. Grundlagen und Probleme einer zielorientierten Mediennutzung. Hamburg: Verlag Hans-Bredow-Institut

Mandelartz, Herbert (1982): Zur sogenannten ‚mitwirkenden' Kontrolle, insbesondere beim Haushaltsvollzug. in: ZParl 13. Heft 1: 7-20

Mandt, Hella (1995): Stichwort Legitimität. in: Nohlen / Schultze (Hrsg.) (1995): 284-298

Mann, Heinrich (1997): Der Untertan. (Erstausgabe 1919) München: Fischer

Manow, Philip (1996): Informalisierung und Parteipolitisierung – zum Wandel exekutiver Entscheidungsprozesse in der Bundesrepublik. in: ZParl 27. Heft 1: 96-107

Massing, Peter (1996): Stichwort Interessengruppen. in: Nohlen (Hrsg.) (1996): 289-290

Mayntz, Renate (1985³): Soziologie der öffentlichen Verwaltung. 3., überarb. Auflage. Heidelberg: UTB

Menyesch, Dieter / Uterwedde, Henrik (1994): Frankreich. Informationen zur politischen Bildung, Heft 186, Neudruck. Bonn: Bundeszentrale für politische Bildung ➡PolBil

Messelken, Karlheinz (1975): Die struktur-funktionale Konzeption des politischen Systems: Talcott Parsons. in: Röhrich (Hrsg.) (1975): 26-62

Meyn, Hermann (1994): Massenmedien in der Bundesrepublik Deutschland. Neuauflage. Berlin: Edition Colloquium

Michels, Robert (1989⁴): Zur Soziologie des Parteiwesens in der modernen Demokratie. Untersuchungen über die oligarchischen Tendenzen des Gruppenlebens. 4., erg. Auflage. (Erstauflage 1911) Herausgegeben und mit einer Einführung versehen von Frank R. Pfetsch. Stuttgart: Kröner

Mickel, Wolfgang W. (Hrsg.) (1986): Handlexikon zur Politikwissenschaft. Bonn: Bundeszentrale für politische Bildung ➡PolBil

Mintzel, Alf (1983): Die Volkspartei. Typus und Wirklichkeit. Ein Lehrbuch. Opladen: Westdeutscher Verlag

Mintzel, Alf (1984): Abschied von einem Phantom. Zu theoretischen Konzepten und empirischen Analysen der „Volkspartei" in vergleichender Perspektive. in: Falter / Fenner / Greven (Hrsg.) (1984): 61-77

Mintzel, Alf / Alemann, Ulrich von (1996): Parteienstaat. in: Nohlen (Hrsg.) (1996): 510-513

Mintzel, Alf / Oberreuter, Heinrich (Hrsg.) (1992²): Parteien in der Bundesrepublik Deutschland. 2., akt. und erw. Auflage. Bonn: Bundeszentrale für politische Bildung ➡PolBil

Müller, Christian J. (1998): Parteien im Internet. in: Gellner / Korff, von (Hrsg.) (1998): 157-169

Müller-Brandeck-Bocquet, Gisela / Moreau, Patrick (1998): Frankreich. Eine politische Landeskunde. Sonderauflage. München: Bayerische Landeszentrale für politische Bildungsarbeit ➡PolBil

Murswieck, Axel (1998): Stichwort Regierung. in: Nohlen (Hrsg.) (1998): 635-638 ➡PolBil

Naßmacher, Hiltrud (1998³): Politikwissenschaft. 3. völlig neu bearb. und erw. Aufl. München / Wien: Oldenbourg

Niclauß, Karlheinz (1995): Das Parteiensystem der Bundesrepublik Deutschland. Eine Einführung. Paderborn u. a.: Schöningh

Nippel, Wilfred (1993): Politische Theorien in der griechisch-römischen Antike. in: Lieber (Hrsg.) (1993²): 17-46

Noack, Paul / Stammen, Theo (Hrsg.) (1976): Grundbegriffe der politikwissenschaftlichen Fachsprache. München: Ehrenwirt

Noelle-Neumann, Elisabeth (1990): Die öffentliche Meinung und die Wirkung der Massenmedien. in: Wilke / Brosius (Hrsg.) (1990): 11-23

Noelle-Neumann, Elisabeth (1996): Öffentliche Meinung: Die Entdeckung der Schweigespirale. Erw. Ausgabe. Frankfurt a. M. / Berlin: Ullstein

Noelle-Neumann, Elisabeth (1999): 50 Jahre Wahlforschung. Der Deutsche Bundestag in der Demoskopie. in: Blickpunkt Bundestag, Heft 7: 40-43

Noelle-Neumann, Elisabeth / Köcher, Renate (1997): Allensbacher Jahrbuch der Demoskopie 1993-1997. Band 10. München: K. G. Saur

Noelle-Neumann, Elisabeth / Schulz, Winfried / Wilke, Jürgen (Hrsg.) (1995): Fischer Lexikon: Publizistik, Massenkommunikation. Akt., vollst. überarbeit. Neuausgabe. Frankfurt a. M.: Fischer

Nohlen, Dieter (1989): Wahlrecht und Parteiensystem. Über die politischen Auswirkungen von Wahlsystemen. Opladen: UTB

Nohlen, Dieter (Hrsg.) (1996): Wörterbuch Staat und Politik. Lizenzausgabe der Neuausgabe von 1995. Bonn: Bundeszentrale für politische Bildung ☛PolBil

Nohlen, Dieter (Hrsg.) (1998): Wörterbuch Staat und Politik. Bonn: Lizenzausgabe der Neuausgabe von 1995. Bonn: Bundeszentrale für politische Bildung ☛PolBil

Nohlen, Dieter (Hrsg.) (versch. Jahre): Lexikon der Politik. Verschiedene Bände. München: C. H. Beck

Nohlen, Dieter / Hildenbrand, Andreas (1992): Wirtschaft, Gesellschaft, Politik. Opladen: Leske + Budrich

Nohlen, Dieter / Schultze, Rainer-Olaf (Hrsg.) (1995): Lexikon der Politik. Band 1: Politische Theorien. München: C. H. Beck

Nohlen, Dieter / Schultze, Rainer-Olaf / Schüttemeyer, Suzanne S. (Hrsg.) (1998): Lexikon der Politik. Band 7: Politische Begriffe. München: C. H. Beck.

Norton, Philip (1991): The British Polity. 2. Ausgabe. London u. a.: Longman

Norton, Philip (Hrsg.) (1998): Parliaments and Governments in Western Europe. London / Portland, Or.: Frank Cass

Oberreuter (1978a): Gewaltenteilung – Theorie und Praxis. in: Weber (Bearb.) (1978): 93-109

Oberreuter, Heinrich (1978²): Kann der Parlamentarismus überleben? Bund, Länder, Europa. Zürich: Edition Interfrom

Oberreuter, Heinrich (1980): Pluralismus und Antipluralismus. in: Oberreuter (Hrsg.) (1980): 13-35

Oberreuter, Heinrich (1984²): Parteien – zwischen Nestwärme und Funktionskälte. 2., erw. Auflage. Zürich / Osnabrück: Edition Interfrom

Oberreuter, Heinrich (1989²): Bewährung und Herausforderung. Zum Verfassungsverständnis in der Bundesrepublik Deutschland. München: Olzog

Oberreuter, Heinrich (1989a): Mediatisierte Politik und politischer Wertewandel. in: Böckelmann (Hrsg.) (1989): 31-40

Oberreuter, Heinrich (1992): Politische Parteien. Stellung und Funktion im Verfassungssystem der Bundesrepublik. in: Mintzel / Oberreuter (Hrsg.) (1992²): 15-40

Oberreuter, Heinrich (1996): Stichwort *Opposition*. in: Nohlen (Hrsg.) (1996): 482-487

Oberreuter, Heinrich (1996a): Stichwort *Gewaltenteilung*. in: Nohlen (Hrsg.) (1996): 215-220

Oberreuter, Heinrich (1998): Stichwort *Verfassungsgerichtsbarkeit*. in: Nohlen (Hrsg.) (1998): 820-825

Oberreuter, Heinrich (1998a): Personalisierung und Professionalisierung. Wahlkampf 1998. Einleitung. in: Oberreuter (Hrsg.) (1998): 9-18

Oberreuter, Heinrich (Hrsg.) (1980): Pluralismus. Grundlegung und Diskussion. Opladen: UTB

Oberreuter, Heinrich (Hrsg.) (1996): Parteiensystem am Wendepunkt? Wahlen in der Fernsehdemokratie. München / Landsberg am Lech: Olzog

Oberreuter, Heinrich (Hrsg.) (1998): Ungewissheiten der Macht: Parteien, Wähler, Wahlentscheidung. München: Olzog

Oberreuter, Heinrich / Weber, Jürgen (Hrsg.) (1996): Freundliche Feinde? Die Alliierten und die Demokratiegründung in Deutschland. München /Landsberg am Lech: Olzog

Olson, Mancur (1968): Die Logik des kollektiven Handelns. Kollektivgüter und die Theorie der Gruppen. Tübingen: Mohr

Olson, Mancur (1992^3): Die Logik des kollektiven Handelns. Kollektivgüter und die Theorie der Gruppen. 3. durchges. Auflage (Erstmals 1965), Tübingen: Mohr

Orwell, George (1998): 1984. Berlin: Ullstein

Östgaard, Einar (1965): Factors Influencing the Flow of News. in: Journal of Peace Research, 2, 1965: 39-63

Patzelt, Werner J. (1986): Sozialwissenschaftliche Forschungslogik. Einführung. München / Wien: Oldenbourg

Patzelt, Werner J. (1993^2): Einführung in die Politikwissenschaft. Grundriß des Faches und studiumbegleitende Orientierung. 2., erg. Auflage. Passau: Wissenschaftsverlag Richard Rothe

Patzelt, Werner J. (1993a): Abgeordnete und Repräsentation. Amtsverständnis und Wahlkreisarbeit. Passau: Wissenschaftsverlag Rothe

Patzelt, Werner J. (1996): Regierung. in: Gabriel / Holtmann (Hrsg.) (1996): 181-205

Patzelt, Werner J. (1998): Wider das Gerede vom ‚Fraktionszwang'! Funktionslogische Zusammenhänge, populäre Vermutungen und die Sicht der Abgeordneten. in: ZParl 29. Heft 2: 323-347

Patzelt, Werner J. (1999): Politikverdrossenheit, populäres Parlamentsverständnis und die Aufgaben der politischen Bildung. in: APuZ 49. Heft 7-8: 31-38

Pfetsch, Barbara (1991): Politische Folgen der Dualisierung des Rundfunksystems in der Bundesrepublik Deutschland. Baden-Baden: Nomos

Piazolo, Michael (Hrsg.) (1995): Das Bundesverfassungsgericht. Ein Gericht im Schnittpunkt von Recht und Politik. Mainz / München: v. Hase & Koehler

Piel, Edgar (1996): Spuren des NS-Ideologie im Nachkriegsdeutschland. in: Oberreuter / Weber (Hrsg.) (1996): 145-167

Pitkin, Hannah F. (1967): The Concept of Repräsentation. Berkeley / Los Angeles / London: University of California Press

Plasser, Fritz / Ulram, Peter A. / Waldrauch, Harald (1997): Politischer Kulturwandel in Ost-Mitteleuropa. Theorie und Empirie demokratischer Konsolidierung. Opladen: Leske + Budrich

Plöhn, Jürgen (1996): Die Gerichtsbarkeit. in: Gabriel / Holtmann (Hrsg.) (Hrsg.) (1996): 355-377

Popper, Karl R. (1994^{10}): Logik der Forschung. 10., verb. und vermehrte Auflage. Tübingen: Mohr

Postman, Neil (1998^{11}): Wir amüsieren uns zu Tode. Urteilsbildung im Zeitalter der Unterhaltungsindustrie. Frankfurt a. M.: Fischer

Prewitt, Kenneth / Verba, Sidney / Salisbury, Robert H. (1987^5): An Introduction to American Government. New York u. a.: Harper and Row

Putnam, Robert D. (1973): The Political Attidudes of Senior Civil Servants in Western Europe. in. British Journal of Political Science 3. Heft 3: 257-290

Rausch, Heinz (1984^2): Der Bundespräsident. Zugleich eine Darstellung des Staatsoberhauptes in Deutschland seit 1919. München: Bayerische Landeszentrale für politische Bildungsarbeit ~PolBil

Rausch, Heinz (1985): Herrschaftsstrukturen. in: Jesse (Hrsg.) (1985^4): 317-321

Rausch, Heinz (1986): Stichwort Gewaltenteilung. in: Mickel (Hrsg.) (1986): 184-188

Reichel, Peter (1981): Stichwort *Politische Kultur*. in: Greiffenhagen / Greiffenhagen (Hrsg.) (1981): 319-330

Rohe, Karl (1986): Stichwort *Politikbegriffe*. in: Mickel (Hrsg.) (1986): 349-354

Rohe, Karl (1987): Politische Kultur und der kulturelle Aspekt von politischer Wirklichkeit – Konzeptionelle und typologische Überlegungen zu Gegenstand und Fragestellung politischer Kultur-Forschung. in: Berg-Schlosser / Schissler (Hrsg.) (1987): 39-48

Röhrich, Wilfred (Hrsg.) (1975): Neuere politische Theorie. Systemtheoretische Modellvorstellungen. Darmstadt: Wissenschaftliche Buchgesellschaft

Rölke, Peter (1973): Die Beteiligung von Gewerkschaftsmitgliedern der unteren Organisationsbene an der innergewerkschaftlichen Willensbildung. Diss. Köln

Ronneberger, Franz (1964): Die politischen Funktionen der Massenkommunikationsmittel. in: Publizistik 9. Heft 4: 291-304

Rossmann, Thorsten (1993): Öffentlichkeitsarbeit und ihr Einfluß auf die Medien. Das Beispiel Greenpeace. in: Media Perspektiven. Heft 2: 85-94

Roth, Dieter / Wüst, Andreas M. (1998): Parteien und Wähler. Erklärungsmodelle des Wahlverhaltens. in: Oberreuter (Hrsg.) (1998): 102-133

Rucht, Dieter (1997): Soziale Bewegungen als demokratische Produktivkraft. in: Klein / Schmalz-Bruns (Hrsg.) (1997): 382-403

Rudzio, Wolfgang (1982): Die organisierte Demokratie. Stuttgart: Metzler

Rudzio, Wolfgang (1996[4]): Das politische System der Bundesrepublik Deutschland. 4., völlig überarb. Auflage. Opladen: UTB

Säcker, Horst (1998[5]): Das Bundesverfassungsgericht. Mit Anhang: Der Bayerische Verfassungsgerichtshof. 5. Auflage. München: Landeszentrale für politische Bildungsarbeit ➤[PolBil]

Sarcinelli, Ulrich (1997): Demokratiewandel im Zeichen medialen Wandels? Politische Beteiligung und politische Kommunikation. in: Klein / Schmalz-Bruns (Hrsg.) (1997): 314-345

Sarcinelli, Ulrich (Hrsg.) (1987): Politikvermittlung. Beiträge zur politischen Kommunikationskultur. Bonn: Bundeszentrale für politische Bildung ➤[PolBil]

Scharpf, Fritz W. (1994): Optionen des Föderalismus in Deutschland und Europa. Frankfurt a. M. / New York: Campus

Schenk, Michael (1987): Medienwirkungen: Kommentierte Auswahl-Bibliographie der angloamerikanischen Forschung. Tübingen: Mohr

Scheuner, Ulrich (1952): Der Bereich der Regierung. in: Rechtsprobleme in Staat und Kirche. Festschrift für Rudolf Smend zum 70. Geburtstag. Göttingen: Otto Schwarz & Co: 253-301

Scheuner, Ulrich (1981): Die Legitimationsgrundlage des modernen Staates. in: Achterberg / Karwietz (Hrsg.) (1981): 1-14

Schmidt, Manfred G. (1997[2]): Demokratietheorien. Eine Einführung. Opladen: UTB

Schmitt, Carl (1996[8]): Die geistesgeschichtliche Lage des Parlamentarismus. 8. Auflage, Nachdruck der 1926 erschienenen 2. Auflage. Berlin / Leipzig: Duncker & Humblot

Schneider, Eberhard (1999): Das politische System der Russischen Föderation. Eine Einführung. Wiesbaden: Westdeutscher Verlag

Schneider, Hans-Peter / Zeh, Wolfgang (Hrsg.) (1989): Parlamentsrecht und Parlamentspraxis in der Bundesrepublik Deutschland. Ein Handbuch. Berlin / New York: de Gruyter

Schneider, Steffen (1997): Regionale Fragmentierung statt nationaler Integration: Das kanadische Parteiensystem nach den Unterhauswahlen vom 2. Juni 1997. in: ZParl 28. Heft 4: 664-682

Scholz, Rupert (1999): Das Bundesverfassungsgericht: Hüter der Verfassung oder Ersatzgesetzgeber? in: APuZ 49. Heft 16: 3-8

Schröder, Michael (1999): Bilanz des Wahljahrs 1998: Erdrutsch und politische Zeitenwende. Politik und Wissenschaft analysieren den Wahlkampf und das Parteiensystem in der Mediendemokratie. in: Akademiereport, Heft 1. Tutzing : Akademie für politische Bildung: 11-13

Schroeder, Klaus (1998): Der SED-Staat. Geschichte und Strukturen der DDR. München: Bayerische Landeszentrale für politische Bildungsarbeit ☞PolBil

Schultze, Rainer -Olaf (1990): Föderalismus als Alternative? Überlegungen zur territorialen Reorganisation von Herrschaft. in: ZParl 21. Heft 3: 475-490

Schulz, Winfried (1987): Politikvermittlung durch Massenmedien. in: Sarcinelli (Hrsg.) (1987): 129-144

Schulz, Winfried (1990): Mehr Medien machen nicht mündiger. in: Bundeszentrale für politische Bildung (Hrsg.) (1990): 147-155

Schulz, Winfried (1995): Stichwort *Kommunikationsprozeß*. in: Noelle-Neumann / Schulz / Wilke (Hrsg.) (1995): 140-171

Schütt-Wetschky, Eberhard (1986): Wahlsystem und politisches System in der parlamentarischen Demokratie. in: Politische Bildung 19. Heft 2: 3-17

Sebaldt, Martin (1992): Die Thematisierungsfunktion der Opposition. Die parlamentarische Minderheit des Deutschen Bundestages als innovative Kraft im politischen System der Bundesrepublik Deutschland. Frankfurt a. M. / Berlin / Bern / New York / Paris / Wien: Peter Lang

Sebaldt, Martin (1997): Organisierter Pluralismus. Kräftefeld, Selbstverständnis und politische Arbeit deutscher Interessengruppen. Opladen: Westdeutscher Verlag

Sebaldt, Martin (1997a): Verbände und Demokratie: Funktionen bundesdeutscher Interessengruppen in Theorie und Praxis. in: APuZ 47. B 36-37: 27–37

Sieger, Gerd Joachim (Bearb.) (1986⁶): Verfassung der DDR: Text, Einführung, Kommentar, Hinweise auf das Grundgesetz. 6., überarb. Aufl. München: Bayerische Landeszentrale für politische Bildungsarbeit ☞PolBil

Smith, John E. (1994): Quasi-Religions: Humanism, Marxism, Nationalism. New York: Macmillan

Sontheimer, Kurt (1964): Stichwort *Pluralismus*. in: Fraenkel / Bracher (Hrsg.) (1964): 254-257

Sontheimer, Kurt (1978⁴): Antidemokratisches Denken in der Weimarer Republik. München: dtv

Sontheimer, Kurt (1991²): Deutschlands politische Kultur. München: Piper

Spengler, Oswald (1933): Neubau des Deutschen Reiches. (zuerst 1924) in: Spengler, Oswald (1933): Politische Schriften. Volksausgabe. München: C. H. Beck: 185-296

Stammen, Theo (1976): Stichwort *System, politisches*. in: Noack / Stammen (Hrsg.) (1976): 298-300

Stammen, Theo (Hrsg.) (1976): Vergleichende Regierungslehre. Beiträge zur theoretischen Grundlegung und exemplarische Einzelstudien. Darmstadt: Wissenschaftliche Buchgesellschaft

Steffani, Winfried (1979): Parlamentarische und präsidentielle Demokratie. Strukturelle Aspekte westlicher Demokratien. Opladen: Westdeutscher Verlag

Steffani, Winfried (1980): Vom Pluralismus zum Neopluralismus. in: Oberreuter (Hrsg.) (1980): 37-108

Steffani, Winfried (1983): Zur Unterscheidung parlamentarischer und präsidentieller Regierungssysteme. in: Zeitschrift für Parlamentsfragen 14. Heft 3: 390-401

Steffani, Winfried (1987): Institutionen der Demokratie: Parlament, Regierung, Rechtsprechung. in: Beyme / Czempiel / Kielmansegg, Graf / Schmoock (Hrsg.) (1987): 3-35

Steffani, Winfried (1988): Parteien als soziale Organisationen. Zur politologischen Parteienanalyse. in: Zeitschrift für Parlamentsfragen 19. Heft 4: 549-560

Stern, Klaus (1980): Das Staatsrecht der Bundesrepublik Deutschland. Bd. 2: Staatsorgane, Staatsfunktionen, Finanz- und Haushaltsverfassung, Notstandsverfassung. München: C. H. Beck

Stern, Klaus (1984²): Das Staatsrecht der Bundesrepublik Deutschland. Bd. 1: Grundbegriffe und Grundlagen des Staatsrechts, Strukturprinzipien der Verfassung. 2., völlig neu bearb. Auflage. München: C. H. Beck

Sternberger, Dolf (1978): Drei Wurzeln der Politik. Bd. 1 und 2. Frankfurt a. M.: Insel-Verlag

Sternberger, Dolf (1986): Grund und Abgrund der Macht. Über Legitimität von Regierungen. Neue Ausgabe in fünfzehn Kapiteln. Schriften Band VII. Frankfurt a. M.: Insel-Verlag

Stöss, Richard (1997): Parteienstaat oder Parteiendemokratie? in: Gabriel / Niedermayer / Stöss (Hrsg.) (1997): 13-36

Streeck, Wolfgang (Hrsg) (1994): Staat und Verbände. (PVS-Sonderheft 25), Opladen: Westdeutscher Verlag

Sturm, Roland (1999): Großbritannien. Informationen zur politischen Bildung, Heft 262. Bonn: Bundeszentrale für politische Bildung ☛PolBil

Sutor, Bernhard (1994): Politik. Ein Studienbuch zur politischen Bildung. Paderborn: Schöningh

Thielbeer, Siegfried (1985): Ist die DDR ein totalitärer Staat?. in: Jesse (Hrsg.) (1985[4]): 277-283

Triepel, Heinrich (1927): Die Staatsverfassung und die politischen Parteien. Rede bei der Feier zur Erinnerung an den Stifter der Berliner Universität König Friedrich Wilhelm III in der alten Aula am 3. August 1927. Berlin: Preußische Dr.- und Verl.-AG

Truman, David B. (1971[2]): The Governmental Process. Political Interests and Public Opinion. (Erstmals 1951) New York: Knopf

Türk, Klaus (Hrsg.) (1978): Handlungssysteme. Opladen: Westdeutscher Verlag

Turner, Jonathan H. / Maryanski, Alexandra (1979): Functionalism. Menlo Park, Cal.: The Benjamin / Cummings Publishing Company

Veen, Hans Joachim (1995): Zwischen Rekonzentration und neuer Diversifizierung. Tendenzen der Parteienentwicklung fünf Jahre nach der deutschen Einheit. in: Gellner / Veen (Hrsg.) (1995): 117-133

Voegelin, Eric (1991[4]): Die neue Wissenschaft der Politik. Eine Einführung. 4., unveränd. Auflage. Freiburg / München: Verlag Karl Alber

Voigt, Rüdiger (Hrsg.) (1980): Verrechtlichung. Analysen zu Funktion und Wirkung von Parlamentarisierung, Bürokratisierung und Justizialisierung sozialer, politischer und ökonomischer Prozesse. Königstein i. Ts.: Athenäum

Waschkuhn, Arno (1987): Politische Systemtheorie: Entwicklung, Modelle, Kritik. Eine Einführung. Opladen: Westdeutscher Verlag.

Wasner, Barbara (1998): Parlamentarische Entscheidungsfindung. Einblicke in das schwierige Geschäft der Mehrheitsbeschaffung. Passau: Wissenschaftsverlag Richard Rothe

Wasser, Hartmut (1976): Parlamentarismuskritik vom Kaiserreich zur Bundesrepublik. Analyse und Dokumentation. Stuttgart: Frommann-Holzboog

Weber, Jürgen (1981[2]): Die Interessengruppen im politischen System der Bundesrepublik Deutschland. 2., überarb. und erweit. Auflage. München: Bayerische Landeszentrale für politische Bildungsarbeit ☛PolBil

Weber, Jürgen (1996): Stichwort Verbändeforschung in: Nohlen (Hrsg.) (1996): 803-807

Weber, Jürgen (Bearb.) (1978): Konflikt und Integration II. Perspektiven des politischen Systems der Bundesrepublik Deutschland. Akademiebeiträge zur Lehrerbildung, Bd. 2. München: Olzog

Weber, Max (1984[6]): Soziologische Grundbegriffe. Mit einer Einführung von Johannes Winckelmann. 6., erneut durchges. Auflage. Tübingen: UTB

Weber, Max (1988): Politik als Beruf. in: Weber (1988[5]): 505-560

Weber, Max (1988[5]): Gesammelte Politische Schriften. Hrsg. von Johannes Winckelmann. Tübingen: UTB

Weidenfeld, Werner (1999): Zeitenwechsel: von Kohl zu Schröder. Die Lage. Stuttgart: DVA

Weiß, Ulrich (1995): Stichwort Macht. in: Nohlen / Schultze (Hrsg.) (1995): 305-315

Weiß, Ulrich (1998): Stichwort Herrschaft. in: Nohlen / Schultze / Schüttemeyer (Hrsg.) (1998): 248-249

Weizsäcker, Richard von / Hofmann, Gunter / Perger, Werner A. (1992): Richard von Weizsäcker im Gespräch mit Gunter Hofmann und Werner A. Perger. Frankfurt a. M.: Eichborn

Wiesendahl, Elmar (1996): Volkspartei. in: Nohlen (Hrsg.) (1996): 842-845

Wilke, Jürgen (Hrsg.) (1999): Mediengeschichte der Bundesrepublik Deutschland. Bonn: Bundeszentrale für politische Bildung. ☛PolBil

Wilke, Jürgen / Brosius, Hans-Bernd (Hrsg.) (1990): Fortschritte der Publizistikwissenschaft. Freiburg i. Br. / München: Alber

Wirthensohn, Andreas (1999): Dem „ewigen Gespräch" ein Ende setzen: Parlamentarismuskritik am Beispiel von Carl Schmitt und Hans Herbert von Arnim – nur eine Polemik? in: ZParl 30. Heft 2: 500-534

Woyke, Wichard (1996[9]): Stichwort: Wahlen. 9., neu bearb. Aufl. Opladen: Leske + Budrich

Wuthe, Gerhard (1977): Die Lehre von den Politischen Systemen. Ein Studienbuch in Frage und Antwort. München: tuduv

Zittel, Thomas (1997): Über die Demokratie in der vernetzten Gesellschaft. Das Internet als Medium politischer Kommunikation. APuZ 47. Heft 42: 23-29

Zittel, Thomas (1998): Repräsentativverfassung und neue Kommunikationsmedien. in: Gellner / Korff, von (Hrsg.) (1998): 111-125

10. Tabellen- und Grafikverzeichnis

11. Abkürzungsverzeichnis

ADAC Allgemeiner Deutscher Automobil-
Club
ai amnesty international
akt. aktualisierte
allg. allgemein
AöR Archiv des öffentlichen Rechts
APuZ Aus Politik und Zeitgeschichte
ARD Arbeitsgemeinschaft der öfftl.-rechtl.
Rundfunkanstalten Deutschlands
AWO Arbeiterwohlfahrt
BBC British Broadcasting Company
BDA Bundesvereinigung der Deutschen
Arbeitgeberverbände
BDI Bundesverband der Deutschen In-
dustrie
bearb. bearbeitete
bes. besonders
BPräs. Bundespräsident
BR Bayerischer Rundfunk
BRat Bundesrat
BRD Bundesrepublik Deutschland
BReg Bundesregierung
BTag Bundestag
BVerfG Bundesverfassungsgericht
BVerfGE Bundesverfassungsgerichtsent-
scheidung
BVerfGG Bundesverfassungsgerichtsgesetz
bzgl. bezüglich
bzw. beziehungsweise
CDU Christlich Demokratische Union
CSU Christlich Soziale Union
d. h. das heißt
DAG Deutsche Angestelltengewerkschaft
DDR Deutsche Demokratische Republik
Def. Definition
DFB Deutscher Fußballbund
DGB Deutscher Gewrkschaftsbund
DIHT Deutscher Industrie- und Handelstag
DPG Deutsche Postgewerkschaft
DRK Deutsches Rotes Kreuz
DSB Deutscher Sportbund
DSU Deutsche Soziale Union

DVPW Deutsche Vereinigung für Politische
Wissenschaft
Entw. Entwicklung
erw. erweiterte
EU Europäische Union
F Frankreich
FAZ Frankfurter Allgemeine Zeitung
fdGO freiheitliche demokratische Grund-
ordnung
FDJ Freie Deutsche Jugend
FDP Freie Demokratische Partei
Fkt. Funktion(en)
Form. Formen
GB Großbritannien
GG Grundgesetz
GGO Gemeinsame Geschäftsordnung
GOBT Geschäftsordnung des Deutschen
Bundestages
GOBVerfG Geschäftsordnung des Bundes-
verfassungsgerichts
HBV Gewerkschaft Handel, Banken und
Versicherungen
i. e. L. in erster Linie
IG Industriegewerkschaft
IGOs International Governmental Organi-
sations
IHK Industrie- und Handelskammer
INGOs International Non Governmental
Organisations
insb. insbesondere
JöR Jahrbuch des öffentlichen Rechts
KMK Kultusministerkonferenz
Konz. Konzeptionen
KPD Kommunistische Partei Deutschlands
KPdSU Kommunistische Partei der Sowjet-
union
LDPD Liberal-Demokratische Partei
Deutschlands
LReg Landesregierung
LSQ Legislative Studies Quarterly
LTag Landtag
MDR Mitteldeutscher Rundfunk
Meth. Methoden

MW Mehrheitswahl
NATO North Atlantic Treaty Organisation
NJW Neue Juristische Wochenschrift
NPD Nationaldemokratische Partei
  Deutschlands
NSDAP Nationalsozialistische Deutsche
  Arbeiterpartei
ORB Ostdeutscher Rundfunk Brandenburg
Org. Organisation
ÖTV Gewerkschaft Öffentliche Dienste,
  Transport und Verkehr
PartG Parteiengesetz
PDS Partei des Demokratischen Sozialismus
PSt Parlamentarischer Staatssekretär
PVS Politische Vierteljahresschrift
Reg. Regeln
RuP Recht und Politik
SED Sozialistische Einheitspartei Deutsch-
  lands
SPD Sozialdemokratische Partei Deutsch-
  lands
SRP Sozialistische Reichspartei
Stasi Ministerium für Staatssicherheit
StS Staatssekretär
SU Sowjetunion

SuR Staat und Recht
Syst. System
SZ Süddeutsche Zeitung
Typ. Typen
überarb. überarbeitete
UNO United Nations Organisation
USA United States of America
v. a. vor allem
VdgB Vereinigung der gegenseitigen Bau-
  ernhilfe
ver.di Vereinigte Dienstleistungsgewerk-
  schaft
vgl. vergleiche
VW Verhältniswahl
WP Wahlperiode
WTO World Trade Organisation
z. T. zum Teil
ZDF Zweites Deutsches Fernsehen
ZfP Zeitschrift für Politik
zit. zitiert
ZParl Zeitschrift für Parlamentsfragen
ZPES Zentrales Politisches Entscheidungs-
  system

12. Sachwortregister

Normal gedruckte Zahlen sind Randnummern; sie verweisen auf die entsprechenden Stellen im Text, kursiv gedruckte Zahlen auf die entsprechenden Seiten im Glossar.

13. Personenregister

Die Randnummern verweisen auf die entsprechenden Stellen im Text.

Dank

An der Entstehung eines Buches wirken nicht nur diejenigen mit, deren Namen schließlich auf dem Buchdeckel erscheinen.

Wir möchten uns daher bei allen bedanken, die als Lehrende den Grundkurs *Einführung in das Studium der politischen Systeme* an der Universität Passau konzipiert und gestaltet haben. An erster Stelle sind hierbei die „Gründerväter" Prof. Dr. Dr. h. c. Heinrich Oberreuter und Prof. Dr. Werner J. Patzelt anzuführen. PD Dr. Martin Sebaldt und Dr. Uwe Kranenpohl konnten bei der Kursleitung schon auf ihre eigenen studentischen Erfahrungen mit dem Grundkurs zurückgreifen und haben ihn konsequent weiterentwickelt. Beiden schulden wir Dank für ihren langjährigen freundschaftlichen Rat und ihre fachliche Unterstützung.

Auf dieser Grundlage bauten Fritz von Korff M. A., Holger Schrader M. A. und wir schließlich auf. Bei Fritz und Holger bedanken wir uns für die kollegiale Zusammenarbeit und die zuweilen sehr „sportlichen" Vorbereitungssitzungen. Prof. Oberreuter und Prof. Dr. Winand Gellner danken wir für ihre Unterstützung und für die Gelegenheit, Lehrerfahrung zu sammeln.

Weiterhin bedanken wir uns bei den Angestellten der Universitätsbibliothek Passau für ihre unermüdliche Hilfsbereitschaft bei der Literaturrecherche sowie bei den Studentinnen und Studenten für viele nützliche Hinweise und Anregungen.

Martin Sebaldt, Dipl. Kulturwirt Thomas Niedermeier, Christian Müller M. A. und Dirk Leuffen gilt unser besonderer Dank für die kritische Durchsicht des ersten Manuskripts, ebenso Martina Listl, die uns mit sicherem Auge durch den Dschungel der neuen Rechtschreibung führte. Ausdrücklichen Dank schulden wir Dipl. Kulturwirtin Sandra Forkel für ihre konstruktive Kritik und ihre Unterstützung beim Anfertigen der Verzeichnisse. Sie war uns gerade in der heißen Abschlussphase eine unentbehrliche Hilfe.

Für weitere Hinweise und Verbesserungsvorschläge schulden wir insbesondere Dr. Uwe Kranenpohl sowie Dipl. sc. pol. Telemachos Argyrakis besonderen Dank.

Bernhard Schreyer
Manfred Schwarzmeier

Neu im Programm Politikwissenschaft

Arthur Benz (Hrsg.)

Governance – Regieren in komplexen Regelsystemen

Eine Einführung
2004. 240 S. Governance Bd. 1.
Br. EUR 24,90
ISBN 3-8100-3946-2

Governance: Ein Modebegriff oder ein sinnvolles wissenschaftliches Konzept? Das Buch erläutert das Konzept in unterschiedlichen Diskussionszusammenhängen und begründet seine Relevanz.

Jürgen Hartmann

Das politische System der Bundesrepublik Deutschland im Kontext

Eine Einführung
2004. 311 S. Br. EUR 21,90
ISBN 3-531-14113-9

Diese Einführung in das politische System der Bundesrepublik schildert den Parlamentarismus, den Bundesstaat, die Parteien, die Gesetzgebung und die politische Verwaltung, die Praxis der Koalitionsregierung und das Verfassungsgericht. Das Buch wählt eine vergleichende Perspektive, um diese tragenden Strukturen des politischen Systems zu beleuchten. Es skizziert die entsprechenden Strukturen in den Nachbarländern und in den USA. Das politische System wird immer stärker vom Umfeld der Europäischen Union bestimmt. Dem trägt das Buch mit einer komprimierten Darstellung der EU-Institutionen sowie mit einer Schilderung der wichtigsten Nahtstellen zwischen der deutschen und der europäischen Politik Rechnung.

Beate Kohler-Koch,
Thomas Conzelmann,
Michèle Knodt

Europäische Integration – Europäisches Regieren

2004. 348 S. Grundwissen Politik Bd. 34.
Geb. EUR 26,90
ISBN 3-8100-3543-2

In diesem Einführungsbuch stehen Entwicklung und Funktionsweise der Europäischen Union im Mittelpunkt. Die Exemplifizierung theoriegeleiteter Analyse soll dazu verhelfen, den sperrigen Gegenstand der europäischen Integration eigenständig zu erschließen. Dieses Einführungsbuch soll dazu dienen, die Entwicklung und Funktionsweise der Europäischen Union besser zu begreifen.
Die Autoren wählen eine theoriegeleitete Analyse der Entwicklung und Gestaltung europäischer Politik. Gleichzeitig gibt das Buch einen Überblick über unterschiedliche Theorieansätze und deren Anwendung auf konkrete Tätigkeitsbereiche und Strukturentwicklungen.

www.vs-verlag.de

VS VERLAG FÜR SOZIALWISSENSCHAFTEN

Abraham-Lincoln-Straße 46
65189 Wiesbaden
Tel. 0611.7878-722
Fax 0611.7878-400